隧道工程施工

王庆磊　崔蓬勃　主　编　　鹿　江　副主编

化学工业出版社
·北京·

内 容 简 介

本书按照最新的铁路及公路隧道设计规范及施工规范要求编写，内容编排上考虑了职业教育情境式教学的要求，共编排14个学习情境，重点讲述了隧道构造及围岩分级、隧道施工方法、隧道施工组织及隧道监控量测技术，力求使学生全面掌握隧道施工的相关知识，并在未来的工作岗位中能合理运用和拓展创新。为便于自学，每个部分均对学习情境进行了描述，明确了学生需要达到的知识和能力目标，并通过案例引入的方法加深学生对所学内容的理解。

本书配套有丰富的线上学习资源，包括工程案例、视频、专业文献及规范等，并开发了在线开放课程《隧道工程施工》供读者网上学习。

本书可作为高职高专城市轨道交通工程技术、道路与铁道工程技术等专业的教材，也可供相关建筑工人及技术人员参考。

图书在版编目（CIP）数据

隧道工程施工/王庆磊，崔蓬勃主编．—北京：化学工业出版社，2021.8（2024.7重印）
ISBN 978-7-122-39137-7

Ⅰ.①隧… Ⅱ.①王…②崔… Ⅲ.①隧道施工-教材 Ⅳ.①U455

中国版本图书馆CIP数据核字（2021）第087337号

责任编辑：葛瑞祎　韩庆利　　　　　　　文字编辑：师明远
责任校对：杜杏然　　　　　　　　　　　装帧设计：张　辉

出版发行：化学工业出版社（北京市东城区青年湖南街13号　邮政编码100011）
印　　装：三河市双峰印刷装订有限公司
787mm×1092mm　1/16　印张14½　字数380千字　2024年7月北京第1版第5次印刷

购书咨询：010-64518888　　　　　　　　售后服务：010-64518899
网　　址：http://www.cip.com.cn
凡购买本书，如有缺损质量问题，本社销售中心负责调换。

定　价：49.00元　　　　　　　　　　　　　　　　　　　　版权所有　违者必究

前言

  21世纪是人类大规模开发利用地下空间的时代，也是隧道工程发展的黄金时期。据统计，至2020年，我国已成为世界上隧道数量最多、建设规模最大、发展速度最快的国家。庞大的隧道工程规划及建设规模，以及复杂多变的工程地质环境，迫切需要大量从事隧道建设的专业技术人才。由于隧道施工的专业性非常强，现有的隧道施工类教材无法满足初学者的部分学习需求，且大部分教材为平面教材，立体化教材较少，这为初学者的自学带来了很大的困难。

  本教材按照最新的铁路及公路隧道设计规范及施工规范要求编写，内容编排上适应了职业教育情境式教学的要求，共编排14个学习情境，重点讲述了隧道构造及围岩分级、隧道施工方法、隧道施工组织及隧道监控量测技术，力求使学生全面掌握隧道施工的相关知识，并在未来的工作岗位中能合理运用和拓展创新。为便于自学，每个部分均对学习情境进行了描述，明确了学生需要达到的知识和能力目标，并通过案例引入的方法加深学生对所学内容的理解。

  本教材为立体化教材，配套有丰富的线上学习资源，包括工程案例、视频、专业文献及规范等，并开发了在线开放课程《隧道工程施工》，读者可在江苏建筑职业技术学院的泛雅网络教学平台上进行相关学习。

  本教材由江苏建筑职业技术学院王庆磊、崔蓬勃担任主编，中铁工程设计咨询集团有限公司济南设计院鹿江担任副主编。具体编写分工如下：王庆磊编写了学习情境2～10，崔蓬勃编写了学习情境1、11和12，鹿江编写了学习情境13，郑州铁路职业技术学院的孙洪硕编写了学习情境14，王庆磊对全书进行了统稿。

  由于编者水平有限，书中难免有不当之处，欢迎读者批评指正。

编者

2021年6月

目录

学习情境1　隧道工程认知　1

1.1　隧道工程概念及分类 …………………………………………………… 1
1.1.1　隧道工程与地下工程的关系 ……………………………………… 1
1.1.2　隧道及隧道工程概念 ……………………………………………… 3
1.1.3　隧道工程特点 ……………………………………………………… 3
1.1.4　隧道分类 …………………………………………………………… 4

1.2　隧道工程发展及前景 …………………………………………………… 5
1.2.1　隧道工程发展及现状 ……………………………………………… 5
1.2.2　隧道发展前景 ……………………………………………………… 6

思考题 …………………………………………………………………………… 9

学习情境2　隧道工程地质环境及围岩分级　10

2.1　隧道工程地质环境调查与勘测内容及要求 ………………………… 10
2.1.1　隧道工程地质环境调查与勘测内容 …………………………… 10
2.1.2　初测、定测阶段勘测要求 ……………………………………… 12

2.2　地质超前预报 ………………………………………………………… 13
2.2.1　地质超前预报内容 ……………………………………………… 13
2.2.2　地质超前预报方法 ……………………………………………… 13
2.2.3　地质超前预报方法的应用原则 ………………………………… 16

2.3　隧道工程地质环境 …………………………………………………… 16
2.3.1　地层特性 ………………………………………………………… 16
2.3.2　地应力状态 ……………………………………………………… 20
2.3.3　地应力的测量方法 ……………………………………………… 26

2.4　隧道围岩稳定性及围岩分级 ………………………………………… 34
2.4.1　隧道围岩稳定性及影响因素 …………………………………… 34
2.4.2　围岩分级 ………………………………………………………… 36

思考题 ………………………………………………………………………… 44

学习情境 3　隧道构造认知　45

3.1　洞门类型及构造认知　45
3.1.1　隧道洞门概念及作用　45
3.1.2　隧道洞门形式　46
3.1.3　隧道洞门构造设计及施工要求　48

3.2　明洞类型及构造认知　49
3.2.1　明洞概念及适用条件　49
3.2.2　明洞类型　49
3.2.3　明洞构造要求　52

3.3　洞身初期支护构造认知　53
3.3.1　初期支护的基本概念及特点　53
3.3.2　锚杆认知　53
3.3.3　钢架认知　57
3.3.4　钢筋网认知　59
3.3.5　喷射混凝土认知　60
3.3.6　联合支护的构造要求　62

3.4　洞身二次衬砌构造认知　62
3.4.1　二次衬砌与初期支护的关系　62
3.4.2　二次衬砌构造　63

3.5　隧道防排水设施认知　64
3.5.1　隧道防排水概念　64
3.5.2　隧道"防水"体系　65
3.5.3　隧道"排水"体系　69
3.5.4　隧道"截水"体系　73
3.5.5　隧道"堵水"体系　74

3.6　隧道超前预支护类型及构造认知　74
3.6.1　超前锚杆概念及构造　74
3.6.2　超前小导管概念及构造　75
3.6.3　管棚概念及构造　76

思考题　79

学习情境 4　隧道洞口施工　80

4.1　洞口截排水工程施工　81
4.2　边仰坡开挖及防护　81
4.3　套拱施工　82
4.4　施作超前管棚　85
思考题　87

学习情境 5　隧道明洞施工　88

5.1　明洞土石方开挖及坡面防护　89
5.2　明洞衬砌施工　89
5.3　明洞回填　90
思考题　91

学习情境 6　选择隧道掘进方法　92

6.1　隧道掘进方法及选择　92
6.1.1　隧道掘进方法概念及类型　92
6.1.2　隧道掘进方法选择　95
6.2　隧道施工方法及选择　97
6.2.1　传统矿山法　97
6.2.2　新奥法　100
6.2.3　隧道施工方法的选择　107
思考题　108

学习情境 7　隧道钻爆法设计及施工　109

7.1　炸药化学变化及爆破破岩作用机理　110
7.1.1　炸药化学变化　110
7.1.2　爆破破岩作用机理　110
7.2　选择爆破器材　112
7.2.1　炸药性能指标　112
7.2.2　隧道工程中常见的炸药类型　113
7.2.3　装药结构形式　115
7.3　选择起爆器材及起爆方法　116
7.3.1　常见起爆方法及起爆器材　117
7.3.2　起爆方法选择原则　121
7.3.3　起爆网络选择及布置　121
7.4　布置炮眼　125
7.4.1　炮眼种类及作用　125
7.4.2　选择掏槽形式　127
7.4.3　炮眼的布置原则和方法　130
7.4.4　炮眼布置的几种常见方式　130
7.5　隧道爆破参数设计　131
7.5.1　炮眼直径设计　131
7.5.2　炮眼数量设计　131
7.5.3　炮眼深度设计　133

  7.5.4 装药量设计 ·· 133
7.6 周边眼控制爆破设计 ··· 133
  7.6.1 控制爆破方式及异同点 ····································· 133
  7.6.2 光面爆破参数设计及技术措施 ······························· 134
  7.6.3 预裂爆破参数设计 ··· 135
7.7 常见凿岩机具及选型 ··· 136
  7.7.1 凿岩机及选型 ··· 136
  7.7.2 空压机选型及设计 ··· 137
7.8 钻爆施工 ·· 139
  7.8.1 钻爆施工过程 ··· 139
  7.8.2 盲炮的预防与处理 ··· 141
思考题 ··· 143

学习情境 8 装碴及运输 144

8.1 选择装碴运输作业形式 ··· 144
8.2 选择装碴运输机具 ··· 145
8.3 计算装碴量及装碴效率 ··· 148
8.4 轨道布置及运输组织 ··· 148
思考题 ··· 150

学习情境 9 施作初期支护 151

9.1 架设钢架 ·· 151
9.2 挂钢筋网 ·· 153
9.3 施作锚杆 ·· 154
9.4 喷射混凝土 ·· 157
  9.4.1 喷射混凝土类型 ··· 157
  9.4.2 湿喷工艺 ··· 157
  9.4.3 干喷工艺 ··· 160
思考题 ··· 162

学习情境 10 隧道防排水施工 163

10.1 施工准备 ··· 164
10.2 排水盲管施工 ··· 165
  10.2.1 环向排水半管施工 ·· 166
  10.2.2 纵向排水管施工 ·· 166
  10.2.3 横向排水管施工 ·· 166
  10.2.4 排水管安装质量检查 ······································ 167
10.3 防水板施工 ··· 167
  10.3.1 铺设前的准备 ·· 167

10.3.2	台车就位	168
10.3.3	铺设土工布	168
10.3.4	铺设防水板	169
10.3.5	固定防水板	169
10.3.6	防水板焊接	169
10.3.7	施工注意事项	170
10.3.8	质量检查	170

10.4 施工缝、变形缝防水施工 … 171

- 10.4.1 外贴式止水带施工 … 171
- 10.4.2 中埋式止水带施工 … 171
- 10.4.3 止水带施工控制要点 … 172
- 10.4.4 止水带施工控制 … 172
- 10.4.5 遇水膨胀橡胶止水条施工 … 173

思考题 … 173

学习情境 11　施作二次衬砌　174

11.1 施工要求及注意事项 … 175
11.2 选择模板类型 … 176
- 11.2.1 常见二次衬砌模板类型 … 176
- 11.2.2 整体移动式模板台车的施工工艺 … 177

11.3 钢筋工程施工 … 178
- 11.3.1 衬砌钢筋定位及安装 … 178
- 11.3.2 衬砌钢筋连接 … 178
- 11.3.3 衬砌钢筋施工要求 … 179
- 11.3.4 衬砌钢筋质量检查及验收 … 179

11.4 混凝土工程施工 … 180
11.5 施作仰拱 … 181
- 11.5.1 仰拱的作用及施工要求 … 181
- 11.5.2 仰拱施工工艺及质量控制 … 182

11.6 施作拱墙 … 184
- 11.6.1 拱墙施工工艺 … 184
- 11.6.2 混凝土缺陷处理 … 185
- 11.6.3 质量检查方法 … 185
- 11.6.4 二次衬砌背后脱空防治 … 187

思考题 … 188

学习情境 12　隧道施工通风　189

12.1 隧道通风必要性认识 … 189

12.1.1	隧道施工通风的作用	189
12.1.2	隧道施工作业有害物质	190
12.1.3	隧道施工环境卫生标准	191

12.2 隧道通风主要方式及选择 … 191
- 12.2.1 风管通风 … 192
- 12.2.2 巷道通风 … 193
- 12.2.3 通风方式的选择 … 193

12.3 隧道通风设备 … 194
- 12.3.1 风机类型及选择 … 194
- 12.3.2 风管类型及选择 … 194
- 12.3.3 风机及风管布置 … 195

12.4 隧道施工通风计算 … 195
- 12.4.1 风量计算 … 195
- 12.4.2 风压计算 … 198

12.5 隧道通风管理 … 198
- 12.5.1 通风管理项目 … 198
- 12.5.2 通风应急处理 … 198

思考题 … 199

学习情境 13　隧道施工监控量测　200

13.1 监控量测目的及意义 … 200
- 13.1.1 监控量测概念 … 200
- 13.1.2 监控量测的必要性 … 201
- 13.1.3 隧道监控量测的目的 … 201

13.2 隧道施工监控量测总体要求及方案制订 … 202
- 13.2.1 隧道施工监控量测总体要求 … 202
- 13.2.2 隧道施工监控量测方案制订 … 202

13.3 隧道施工监控量测项目及方法 … 203
- 13.3.1 隧道施工监控量测项目 … 203
- 13.3.2 隧道施工监控量测内容和方法 … 204

13.4 隧道施工量测数据处理及应用 … 209
- 13.4.1 隧道施工监控量测数据处理 … 209
- 13.4.2 隧道施工监控量测数据的应用 … 210

思考题 … 212

学习情境 14　隧道辅助坑道施工　213

14.1 隧道辅助坑道设置的意义及要求 … 213
14.2 隧道辅助坑道类型及特点 … 214

  14.2.1 横洞 …………………………………………………… 214
  14.2.2 平行导坑 ………………………………………………… 215
  14.2.3 斜井 …………………………………………………… 216
  14.2.4 竖井 …………………………………………………… 216
 14.3 隧道辅助坑道施工 ……………………………………………… 217
  14.3.1 横洞施工 ………………………………………………… 217
  14.3.2 平行导坑施工 …………………………………………… 218
  14.3.3 斜井施工 ………………………………………………… 218
  14.3.4 竖井施工 ………………………………………………… 219
 思考题 ………………………………………………………………… 220

参考文献 ……………………………………………………………… 221

学习情境1　隧道工程认知

【情境描述】

隧道是为满足人类开发地下空间而在地面下修建的一种有规定形状和尺寸的土工建筑物。世界经济合作与发展组织对隧道的概念有明确的定义。与其他工程不同，隧道工程处于地下，施工活动受工程地质和水文地质条件影响极大，且工作面狭小，作业环境差，造价昂贵。隧道类型多种多样，无论贯通高山还是潜入深水，都能看到隧道的身影。随着我国基础设施建设的进一步发展，隧道建设必将进入新一轮高速发展期。

通过本情境的学习，重点使学生掌握隧道及隧道工程概念、隧道工程特点以及隧道分类，为今后进行隧道施工打下良好的基础。

【教学目标】

1. 能力目标

①形成正确的隧道工程概念。

②能够区分不同类别的隧道。

2. 知识目标

①掌握隧道及隧道工程概念。

②掌握隧道工程特点。

③掌握隧道分类方法。

【案例引入】

世界著名隧道大盘点。

1.1　隧道工程概念及分类

隧道概念及分类

1.1.1　隧道工程与地下工程的关系

隧道是地下空间的一种表现形式，隧道工程同样属于地下工程的一种类型，因此，若要认识隧道工程，必须首先了解地下工程的概念。

所谓地下工程，是指修建在地层中或水面下、提供某种用途的地下建筑物或结构物。

通常将地下工程按照使用功能的不同划分为以下几种类型：

① 地下交通工程。如图1-1～图1-4所示的公路或铁路隧道、城市地铁、地下人行道等。

② 地下建筑工程。地下室、地下停车场（图1-5）、地下商场（图1-6）等。

图1-1 公路隧道

图1-2 铁路隧道

图1-3 城市地铁

图1-4 地下人行道

图1-5 地下停车场

图1-6 地下商场

③ 地下市政工程。综合管廊、市政隧道或管道［下水道（图1-7）、电力电缆管道、供热管道（图1-8）］等。

图1-7 下水道

图1-8 供热管道

④ 地下人防工程。人防避难工程（图 1-9）等。

⑤ 地下能源工程。地下电厂（水电、核电、火电）、地下水利设施、核能废料存储设施等。

⑥ 地下军事工程。地下飞机场、地下武器库、地下防护工程等。

⑦ 地下采矿工程。采矿巷道（图 1-10）、通风巷道、运输巷道（图 1-11）等。

图 1-9　防空洞

地下工程的形式多种多样，而隧道工程是一种特殊的地下工程。与其他类型的地下工程相比较，隧道工程有其自身的功能和特点。因此，需要我们准确掌握隧道的概念。

图 1-10　采矿巷道

图 1-11　运输巷道

1.1.2　隧道及隧道工程概念

隧道有广义和狭义两个概念。

1970 年，OECD（世界经济合作与发展组织）隧道会议从技术方面给出了广义上的隧道定义：以某种用途，在地面下用任何方法按规定形状和尺寸修筑的断面面积大于 $2.0m^2$ 的洞室。

狭义的隧道定义为：用以保持地下空间作为交通孔道的工程建筑物。

需要说明的是，本书中涉及的隧道为狭义上的隧道，也即本书的阐述对象是作为交通用途的公路隧道、铁路隧道以及城市地铁等。

隧道工程是指从事研究和建造各种隧道的规划、勘测、设计、施工和养护的一门应用科学和技术，它是土木工程的一个分支。

1.1.3　隧道工程特点

与其他工程相比，隧道工程的特点主要包含以下几个方面：

① 整个工程埋于地下，因此工程地质和水文地质条件对隧道施工的成败起着重要的甚至决定性的作用。

② 不同隧道所处的工程地质和水文地质条件差异性较大，隧道施工方法多样。

③ 隧道是一个狭长的构筑物，施工作业面窄，操作受到限制，工业化、机械化施工要求高。

④ 相比于地上工程而言，地下工程施工环境较差。
⑤ 隧道一旦建成，难以更改。
⑥ 造价昂贵。

1.1.4　隧道分类

根据不同的划分标准，可以将隧道分为不同类型。

（1）按照地质条件划分　可以将隧道分为土质隧道和岩质隧道。土质隧道是指在土层中开挖的隧道，如城市软弱地层中利用浅埋暗挖法或盾构法修建的隧道。而岩质隧道是指在岩体中开挖的隧道，如山岭隧道等。受地层情况影响，两者在设计理念及施工方法上有所不同。土质隧道强调支护刚度，注重控制地表及洞周变形，而岩质隧道则强调保护围岩，并充分利用围岩的自稳能力。

（2）按隧道埋深划分　可以将隧道分为浅埋隧道和深埋隧道。隧道埋置深度将影响工程地质、水文地质条件以及地应力状态等。浅埋隧道所处地层一般为土层或风化破碎的岩石层，水文地质条件复杂，工程施工难度大。深埋隧道一般处于岩石层，受埋深影响，地应力较大，容易出现大变形或岩爆现象。

（3）按所处地理位置划分　可以将隧道分为山岭隧道、城市隧道和水底隧道。山岭隧道是指穿越山体的隧道，城市隧道一般是指在城市地下修建的浅埋暗挖隧道，水底隧道是指在水下修建的隧道。

（4）按隧道用途划分　可以将隧道分为交通隧道、水工隧道、市政隧道、矿山隧道以及人防隧道等。不同用途的隧道形式见表1-1。

表1-1　隧道按用途分类

用途	类型
交通隧道	铁路隧道
	公路隧道
	地铁隧道
	人行通道
	航运通道
水工隧道	引水隧道
	导流隧道
	泄洪隧道
市政隧道	给水隧道
	排水隧道
	管路隧道
矿山隧道	采矿巷道
	通风巷道
	运输巷道
人防隧道	防空洞等

（5）按隧道长度划分　可划分为特长隧道、长隧道、中长隧道和短隧道。对于公路和铁路隧道，具体划分方法见表1-2。

表1-2 公路、铁路隧道按长度划分

划分对象	类型	长度 L/m
公路隧道	特长隧道	$L>3000$
	长隧道	$1000<L\leq3000$
	中长隧道	$500<L\leq1000$
	短隧道	$L\leq500$
铁路隧道	特长隧道	$L>10000$
	长隧道	$3000<L\leq10000$
	中长隧道	$500<L\leq3000$
	短隧道	$L\leq500$

需要说明的是，按照长度将隧道进行划分对于隧道设计、施工及运营管理均具有重要意义。隧道的长短直接影响到隧道施工方法、措施以及施工过程中的组织管理难度。因此，通常先将隧道按上表方法进行划分，再结合其他相关因素综合确定相应的施工组织措施。

（6）按断面面积划分　将隧道分为特大断面隧道、大断面隧道、中等断面隧道、小断面隧道和极小断面隧道五种。具体划分方法如下：

① 特大断面隧道：断面积为$100m^2$以上。
② 大断面隧道：断面积为$50\sim100m^2$。
③ 中等断面隧道：断面积为$10\sim50m^2$。
④ 小断面隧道：断面积为$3\sim10m^2$。
⑤ 极小断面隧道：断面积为$2\sim3m^2$。

1.2 隧道工程发展及前景

隧道发展现状及前景

1.2.1 隧道工程发展及现状

当今人类正在向地下、海洋和宇宙开发。向地下开发可归结为地下资源开发、地下能源开发和地下空间开发三个方面。地下空间的利用也正由"线"的利用向大断面、大距离的"空间"利用进展。

20世纪80年代，国际隧道协会（ITA）提出"大力开发地下空间，开始人类新的穴居时代"的口号。顺应于时代的潮流，许多国家将地下开发作为一种国策，如日本提出了向地下发展，将国土扩大10倍的设想。从某种意义上来讲，地下空间的利用历史是与人类文明史相呼应的，它可以分为4个时代：

第一时代：从出现人类至公元前3000年的远古时期。人类原始穴居，天然洞窟成为人类防寒暑、避风雨、躲野兽的处所。

第二时代：从公元前3000年至5世纪的古代时期。埃及金字塔、古代巴比伦引水隧道，均为此时代的建筑典范。我国秦汉时期的陵墓和地下粮仓，已具有相当的技术水准和规模。

第三时代：从5世纪至14世纪的中世纪时代。世界范围矿石开采技术出现，推进了地下工程特别是隧道工程的发展。

第四时代：从15世纪开始的近代与现代。欧美产业革命，诺贝尔发明的黄色炸药，成为开发地下空间的有力武器。日本明治时代，隧道及铁路技术开始引进并得到发展。

我国地下空间的开发和利用始于20世纪60年代。从1965年北京开始建设地下铁道至今，隧道的规模不断扩大，形式不断丰富，隧道施工技术也得到长足发展。

① 铁路、公路隧道。截止到2020年底，我国已有16000多条铁路隧道投入使用，总长度达到1.8×10^4km，公路隧道数量为19000多条，总长度达到1.9×10^4km。2021年《国家综合立体交通网规划纲要》发布，提出未来15年（远景展望到本世纪中叶），要把铁路线网规模扩大到20×10^4km左右（2020年运营里程为14.14×10^4km），公路规模达到46×10^4km，这意味着未来我国还有数量庞大的隧道建设需求。

② 城市地铁。根据有关部门统计，截止到2020年底，我国国内各城市建设的地铁总里程近5100km，10年间翻了4倍多。国内已有超过35座城市开通地铁，其中13座城市地铁里程超过100km，12座城市地铁客流量达100万人次以上。

1.2.2 隧道发展前景

（1）国家基本建设的重大需求

① 西部交通建设对隧道的需求。从现在直到2030年都将是我国西部大开发的加速发展期。交通基础设施建设也将得到快速发展，在铁路、公路的建设过程中，必将出现大量的特长、深埋隧道，如成都—兰州铁路隧道比例高达70%以上。

② 调水工程对隧道的需求。目前，南水北调东线、中线工程已经通水，但正在建设的北疆供水工程、东北供水工程和即将开工建设的南水北调西线工程还有大量的特长隧道，如雅砻江引水隧道长131km，通天河引水隧道长289km，这些隧道无论规模还是技术难度都是空前的。

③ 跨江越海交通工程对隧道的需求。随着国家基础设施建设的发展，铁路网、公路网结构的进一步完善，将会出现越来越多的水下隧道，如在建的汕头苏埃通道，武汉三阳路长江隧道，以及拟建的琼州海峡隧道、渤海海峡隧道等。

④ 城市轨道交通建设需求。目前全国已有58座城市已获批轨道交通建设，规划建设线路总长度达到7305.3km，其中线路总长的80%以上为地铁，超过已运营线路总里程。随着我国城镇化水平的不断提高与城市人口规模上升，轨道交通仍有较大的发展空间。

（2）隧道及地下工程技术研究所面临的重要课题 根据国家社会经济可持续发展的需要，结合隧道及地下工程技术的发展现状，未来隧道技术发展研究重点应包含以下几个方面：

① 特长隧道独头长距离施工技术。此课题关乎自然环境及水、土资源保护和工程建设成本。目前国内隧道钻爆法施工独头的限制一般是铁路单线约2.2km，铁路双线或公路约4km。控制因素主要是施工通风排烟能力、排水能力和弃碴及材料运输能力、施工进度要求及灾害预防救治等等。因而特长隧道施工多采用增设斜竖井、平导、横洞等辅助坑道的办法来解决上述难题，即所谓的"长隧短打"。辅助坑道的长度往往会占到主洞长度的50%~70%，甚至更高的比例。这样做不仅大幅度地增加了工程数量和工程成本，更重要的是破坏了工程所在地的自然生态环境，有可能出现水土流失等严重的后果。而且大多数施工用的辅助坑道在工程完工后即行废弃处理。通过该课题的研究，如果能将隧道独头施工能力和距离提高50%左右，则辅助坑道的工程量可减少半数以上。我国西部铁路、公路、水利和电力建设中长大隧道很多，然而西部地区生态环境保护至关重要，该技术研究课题的意义非常重大。

② 要水下及海底隧道工程技术。我国在江河湖海下成功修筑的隧道已有多处，所用施工技术有沉埋法、盾构法、钻爆法或其他方式的明挖、暗挖法等，技术相对成熟。但是，我国在水下修筑隧道的技术课题还远未结束。目前已建成的水下隧道绝大多数位于江河下游地

带，从地域上来讲属于中国大陆东南和中南部。仅重庆市在长江下面用盾构法建成了直径 6.4m 的排污隧道。所以，使用各种工程方法在不同的地理、地质、水文和气象等条件下的实用技术还有大量的试验研究工作要做。

我国海岸线总延长约 18000km，有许多处海湾、海峡、海岛面临交通阻碍，较大的如渤海海湾、琼州海峡等。以海底隧道的方式连通陆地与海岛、海岛与海岛之间的交通日益为人们所重视，海底隧道的规模、埋深和技术难度相对较大，要探明如渤海海湾、琼州海峡这样的海底隧道的工程技术问题没有几年、十几年甚至几十年的试验研究工作是不可能完成的。世界上已建成投入营运的海底隧道有 100 多条，最为著名的是长达 53.85km 的日本青函隧道和长达 50.5km 的英法海峡隧道，两者都被人们称为"世纪杰出工程"。所以，海底隧道修建技术是隧道技术未来发展的重点方向。

③ 特殊地层和不良地质（如岩溶、岩爆、膨胀性围岩、湿陷性黄土、高地应力、蠕变地层、软弱地层、断层破碎带、涌水、突泥、瓦斯、毒气、可燃气、放射性等等）情况下修建隧道及地下工程的技术。虽然已经积累了大量的在上述不良地质情况下修筑隧道及地下工程的经验和技术，但是工程现场因地质原因致使施工受阻，甚至于发生安全、质量事故的情形并不少见。所以加强特殊地质情况下隧道及地下工程技术研究是要长期坚持进行的重要课题之一，尤其是灾害性事故的预防和治理，如坍塌、水害和瓦斯爆炸等。

辅助工法的出现和运用是隧道及地下工程施工的重要特点之一。辅助工法多用于围岩所处地层的加固及物理力学性质的改善，基坑和坑道周边及底部的维护和固定，施工阶段的疏水、排水、降水和堵水等。如注浆、冷冻、桩墙、管棚、锚固、喷护等工法均为隧道和地下工程施工中的辅助工法。辅助工法十分重要，很多情况下关系到主体工程施工的成败。由于辅助工法不当而招致工程事故甚至工程失败的例子并不少见。所以加强辅助工法的研究开发是隧道和地下工程施工的重要环节之一。

④ 特大及复杂断面的隧道及地下工程构筑技术。这里所谓的"特大断面"，是指像多线径的公路和铁路隧道、地铁车站、地下厂房和储库等，其断面面积一般在 $100m^2$ 以上，施工中同一断面上的同一工序需要分部多次进行。隧道及地下工程施工始终面临着地层应力和结构应力的转换，从力的平衡到不平衡、再到新的平衡的建立，是个复杂而隐蔽的过程。尤其是特大断面的施工，工序多、转换快、流程长，由于地层围岩和支护结构受力变化幅度较大，因而其构筑方法和工艺对施工安全和工程质量有着直接的影响，其技术难度相当突出。随着社会高度发展的需要，特大断面的隧道和地下工程运用会越来越多，所以进行特大断面的隧道及地下工程构筑技术研究也显得十分突出。

⑤ 工程地质与水文地质情况的预探、预报技术。勘测设计阶段一般采用现场勘查、地质资料调绘、坑探、钻探、物探等手段，综合交错进行。必要时还可以利用航测及卫星遥感等技术。施工阶段的地质工作则是采用在开挖面上测绘推断、物探判识或超前钻探等手段，依据需要选择进行。看起来现有的方法和手段不少，但是其确定性差，可靠度低，加之现场专业技术人员严重缺乏，所以长期以来形成的施工预案不足、盲目追赶进度的局面很难改变，甚至于酿成了较大的祸患，教训极其深刻。在以上各种地质预探手段中，施工现场人们乐于使用的是物探，因为物探手段相对简单易行，对工程进度的影响较小，成本费用也较低。但是，目前所用的物探手段及其判识技术必须有较大的改进和提高才能够达到隧道及地下工程的要求。我们研究的重点应该放在物探设备技术性能及分析指标的改进和创新上来。当然加强现场工程地质技术力量同样是很重要的一个方面。

⑥ 隧道及地下工程专用设备、器材和材料的研制和开发。隧道施工作业机械化水平直接影响到工人的劳动强度、安全状况、工程质量和劳动生产率的高低。高科技的机械化施工手段是隧道和地下工程施工能力的重要体现和标志。如果没有凿岩钻孔设备的进步，光面爆

破、预裂爆破技术是不可能普及的；没有现代化的盾构机和掘进机，想要在软弱、富水的地层中快速修建地铁和穿越数十公里的崇山峻岭也是难以想象的。因此，应组织力量进行隧道和地下工程专用设备的研究和开发，一方面抓施工设备的配套，借以提高施工生产效率，降低生产成本；另一方面抓高科技产品如盾构机、TBM 等的研制，实现国产化、系列化，才能争取主动，加快隧道和地下工程建设的发展。

隧道及地下工程对其建筑材料的性能有着特殊的要求，不同环境条件下的隧道及地下工程对其建筑材料的性能要求又有所差异。但是目前普遍存在的问题是能用于隧道和地下工程的建筑材料品种太少，质量不高。因此，需要开发制造出来各种型号、不同性能的注浆材料、防水材料和混凝土添加剂及拌合物，以此来推动隧道及地下工程建筑结构质量水平尤其是耐久性的不断提高。隧道及地下工程开挖施工所使用的爆破器材和爆破工艺也有改进和创新的必要，它与施工安全、环境保护、工作效率、工程成本密切相关。这里主要是指低毒害、低烟尘、高性能炸药的研制开发，数码延时雷管的推广使用和用于隧道的自动化装药设备的研制。

⑦ 隧道及地下工程在国土利用、环境保护、节能减耗等方面的运用技术。在以上方面成功运用的实例很多。如利用地下空间储存油气、货物、粮食和饮水；将闹市区汽车交通改入地下，以减少交通障碍，降低因汽车尾气、噪声对多数人的伤害，且增加了中心市区绿地面积，改善了城市的环境条件；利用地下空间赋予的气温潜能改善地面建筑内的控温设施性能，较大限度地减少能耗等。由此隧道和地下工程技术的运用范围及前景非常广阔，其商业价值也非同一般。

⑧ 风险管理技术在隧道及地下工程中的运用。由于现实中人们对地层、地质认识的困难和限制，致使隧道及地下工程在设计和施工中不确定的因素增多。所以，隧道及地下工程建设有着较高的风险，而且风险控制的难度也比较大。因而对隧道及地下工程施行风险管理，控制风险发生的概率和规模，尽可能地规避风险和减少风险损失，已经成为当代社会管理层、保险机构和工程界密切关注的问题之一。在这方面欧美一些国家采取措施较早，如英国于 2003 年正式出版发布了《隧道工程风险管理联合守则》。最近几年来我国在工程风险管理方面也有所行动，一些学者为引进国外的风险管理技术和经验做了大量的工作，某些地区、部门或工程领域已经把风险管理摆在了重要的位置上并加以实施。在我国，隧道及地下工程风险管理不但是新的业务，而且风险管理技术也有待于吸收、消化、改进和创新。

⑨ 隧道及地下工程防灾、抗灾和救灾的技术。无论是在建设期还是营运期，隧道和地下工程的防灾、抗灾和救灾工作都应该放在最要紧的位置上。已有的教训很多，主要是大火、爆炸或洪水。在建设期的隧道内，有可能会出现坍塌、岩溶、岩爆、放射物质或毒气的危害。在已投入营运的隧道内，由于信号失灵、设备故障、交通事故等可能会引发出大的灾祸。隧道及地下工程的灾害预防和治理技术专业性强，而且涉及面广。在以"预防为主"的原则指导下，隧道和地下工程设计标准要切实体现"安全第一"的方针，必须有灾害救治的预案，要有足够的抗灾能力和可靠的逃生通道，其通风设备能力必须考虑灾害发生时的工况条件。在隧道和地下工程灾害预防和救治方面有许多新的技术问题有待于人们去研究解决。

⑩ 隧道和地下工程设施的状态检测、评定和维护、修补技术的研究。已投入运营的隧道和地下工程建筑由于外围环境的影响、周边介质的变化和荷载的长期冲击及疲劳，其结构状态和力学性能会发生变化，有可能是渐变，也有可能积累为突变。要保证运营安全，就必须对设施现状进行准确的检测和科学的评判。就我国目前的情况看，对隧道及地下工程设施进行实地检测的手段和状态评判的体系及标准等方面都需要做大量基础性的研究工作。在隧

道和地下工程设施基本结构完好的情况下、对其存在的缺陷和产生的病害进行恰当的修补，可以达到延长设施使用寿命和部分提高使用功能的效果。常见的项目有堵漏、治渗、混凝土裂缝处理、混凝土受损部位的嵌补以及结构加固等。该方面的技术虽有一些，但新的技术仍然需要研究开发，主要在于提高维护、修补的效果。

思考题

1. 简述隧道的概念。
2. 隧道工程的特点有哪些？
3. 隧道类型有哪些？如何进行分类？
4. 简述隧道施工技术未来面临的主要难题。

学习情境2　隧道工程地质环境及围岩分级

【情境描述】

地下结构体系是由地层和支护共同组成的，根据地下结构理论，地层承担着绝大部分荷载，而支护的作用是用来约束地层不致破坏的，这与地上结构明显不同。因此，开展隧道工程地质环境的调查与勘测工作，摸清隧道所处地层的工程地质环境，对于隧道设计及施工都是非常必要的。

通过本情境的学习，重点使学生掌握隧道所处的工程地质环境以及地质勘察的基本方法，重点理解并掌握围岩分级的概念和方法，为准确理解隧道施工图纸的设计意图以及编制施工组织设计打下良好的基础。

【教学目标】

1. 能力目标

① 能列出隧道工程地质环境调查的内容。

② 能参与并协助完成地质超前预报的技术工作。

③ 能综合考虑各项相关指标进行围岩分级。

2. 知识目标

① 掌握隧道工程地质环境调查与勘测的内容及要求。

② 掌握地质超前预报的内容及方法。

③ 掌握隧道工程地质环境（如地层特性、地应力状态等）。

④ 理解围岩稳定性的概念，掌握围岩分级方法。

【案例引入】

某长大岩溶隧道专项地质勘察报告。

2.1　隧道工程地质环境调查与勘测内容及要求

2.1.1　隧道工程地质环境调查与勘测内容

隧道工程的地质环境包括地层特征、地下水状况、原始地应力状况、地温等。《铁路工程地质勘察规范》（TB 10012—2019）中规定，隧道工程地质勘察应包括下列内容：

① 查明隧道通过地段地形、地貌、地层、岩性、地质构造。岩质隧道应着重查明岩层层理、片理、节理、软弱结构面的产状及组合形式，断层、褶皱的性质、产状、宽度及破碎程度；土质隧道应着重查明土的成因类型、结构、成分、密实程度、潮湿程度等。

② 查明隧道通过地段是否通过煤层、气田、膨胀性地层、采空区、有害矿体及富集放射性物质的地层等，并进行工程地质条件评价。

③ 查明不良地质、特殊岩土对隧道的影响，评价隧道可能发生的地质灾害，特别是对洞口及边仰坡的影响，提出工程措施意见。

④ 对于深埋隧道，应预测隧道洞身地温情况。

⑤ 深埋及构造应力集中地段，对坚硬、致密性脆岩层应预测岩爆的可能性，对软质岩层应预测围岩大变形的可能性。

⑥ 对隧道浅埋段及洞口段应查明覆盖层厚度、岩体的风化和破碎程度、含水情况，评价其对隧道洞身围岩及洞口边、仰坡稳定的影响。

⑦ 对傍山隧道，外侧洞壁较薄时，应预测偏压危害。

⑧ 应根据地质调绘、物探及验证性钻探测试成果资料，综合分析岩性、构造地下水状态初始地应力状态等围岩地质条件，结合岩体完整性指数、岩体纵波速度等，分段确定隧道围岩分级。

⑨ 接长明洞地段，应查明明洞基底的工程地质条件。

⑩ 当设置有横洞、平行导坑、斜井、竖井等辅助坑道时，应查明其工程地质条件。

⑪ 多年冻土地区隧道还应查明冻土类型、分布、特征，地下水的类型、补给、径流、排泄条件及动态特征以及多年冻土的下限深度及其洞身的冻土工程地质条件。

⑫ 隧道弃渣场应查明场地范围内地形、地貌、地层岩性、水文地质、不良地质、特殊岩土及弃渣场挡护工程的地基地质情况，场地范围内水文植被、地质灾害的发育情况、弃渣场周边的地质情况、对环境的影响及可能导致的次生地质灾害。

隧道水文地质勘察应符合下列规定：

① 查明隧道通过地段的井、泉情况，分析水文地质条件，判明地下水的类型、水质、侵蚀性、补给来源等，预测洞身最大及正常分段涌水量，并取样作水质分析。

② 在岩溶发育区，应分析突水、突泥的危险，充分估计隧道施工诱发地面塌陷和地表水漏失等破坏环境条件的问题，并提出相应工程措施意见。

③ 特长隧道、长度3km及以上的岩溶隧道、水文地质条件复杂的长隧道应进行专门的水文地质勘察与评价工作。

对于以上要求中的一些重点调查项目，其具体的调查内容如表2-1所示。

表2-1 隧道工程地质环境重点项目调查内容

序号	调查项目	调查内容
1	地形、地貌调查	查明山体形态和坡度、垭口及分水岭分布，以及其自然形态与地质构造、河流切割的关系
2	地层、岩性调查	查明地层时代、岩性及变化，注意岩层顺序和厚度、岩性特征和物理力学性质以及岩石风化程度
3	地质构造调查	地质调查的核心，包括褶皱、断层、节理、侵入体或岩脉等
4	水文地质调查	主要包括井泉分布、泉水类型、主要含水层和隔水层岩性及分布，河流及水库的分布，岩溶区岩溶漏斗、暗河位置
5	滑坡、岩堆、泥石流和岩溶地质调查	主要查明这些不良地质是否存在及性质、位置、范围，对隧道的危害程度

同时，规范还规定，隧道工程勘探、地质测试应结合采用的施工方法进行，并符合下列要求：

① 地质条件复杂的隧道应加强地质调绘，采用物探、钻探等综合勘探方法。

② 钻孔位置和数量应视地质复杂程度而定。洞门附近第四系地层较厚时，应布置勘探点；地质复杂，长度大于 1000m 的隧道，洞身应按不同地貌及地质单元布置勘探孔，查明地质条件；主要的地质界线和断层，重要的不良地质、特殊岩土地段，可能产生突泥、突水危害地段等处应有钻孔控制，重要物探异常点应有钻探验证；穿越城市和大江大河的隧道应按城市铁路隧道或水下隧道工程进行地质勘察。洞身地段的钻孔位置宜布置在中线外 8~10m 处，钻探完毕，应回填封孔。

③ 钻探深度应至路肩以下 3~5m；遇溶洞、暗河及其他不良地质时，应适当加深至溶洞及暗河底以下 5m。

④ 钻探中应做好水位观测和记录，探明含水层的位置和厚度，并取样作水质分析。水文地质条件复杂的隧道，应作水文地质试验，测定地下水的流向、流速及岩土的渗透性，计算涌水量，必要时应进行地下水动态观测。

⑤ 应取代表性岩土试样进行物理力学性质试验，试验项目可按《铁路工程地质勘察规范》（TB 10012—2019）进行。

⑥ 对有害矿体和气体，应取样作定性、定量分析。

⑦ 隧道弃渣场应根据工程设置布设必要的勘探及测试工作。

2.1.2　初测、定测阶段勘测要求

《铁路工程地质勘察规范》（TB 10012—2019）规定，初测阶段隧道工程地质勘察应符合以下要求：

① 特长隧道、控制线路方案的长隧道、多线隧道宜采用遥感图像地质解译、地质调绘、综合物探测试和少量钻探相结合的方法为隧道位置和施工方法的选择、工程地质条件评价提供资料，宜沿洞身纵断面布置物探、钻探测试工作。

② 一般隧道可作代表性勘探、测试工作，并在沿线工程地质分段说明中简要叙述隧道工程地质条件和围岩分级。

③ 对采用钻爆法施工、长度大于 5km 且地质条件复杂（包括高地应力、富水、含有瓦斯等有害气体及大跨度隧道等）的越岭隧道、采用掘进机及盾构法施工的隧道、水下隧道等应进行地质因素的风险性评价。

初测阶段应开展下列工作：

① 堰筑隧道、盾构及沉管隧道，宜进行河（海）床演变分析。

② 每一隧道方案均宜进行物探，地质条件复杂时，应进行横断面勘察。

③ 在线路走廊带范围内，应对可能作为隧道线位的区域进行地质勘察。

定测阶段应开展下列工作：

① 分段查明沿线工程地质条件，提供区内相关地层的物理力学参数。

② 应查明地下水类型及相关参数，并评价对拟建工程的影响。

③ 地震动峰值加速度为 0.10g 及以上的区域应进行场地地震效应评价。

④ 应查明不良地质及地下障碍物，分析其对工程的影响，并提出相应建议与对策。

无砟轨道铁路和速度 200km/h 及以上有砟轨道铁路的隧道工程地质勘察工作除应符合上述规定外，还应符合下列规定：

① 隧道洞身的勘探应根据地层及地质构造发育情况，适当增加勘探与测试工作量；埋深小于 100m 的较浅隧道或洞身段沟谷较发育的隧道，勘探点间距不宜大于 500m；埋深较大隧道勘探点的布置应根据地质调查及物探成果专门研究确定。

② 应充分利用物探成果和其他勘探资料综合分析隧道的工程地质和水文地质条件，合理确定隧道的围岩分级。

③ 通过粉土、黏性土、黄土地段的隧道，应根据设计需要进行渗透系数和固结系数等项目的试验。

2.2 地质超前预报

2.2.1 地质超前预报内容

所谓地质超前预报，是指在分析既有地质资料的基础上，采用地质调查、物探、超前地质钻探、超前导坑等手段，对隧道开挖工作面前方的工程地质与水文地质条件及不良地质体的工程性质、位置、产状、规模等进行探测、分析及预报，并提出技术措施建议。地质超前预报是隧道工程地质环境勘查的重要方面，对于工程技术人员提前掌握隧道前方地层的工程地质环境，以便提前做出科学合理的应对措施，保证施工安全，具有十分重要的意义。

隧道工程地质超前预报主要包含地区地质分析与宏观地质预报、不良地质及灾害地质超前预报、重大施工地质灾害预警预报三大内容。

① 地区地质分析与宏观地质预报。预报开挖面前方的围岩级别和稳定性，及时修改设计，调整支护类型；预报洞内涌水量大小和变化规律以及对环境地质与工程的影响。

② 不良地质及灾害地质超前预报。预报开挖面前方岩性变化和不良地质体的范围、规模、性质，以及突水、突泥、坍塌、岩爆、有害气体等灾害地质的发生概率，提出施工预防措施；预报断层的位置、宽度、产状、性质、破碎带物质状态、充水情况、稳定程度等，提出施工对策。

③ 重大施工地质灾害预警预报。针对开挖面前方有可能引发的大规模突水、突泥、坍塌、冒落、变形、瓦斯爆炸等重大地质灾害建立预警预报系统，主要预报隧道洞身所通过的深大富水断裂、富水向斜的核部、富水砂层、软土、极软岩、煤系地层等，评判其危害程度，提出施工方案对策。

2.2.2 地质超前预报方法

地质超前预报的常见方法有地质分析法、超前平行导坑预报法、超前水平钻孔法和物理探测法等。

2.2.2.1 地质分析法

通过收集和分析地质资料、地表详细调查、隧道内地质编录、素描、数码照相、超前钻孔、涌水量预测等方法，了解隧道所处地段的地质条件，通过对比、论证、推断，预报隧道施工前方的工程地质、水文地质情况。

通过对洞内开挖面涌水量动态变化的长期观测记录，掌握地下水初期涌水量、衰减涌水量和稳定涌水量的变化规律，综合分析地层、断层等构造以及基岩裂隙水的运动特点，查明地下水的补给、径流及排泄途径，预报未开挖段水文地质情况。对隧道开挖前涌水量的定量预测，往往与隧道开挖实际涌水量有一定的差距，应进行对比分析，总结经验，提高预报水平。

2.2.2.2 超前平行导坑预报法

在隧道内或隧道附近开挖一个平行的小断面导坑，对导坑出露的地质情况实施地质编录、作图以及素描，综合分析其地层岩性、地质构造、水文地质情况，根据地质理论预测相应段隧道的工程地质和水文地质条件，以及可能发生地质灾害的位置、性质、规模，并提出防治措施意见。超前平行导坑法最为直观，精确度很高。

对于施工单位来说，采用此方法可提前了解主隧道开挖断面的地质情况，以便采取相应的工程防护措施。其缺点是成本高，对施工影响大。

2.2.2.3 超前水平钻孔法

用钻探设备向开挖面前方钻探，直接揭示隧道开挖面前方几十米的地层岩性、岩体结构、构造、地下水、岩溶洞穴充填物及其性质、岩体完整程度等资料，还可通过岩芯试验获得岩石强度等定量指标，适用于已经基本认定的主要不良地质区段。超前水平钻孔的方向控制和钻探工艺有一定的技术难度，对施工干扰大。

2.2.2.4 物理探测法

利用物体物性差异进行地质判断的间接方法称为物理探测法（简称物探法）。采用物探技术进行超前地质预报的优点是快速、超前探测距离大、对施工干扰相对小、可以多种技术组合应用。物探方法的应用受到环境及经验的影响，准确解释物探资料具有一定的技术难度。物探技术存在一定的局限性，在地质超前预报中应进一步结合地质理论，提高物探成果解译水平。

地球物理探测是间接、无损的测试手段，在隧道超前地质预报中，常用的方法有声波测试、红外探水、弹性波法、电磁波法等。

(1) 声波测试　声波对裂隙反应很敏感，遇到裂隙即发生介面效应（反射、折射和绕射），耗损波能，波形变复杂，波速减缓，此外，声波速度的大小还和岩体强度有关。

声波测试方法有多种，主要有岩面测试和孔内测试两种，其中孔内测试又分为单孔和双孔测试两种。岩面测试是在已开挖地段进行的，由于隧道开挖放炮形成许多裂隙，所测波速表面岩石比实际岩体的波速略偏低。孔内测试分单孔和双孔两种。单孔测试是把发射源和接收器放在同一孔内，但只能测到钻孔周围一倍波长左右范围内的地质情况。双孔测试是把发射源和接收器放在不同的钻孔内，测试两孔之间的岩体波速。

孔内测试按耦合方式又分为干孔和湿孔两种。湿孔测试是向钻孔内灌水耦合，但由于水充填了裂隙影响测试结果，往往使测试波速偏高，岩石越破碎，偏差越大。干孔测试是在发射器和接收器的外面套上环形胶囊，然后再向胶囊内注水，使接收器、发射器和孔壁耦合，其测试结果比较真实。

(2) 红外探水　所有物体都发射出不可见的红外线能量，这能量的大小与物体的发射率成正比。而发射率的大小取决于物体的物质和它的表面状况。当隧道掌子面前方及周边介质单一时，所测得的红外场为正常场，当前面存在隐伏含水构造或有水时，他们所产生的场强要叠加到正常场上，从而使正常场产生畸变。据此判断掌子面前方一定范围内有无含水构造。

现场测试有两种方法：一是在掌子面上，分上、中、下及左、中、右六条测线的交点测取 9 个数据，根据这 9 个数据之间的最大差值来判断是否有水；二是由掌子面向掘进后方（或洞口）按左边墙、拱部、右边墙的顺序进行测试，每 5m 或 3m 测取一组数据，共测取 50m 或 30m，并绘制相应的红外辐射曲线，根据曲线的趋势判断前方有无含水。

掌子面上 9 个数据的最大差值大于 $10\mu W/cm^2$，就可以判定有水；红外辐射曲线上升或下降均可以判定有水，其他情况判定无水。红外探测的特点是可以实现对隧道全空间、全方位的探测，仪器操作简单，能预测到隧道外围空间及掘进前方 30m 范围内是否存在隐伏水体或含水构造，而且可利用施工间歇期测试，基本不占用施工时间。但这种方法只能确定有无水，至于水量大小、水体宽度、具体的位置没有定量的解释。

(3) 弹性波法　弹性波超前预报技术按观测系统可分为地震反射法（负视速度法）和水平声波剖面法。

当弹性波向地下传播时，遇到波阻抗不同的地层界面时，将遵循反射定律发生反射现象。当介质的波阻抗差异愈大，反射回来的信号就愈强。

① 负视速度法。地震负视速度法的原理是利用地震波在不均匀地层中产生的反射波特征，来预报隧道掌子面前方及周围区域的地质情况。在隧道侧壁的一定范围内布置激震点，进行激发，产生的地震波信号在隧道周围岩体内传播，当岩石强度发生变化时，比如有断层或岩层变化，地震波信号的一部分将返回，这个信号称为反射波。反射界面与测线直立正交时，所接收的反射波与直接由震源发出的信号（称为直达波）在记录图像呈负视速度，其延长线与直达波延长线的交点即为反射界面的位置，见图2-1。

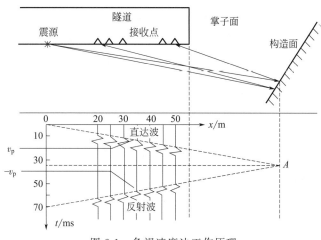

图 2-1　负视速度法工作原理

现场测试时，采用的方式有多炮共道、多道共炮两种。前者记录方式有利于保证激发条件的一致性，后者则有利于记录条件的一致性。当偏重于运动学特征参数的应用时，共炮与共道两种记录方式可任意选用；当要求测试设备简化与强调接收条件一致性时，宜采用多炮共道方式；当强调动力学参数的对比利用时，宜选用多道共炮方式。观测系统沿开挖工作面后面巷道侧壁或底部布置。为获取负视速度，震源应在预报目的物的远端，接收点间距采用小道间距（一般为2～5m），12道或24道接收。根据需要与设备条件，测点可采用单分量、三分量或组合检波器。

② 水平声波剖面法。该方法（接收频率为声波频段的地震波）是利用孔间地震剖面法（ABSP）的原理及相应软件开发的一种超前预报方法。震源和检波器的布置除脱离开挖工作面、对施工干扰小外，还因反射波位于直达波、面波延续相位之外而不受干扰，因此做到记录清晰、信噪比高，使反射波同相轴明显。

观测时在隧道的两个侧壁分别布置震源和检波器，按其相对位置设计成两种观测方式，即固定激发点（或接收点）和激发与接收点相错斜交方式，详见图2-2。

③ TSP203超前地质预报系统。TSP203隧道地质超前预报系统是采用地震勘探原理对隧道未开挖区段地质情况进行超前预报的设备。它是目前隧道超前地质预报中采用的最新的地球物理探测方法，属多波多分量地震探测技术。该技术主要是在隧道已开挖的左边墙或右边墙布设地震激发点和接收点，采用固定接收点、改变激发点的方法采集反射波信号。信号

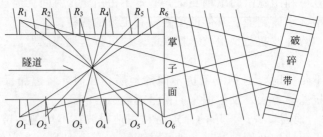

图 2-2 相错斜交观测方式示意图

的接收采用高灵敏度的三分量加速度地震检波器，可以比较准确地确定反射波的空间位置。运用地震勘探原理对所得地震波进行处理分析可以分辨隧道开挖面前方地质体的性质、位置和规模，包括软弱岩石带、含水情况、节理裂隙发育带、断层及其影响带等，在地质情况较好时预报深度可达 200m 左右。

TSP203 隧道地质超前预报系统还可以计算出围岩的动态弹性模量、泊松比、体积模量、剪切模量、拉梅常数、纵波速度、纵波横波速度比、密度。结合围岩的岩性、含水量、节理发育、结构面等情况可对围岩的类别进行评估。

（4）电磁波法　电磁波法是利用电磁波在不同介质中产生透射、反射的特性来进行地质预报工作的，目前常用的方法有地质雷达。

利用地质雷达进行超前预报时，当前方岩石完整的情况下，可以预报 30m 的距离；当岩石不完整或存在构造的条件下，预报距离小于 10m。雷达探测的效果主要取决于不同介质的电性差异，即介电常数，若介质之间的介电常数差异大，则探测效果就好。在洞内测试时，由于受干扰因素较多，往往造成假的异常，形成误判。

2.2.3 地质超前预报方法的应用原则

地质超前预报方法的应用，应符合以下要求：

① 地区地质分析与宏观地质预报应采用传统的地质分析方法，辅以必要的物探技术等手段，对隧道围岩的稳定性、水文地质情况进行宏观的地质预报。

② 不良地质及灾害地质超前预报应在传统地质分析方法的基础上，结合施工方法、施工工艺、工期等要求，以先进的物探技术为主要探测手段，并辅以必要的超前平行导坑预报法、超前水平钻孔法，对开挖面前方不良地质体的情况及有可能产生的灾害地质进行预报，提出施工对策。

③ 重大施工地质灾害预警预报应在传统地质分析方法的基础上，结合施工方法、施工工艺、工期等要求，以超前平行导坑预报法、超前水平钻孔法为主，综合利用各种有效的物探手段，对开挖面前方有可能诱发的重大的地质灾害建立预警预报系统，并评判其危害程度，提出施工预案对策。

2.3 隧道工程地质环境

2.3.1 地层特性

隧道工程地质环境主要包括地层特性、地应力状态、地下水状况等。隧道处于一定的工程地质环境中，无论是隧道设计还是隧道施工，均应对其高度重视。

隧道工程地质环境中的地层特性主要是指隧道周边一定范围内的岩体（围岩）的物理性质、水理性质和力学性质。其中，力学性质对隧道围岩的稳定性影响最大。

2.3.1.1 物理性质

岩体物理性质主要包含以下几个方面：

（1）岩体物理力学性质的不均匀性　相同的天然岩体其物理力学性质随在岩体中所测点的空间位置不同而有差异，呈现出岩体的不均匀性。

（2）岩体是由结构面分割的多裂隙体　所谓结构面，是指岩体中存在的各种不同成因和不同特性的地质界面，包括物质的分界面、不连续面（如沉积岩中的层理、变质岩中的片理，以及定向的节理裂隙、劈理、断层和夹层等），如图2-3～图2-6所示。

图2-3　层理

图2-4　节理

图2-5　断层

图2-6　软弱夹层

结构面的成因主要有地质成因和力学成因两种类型。

（1）地质成因类型　地质成因类型主要有原生结构面、构造结构面和次生结构面3种。

① 原生结构面。原生结构面是指岩体在成岩过程中形成的结构面，主要有沉积结构面、火成结构面和变质结构面。

a. 沉积结构面是指沉积岩在沉积和成岩过程中形成的，有层理面、软弱夹层、沉积间断层和不整合面等，如图2-7所示。

b. 火成结构面是岩浆侵入及冷凝过程中形成的结构面，包括岩浆岩体与围岩的接触面、各期岩浆岩之间的接触面和原生冷凝节理等（如流层、流线、火山岩流接触面、蚀变带、原生节理等），如图2-8所示。

图 2-7　沉积结构面

图 2-8　火成结构面

图 2-9　变质结构面

c. 变质结构面是在变质过程中形成的结构面（分残留结构面和重结晶结构面），如片理、片麻理、板理、软弱夹层等，如图 2-9 所示。

② 构造结构面。构造结构面是岩体形成后在构造应力作用下形成的各种破裂面，包括断层、节理、劈理和层间错动面等，如图 2-10 所示。

③ 次生结构面。次生结构面是岩体形成后在外营力作用下产生的结构面，包括卸荷裂隙、风化裂隙、次生加泥层和泥化夹层等，如图 2-11 所示。

图 2-10　构造结构面

（2）力学成因类型　力学成因类型的结构面主要包含剪性结构面和张性结构面两种。

a. 剪性结构面是由剪应力形成的，破裂面两侧岩体产生相对滑移，如逆断层、平移断层以及多数正断层等。剪性结构面构造如图 2-12 所示。

b. 张性结构面是由拉应力形成的，如黏土岩失水收缩节理、岩浆岩中的冷凝节理等，如图 2-13 所示。

结构面的存在，决定着岩体的完

图 2-11　次生结构面

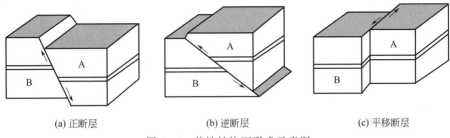

(a) 正断层　　　　　　　(b) 逆断层　　　　　　　(c) 平移断层

图 2-12　剪性结构面形成示意图

整程度，也关系着岩体的力学，即控制着岩体的强度、变形和破坏特征。

（3）岩体具有各向异性　岩体中由于岩石的结构、构造具有方向性，使岩体的强度、变形甚至渗透等性质在不同方向上显示出差异，称为岩体的各向异性。岩体的各向异性使得围岩应力场和位移场的理论计算十分困难，也给隧道设计和施工造成较大困扰。

图 2-13　张性结构面

2.3.1.2　力学性质

岩体力学性质主要包含岩体变形性质及强度性质。

（1）岩体变形性质

① 受压变形特性。由岩体受压变形的应力-应变曲线（图 2-14）可以得知，岩石受压状态下以弹性变形为主，工程性质最好；软弱结构面呈现非线性特性，以塑性变形为主，对工程不利；而岩体受压状态下的变形较为复杂，可划分为 4 个阶段：

a. 压密阶段（OA）。结构面闭合，充填物压缩，曲线呈凹状，变形模量小，总的压缩量取决于结构面的形态。

b. 弹性阶段（AB）。岩体充分压密后，结构面和结构体同为弹性变形，曲线为直线。

c. 塑性阶段（BC）。岩体继续受力，变形发展到弹性极限后便进入塑性阶段，此时岩体的变形特性受结构面和结构体的变形特性共同制约。

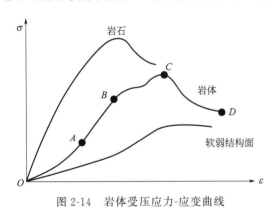

图 2-14　岩体受压应力-应变曲线

d. 破裂和破坏阶段（CD）。应力达到峰值后，岩体即开始破裂和破坏。开始时应力下降比较缓慢，破裂面上仍有一定摩擦力，还能承受一定荷载，随后应力急剧下降，岩体全面崩溃。

从岩体的全应力-应变曲线可以看出，岩体既不是简单的弹性体，也不是简单的塑性体，而是复杂的弹-塑性体。整体性好的岩体接近弹性体，破裂岩体和松散岩体则偏于塑性体。

② 受剪变形特性。在剪应力作用下，岩体变形主要受结构面控制，剪切变形主要有沿结构面滑动、结构面部分参与作用、在结构面影响下沿岩石剪断 3 种形式。

③ 岩体的流变特性。岩体变形的时间效应称为岩体的流变性（图 2-15），主要包括两方

面：一种是指作用的应力不变而应变随时间增长而增长，即所谓蠕变；另一种则是指作用的应变不变，而应力随时间增长而衰减，即所谓松弛。对于流变性大的岩体，在隧道设计和施工中必须考虑。

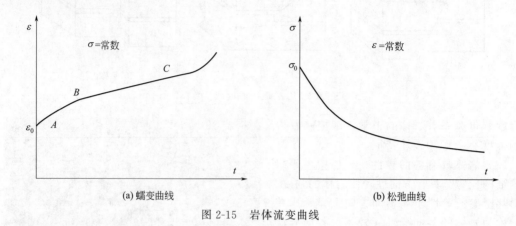

图 2-15　岩体流变曲线

(2) 岩体的强度性质

① 岩体的抗压强度。岩体和岩石的变形、破坏机理是很不相同的。

岩体的强度受宏观的结构面所控制，比岩石的强度低得多，且明显具有各向异性。而岩石的强度受微观裂隙所制约，比岩体的强度大。

一般情况下岩体的抗压强度只有岩石的抗压强度的 70%～80%，结构面发育的岩体仅有 5%～10%。

② 岩体的抗剪强度。岩体抗剪强度取决于岩体内结构面的形态，包括力学性质、充填状况、产状、分布和规模等，还受剪切破坏方式所制约。

当岩体受剪应力作用沿结构面滑动破坏时，内摩擦角 φ 值变化于 10°～45°，黏聚力 c 值变化于 0～0.3MPa，峰值强度较低，残余强度接近峰值。

若岩体在剪应力作用下沿岩石剪断破坏，内摩擦角 φ 值变化于 30°～60°，黏聚力 c 高达几十兆帕，残余强度与峰值强度之比随着峰值强度的增大而减小，变化于 0.3～0.8。

若岩体受结构面影响而沿岩石剪断破坏，则剪切强度介于两者之间。

2.3.2　地应力状态

地应力可以简要定义为存在于岩体中未受扰动的自然应力，或称原岩应力或初始应力。地应力场呈三维状态有规律地分布于岩体中。当工程开挖后，应力受到开挖扰动的影响而重新分布，重分布后形成的应力则称为二次应力或诱导应力。

2.3.2.1　地应力的成因和组成

(1) 地应力的成因　人们认识地应力还只是近百年的事。1878 年瑞士地质学家海姆 (A. Heim) 首次提出了地应力的概念，并假定地应力是一种静水应力状态，即地壳中任意一点的应力在各个方向上均相等，且等于单位面积上覆岩层的重量，即

$$\sigma_h = \sigma_v = \gamma H \tag{2-1}$$

式中，σ_h 为水平应力；σ_v 为垂直应力；γ 为上覆岩层容重；H 为深度。

1926 年，苏联学者 A. H. 金尼克修正了海姆的静水压力假设，认为地壳中各点的垂直应力等于上覆岩层的重量 $\sigma_v = \gamma H$，而侧向应力（水平应力）是泊松效应的结果，即

$$\sigma_v = \frac{\mu}{1-\mu}\gamma H \qquad (2\text{-}2)$$

式中，μ 为上覆岩层的泊松比。

同期的其他一些人主要关心的也是如何用一些数学公式来定量地计算地应力的大小，并且也都认为地应力只与重力有关，即以垂直应力为主，他们的不同点只在于侧压系数的不同。然而，许多地质现象，如断裂、褶皱等均表明地壳中水平应力的存在。早在20世纪20年代，我国地质学家李四光就指出："在构造应力的作用仅影响地壳上层一定厚度的情况下，水平应力分量的重要性远远超过垂直应力分量。"

1958年瑞典工程师N.哈斯特（N. Hast）首先在斯堪的纳维亚半岛进行了地应力测量的工作，发现存在于地壳上部的最大主应力几乎处处是水平或接近水平的，而且最大水平主应力一般为垂直应力的1～2倍以上；在某些地表处，测得的最大水平应力高达7MPa，这就从根本上动摇了地应力是静水压力的理论和以垂直应力为主的观点。

产生地应力的原因是十分复杂的。多年来的实测和理论分析表明，地应力的形成主要与地球的各种动力运动过程有关，其中包括：板块边界受压、地幔热对流、地球内应力、地心引力、地球旋转、岩浆侵入和地壳非均匀扩容等。另外，温度不均、水压梯度、地表剥蚀或其他物理化学变化等也可引起相应的应力场。其中，构造应力场和自重应力场为现今地应力场的主要组成部分。

① 大陆板块边界受压引起的应力场。中国大陆板块受到外部两块板块的推挤，即印度洋板块和太平洋板块的推挤，推挤速度为每年数厘米，同时受到了西伯利亚板块和菲律宾板块的约束。在这样的边界条件下，板块发生变形，产生水平受压应力场。印度洋板块和太平洋板块的移动促成了中国山脉的形成，控制了我国地震的分布。

② 地幔热对流引起的应力场。由硅镁质组成的地幔因温度很高，具有可塑性，并可以上下对流和蠕动。当地幔深处的上升到达地幔顶部时，就分为两股方向相反的平流，经一定流程直到与另一对流圈的反向平流相遇，一起转为下降流，回到地球深处，形成一个封闭的循环体系。地幔热对流引起地壳下面的水平切向应力。

③ 由地心引力引起的应力场。由地心引力引起的应力场称为自重应力场，自重应力场是各种应力场中唯一能够计算的应力场。地壳中任一点的自重应力等于单位面积上覆岩层的重量。自重应力为垂直方向应力，它是地壳中所有各点垂直应力的主要组成部分。但是垂直应力一般并不完全等于自重应力，这是因为板块移动等其他因素也会引起垂直方向应力变化。

④ 岩浆侵入引起的应力场。岩浆侵入挤压、冷凝收缩和成岩，均在周围地层中产生相应的应力场，其过程也是相当复杂的。熔融状态的岩浆处于静水压力状态，对其周围施加的是各个方向相等的均匀压力，但是炽热的岩浆侵入后即逐渐冷凝收缩，并从接触界面处逐渐向内部发展。不同的热胀系数及热力学过程会使侵入岩浆自身及其周围岩体应力产生复杂的变化过程。

与上述3种应力场不同，由岩浆侵入引起的应力场是一种局部应力场。

⑤ 地温梯度引起的应力场。地层的温度随着深度增加而升高，由于温度梯度引起地层中不同深度产生相应膨胀，从而引起地层中的正应力，其值可达相同深度自重应力的数分之一。

另外，岩体局部寒热不均，产生收缩和膨胀，也会导致岩体内部产生局部应力场。

⑥ 地表剥蚀产生的应力场。地壳上升部分岩体因为风化、侵蚀和雨水冲刷搬运而产生剥蚀作用。剥蚀后，由于岩体内的颗粒结构的变化和应力松弛赶不上这种变化，导致岩体内仍然存在着比由地层厚度所引起的自重应力还要大得多的水平应力值。因此，在某些地区，

大的水平应力除与构造应力有关外,还和地表剥蚀有关。

(2) 地应力组成 可以将岩体中初始地应力场划分为两大组成部分,即自重应力场和构造应力场。两者叠加起来便构成岩体中初始地应力场的主体。

① 岩体的自重应力。地壳上部各种岩体由于受地心引力的作用而引起的应力称为自重应力,也就是说自重应力是由岩体的自重引起的。岩体自重作用不仅产生垂直应力,而且由于岩体的泊松效应和流变效应也会产生水平应力。研究岩体的自重应力时,一般把岩体视为均匀、连续且各向同性的弹性体,因而,可以引用连续介质力学原理来探讨岩体的自重应力问题。将岩体视为半无限体,即上部以地表为界,下部及水平方向均无界限,那么,岩体中某点的自重应力可按以下方法求得。

设距离地表深度为 H 处取一个单元体,如图 2-16 所示,岩体自重在地下深度 H 处产生的垂直应力为单元体上覆岩体的重量,即

$$\sigma_z = \gamma H \tag{2-3}$$

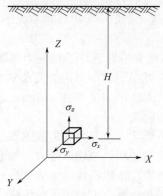

图 2-16 自重应力长计算模型

式中,γ 为上覆岩体的平均重力密度,kN/m^3;H 为岩体单元的深度,m。

若把岩体视为各向同性的弹性体,由于岩体单元在各个方向都受到与其相邻岩体的约束,不可能产生横向变形,即 $\varepsilon_x = \varepsilon_y = 0$。而相邻岩体的阻挡就相当于对单元体施加了侧向应力 σ_x 及 σ_y,考虑广义胡克定律,则有:

$$\varepsilon_x = \frac{1}{E}[\sigma_x - \mu(\sigma_y + \sigma_z)] = 0$$

$$\varepsilon_y = \frac{1}{E}[\sigma_y - \mu(\sigma_z + \sigma_x)] = 0 \tag{2-4}$$

由此可得:

$$\sigma_x = \sigma_y = \frac{\mu}{1-\mu}\sigma_z = \frac{\mu}{1-\mu}\gamma H \tag{2-5}$$

式中,E 为岩体的弹性模量;μ 为岩体的泊松比。令 $\lambda = \frac{\mu}{1-\mu}$,则有:

$$\sigma_z = \gamma H$$
$$\sigma_x = \sigma_y = \lambda \sigma_z$$
$$\tau_{xy} = 0 \tag{2-6}$$

式中,λ 称为侧压力系数,其定义为某点的水平应力与该点垂直应力的比值。

若岩体由多层不同重力密度的岩层所组成(图 2-17)。各岩层的厚度为 $h_i(i=1,2,\cdots,n)$,重力密度为 $\gamma_i(i=1,2,\cdots,n)$,泊松比为 $\mu_i(i=1,2,\cdots,n)$,则第 n 层底面岩体的自重初始应力为

$$\sigma_z = \sum_{i=1}^n \gamma_i h_i$$

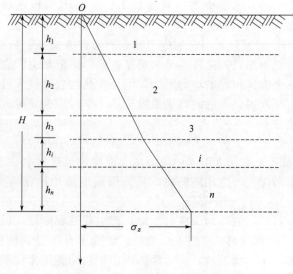

图 2-17 自重垂直应力分布

$$\sigma_x = \sigma_y = \lambda_n \sigma_z = \frac{\mu_n}{1-\mu_n} \sum_{i=1}^{n} \gamma_i h_i \tag{2-7}$$

一般岩体的泊松比 μ 为 0.2~0.35，故侧压系数 λ 通常都小于 1，因此在岩体自重应力场中，垂直应力 σ_z 和水平应力 σ_x、σ_y 都是主应力，σ_x 为 σ_z 的 25%~54%。只有岩石处于塑性状态时，λ 值才增大。当 $\mu=0.5$ 时，$\lambda=1$，它表示侧向水平应力与垂直应力相等（$\sigma_x = \sigma_y = \sigma_z$），即所谓的静水应力状态（海姆假说）。海姆认为岩石长期受重力作用产生塑性变形，甚至在深度不大时也会发展成各向应力相等的隐塑性状态。在地壳深处，其温度随深度的增加而加大，温变梯度为 30℃/km。在高温高压下，坚硬的脆性岩石也将逐渐转变为塑性状态。据估算，此深度应在距地表 10km 以下。

② 构造应力。地壳形成之后，在漫长的地质年代中，在历次构造运动下，有的地方隆起，有的地方下沉。这说明在地壳中长期存在着一种促使构造运动发生和发展的内在力量，这就是构造应力。构造应力在空间有规律的分布状态称为构造应力场。

目前，世界上测定原岩应力最深的测点已达 5000m，但多数测点的深度在 1000m 左右。从测出的数据来看很不均匀，有的点最大主应力在水平方向，且较垂直应力大很多，有的点垂直应力就是最大主应力，还有的点最大主应力方向与水平面形成一定的倾角，这说明最大主应力方向是随地区而变化的。

近代地质力学的观点认为，在全球范围内构造应力的总规律是以水平应力为主的。我国地质学家李四光认为，因地球自转角度的变化而产生地壳水平方向的运动是造成构造应力以水平应力为主的重要原因。

2.3.2.2 地应力场的分布规律

已有的研究和工程实践表明，浅部地壳应力分布主要有如下的一些基本规律：

① 地应力是一个具有相对稳定性的非稳定应力场，它是时间和空间的函数。地应力在绝大部分地区是以水平应力为主的三向不等压应力场。三个主应力的大小和方向是随着空间和时间而变化的，因而它是个非均匀的应力场。地应力在空间上的变化，从小范围来看，其变化是很明显的；但就某个地区整体而言，地应力的变化是不大的。如我国的华北地区，地应力场的主导方向为北西到近于东西的主应力。

在某些地震活动活跃的地区，地应力的大小和方向随时间的变化是很明显的。在地震前，处于应力积累阶段，应力值不断升高，而地震时使集中的应力得到释放，应力值突然大幅度下降。主应力方向在地震发生时会发生明显改变，在震后一段时间又会恢复到震前的状态。

② 实测垂直应力基本等于上覆岩层的重量。对全世界实测垂直应力 σ_v 的统计资料的分析表明，在深度为 25~2700m 的范围内，σ_v 呈线性增长，大致相当于按平均容重 γ 等于 27kN/m³ 计算出来的重力 γH。但在某些地区的测量结果有一定幅度的偏差，这些偏差除有一部分可能归结于测量误差外，板块移动、岩浆对流和侵入、扩容、不均匀膨胀等也都可引起垂直应力的异常，如图 2-18 所示。该图是霍克（E. Hoek）和布朗（E. T. Brown）总结出的部分国家及地区 σ_v 值随深度 H 变化的规律。

③ 水平应力普遍大于垂直应力。实测资料表明，在绝大多数（几乎所有）地区均有两个主应力位于水平或接近水平的平面内，其与水平面的夹角一般不大于 30°，最大水平主应力 $\sigma_{h,max}$ 普遍大于垂直应力 σ_v；$\sigma_{h,max}$ 与 σ_v 的比值一般为 0.5~5.5，在很多情况下比值大于 2。取最大水平主应力与最小水平主应力的平均值：

$$\sigma_{h,av} = \frac{\sigma_{h,max} + \sigma_{h,min}}{2} \tag{2-8}$$

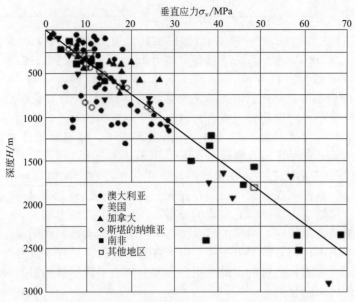

图 2-18 部分国家及地区垂直应力 σ_v 随深度 H 的变化规律

全球主要国家和地区对地应力测量的历史资料表明，$\sigma_{h,av}/\sigma_v$ 的值一般为 0.5~5.0，大多数为 0.8~1.5（表 2-2）。这说明在浅层地壳中平均水平应力也普遍大于垂直应力。垂直应力在多数情况下为最小主应力，在少数情况下为中间主应力。只在个别情况下为最大主应力。这主要是由于构造应力以水平应力为主造成的。

表 2-2　全球主要国家和地区水平主应力与垂直主应力的比值

国家及地区名称	$\sigma_{h,av}/\sigma_v$ (%)			$\sigma_{h,max}/\sigma_v$
	<0.8	0.8~1.2	>1.2	
中国	32	40	28	2.09
澳大利亚	0	22	78	2.95
加拿大	0	0	100	2.56
美国	18	41	41	3.29
挪威	17	17	66	3.56
瑞典	0	0	100	4.99
南非	41	24	35	2.50
其他地区	37.5	37.5	25	1.96

④ 平均水平应力与垂直应力的比值随深度增加而减小，但在不同地区，变化的速度很不相同。图 2-19 为不同地区取得的实测结果。

霍克和布朗根据图 2-19 所示结果回归出下列公式，用下式表示 $\sigma_{h,av}/\sigma_v$ 随深度变化的取值范围：

$$\frac{100}{H}+0.3 \leqslant \frac{\sigma_{h,av}}{\sigma_v} \leqslant \frac{1500}{H}+0.5 \tag{2-9}$$

式中，H 为深度，m。

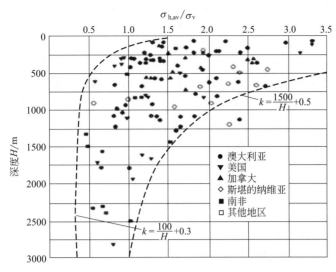

图 2-19 水平应力与垂直应力的比值

⑤ 最大水平主应力和最小水平主应力也随深度增长呈线性增长关系。

与垂直应力不同的是，在水平主应力线性回归方程中的常数项比垂直应力线性回归方程中常数项的数值要大些，这反映了在某些地区近地表处仍存在显著水平应力的事实，斯蒂芬森（O. Stephansson）等人根据实测结果给出了芬诺斯堪的亚古陆最大水平主应力和最小水平主应力随深度变化的线性方程：

$$最大水平主应力\ \sigma_{h,max}=6.7+0.0444H\ (\text{MPa}) \tag{2-10}$$

$$最小水平主应力\ \sigma_{h,min}=0.8+0.0329H\ (\text{MPa}) \tag{2-11}$$

式中，H 为深度，m。

⑥ 最大水平主应力和最小水平主应力之值一般相差较大，显示出很强的方向性。$\sigma_{h,min}/\sigma_{h,max}$ 一般为 $0.2\sim0.8$，多数情况下为 $0.4\sim0.8$，参见表 2-3。

表 2-3 世界部分国家和地区两个水平主应力的比值

实测地点	统计数目	$\sigma_{h,min}/\sigma_{h,max}$ (%)			
		$0.75\sim1.0$	$0.50\sim0.75$	$0.25\sim0.50$	$0\sim0.25$
斯堪的纳维亚	51	14	67	13	6
北美地区	222	22	46	23	9
中国	25	12	56	24	8

⑦ 地应力的上述分布规律还会受到地形、地表剥蚀、风化、岩体结构特征、岩体力学性质、温度、地下水等因素的影响，特别是地形和断层的扰动影响最大。

地形对原始地应力的影响是十分复杂的。在具有负地形的峡谷或山区，地形的影响在侵蚀基准面以上及以下一定范围内表现特别明显。一般来说，谷底是应力集中的部位，越靠近谷底，应力集中越明显。最大主应力在谷底或河床中心近于水平，而在两岸岸坡则向谷底或河床倾斜，并大致与坡面相平行。近地表或接近谷坡的岩体，其地应力状态和深部及周围岩体显著不同，并且没有明显的规律性。随着深度不断增加或远离谷坡，地应力分布状态逐渐趋于规律化，并且显示出和区域应力场的一致性。

在断层和结构面附近，地应力分布状态将会受到明显的扰动。断层端部、拐角处及交汇处将出现应力集中的现象。端部的应力集中与断层长度有关,长度越大,应力集中越强烈;拐角处的应力集中程度与拐角大小及其与地应力的相互关系有关。当最大主应力的方向和拐角的对称轴一致时,其外侧应力大于内侧应力。由于断层带中的岩体一般都较软弱和破碎,不能承受高的应力和不利于能量积累,所以成为应力降低带,其最大主应力和最小主应力与周围岩体相比均显著减小。同时,断层的性质不同,对周围岩体应力状态的影响也不同。压性断层中的应力状态与周围岩体比较接近,仅是主应力的大小比周围岩体有所下降,而张性断层中的地应力大小和方向与周围岩体相比均发生显著变化。

2.3.3 地应力的测量方法

岩体应力现场测量的目的是了解岩体中存在的应力大小和方向,从而为分析岩体工程的受力状态以及为支护及岩体加固提供依据。岩体应力测量还可以是预报岩体失稳破坏以及预报岩爆的有力工具。岩体应力测量可以分为岩体初始应力测量和地下工程应力分布测量,前者是为了测定岩体初始地应力场,后者则为测定岩体开挖后引起的应力重分布状况。从岩体应力现场测量的技术来讲,这两者并无原则区别。

原始地应力测量就是确定存在于拟开挖的岩体及其周围区域的未受扰动的三维应力状态。岩体中一点的三维应力状态可由选定坐标系中的 6 个分量(σ_x, σ_y, σ_z, τ_{xy}, τ_{yz}, τ_{zx})来表示,如图 2-20 所示。这种坐标系是可以根据需要和方便任意选择的,但一般取地球坐标系作为测量坐标系。由 6 个应力分量可求得该点的 3 个主应力的大小和方向,这是唯一的。在实际测量中,每一测点所涉及的岩石可能从几立方厘米到几千立方米,这取决于采用何种测量方法。但无论多大,对于整个岩体而言,仍可视为一点。虽然也有测定大范围岩体内的平均应力的方法,如超声波等地球物理方法,但这些方法很不准确,因而远没有"点"测量方法普及。由于地应力状态的复杂性和多变性,要比较准确地测定某一地区的地应力,就必须进行充足数量的"点"测量,在此基础上,才能借助数值分析和数理统计、灰色建模、人工智能等方法,进一步描绘出该地区的全部地应力场状态。

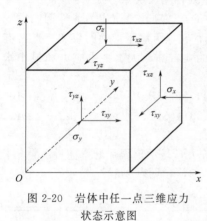

图 2-20 岩体中任一点三维应力状态示意图

为了进行地应力测量,通常需要预先开挖一些洞室以便人和设备进入测点,然而,只要洞室一开,洞室周围岩体中的应力状态就受到了扰动。有一类方法,如早期的扁千斤顶法等,就是在洞室表面进行应力测量,然后在计算原始应力状态时,再把洞室开挖引起的扰动作用考虑进去,由于在通常情况下紧靠洞室表面的岩体都会受到不同程度的破坏,使它们与未受扰动的岩体的物理力学性质大不相同;同时洞室开挖对原始应力场的扰动也是十分复杂的,不可能进行精确的分析和计算。所以这类方法得出的原岩应力状态往往是不准确的,甚至是完全错误的。为了克服这类方法的缺点,另一类方法是从洞室表面向岩体中打小孔,直至原岩应力区。地应力测量是在小孔中进行的,由于小孔对原岩应力状态的扰动是可以忽略不计的,这就保证了测量是在原岩应力区中进行的。目前,普遍采用的应力解除法和水压致裂法均属此类方法。

近半个世纪来,特别是近 40 年来,随着地应力测量工作的不断开展,各种测量方法和测量仪器也不断发展起来,就世界范围而言,目前各种主要测量方法有数十种之多,而测量仪器则有数百种之多。

对测量方法的分类并没有统一的标准,有人根据测量手段的不同,将在实际测量中使用过的测量方法分为五大类，即构造法、变形法、电磁法、地震法、放射性法。也有人根据测量原理的不同分为应力恢复法、应力解除法、应变恢复法、应变解除法、水压致裂法、声发射法、X射线法、重力法共八类。

但根据国内外多数人的观点，依据测量基本原理的不同，可将测量方法分为直接测量法和间接测量法两大类。

直接测量法是由测量仪器直接测量和记录各种应力值，如补偿应力、恢复应力、平衡应力，并由这些应力值和原岩应力的相互关系，通过计算获得原岩应力值。在计算过程中并不涉及不同物理量的换算，不需要知道岩石的物理力学性质和应力应变关系。扁千斤顶法、水压致裂法、刚性包体应力计法和声发射法均属直接测量法。其中，水压致裂法目前应用最为广泛，声发射法次之。

在间接测量法中，不是直接测量应力值，而是借助某些传感元件或某些介质，测量和记录岩体中某些与应力有关的间接物理量的变化，如岩体中的变形或应变，岩体的密度、渗透性、吸水性、电阻、电容的变化，弹性波传播速度的变化等，然后由测得的间接物理量的变化，通过已知的公式计算岩体中的应力值。因此，在间接测量法中，为了计算应力值，首先必须确定岩体的某些物理力学性质以及所测物理量和应力的相互关系。套孔应力解除法和其他的应力或应变解除方法以及地球物理方法等是间接法中较常用的，其中套孔应力解除法是目前国内外最普遍采用的发展较为成熟的一种地应力测量方法。

2.3.3.1 水压致裂法

（1）测量原理　水压致裂法在20世纪50年代被广泛应用于油田，通过在钻井中制造人工的裂隙来提高石油的产量。哈伯特（M. K. Hubbert）和威利斯（D. G. Willis）在实践中发现了水压致裂裂隙和原岩应力之间的关系。这一发现又被费尔赫斯特（C. Fairhurst）和海姆森（B. C. Haimson）用于地应力测量。

从弹性力学理论可知，当一个位于无限体中的钻孔受到无穷远处二维应力场（σ_1，σ_2）的作用时，离开钻孔端部一定距离的部位处于平面应变状态。在这些部位，钻孔周边的应力为

$$\sigma_\theta = \sigma_1 + \sigma_2 - 2(\sigma_1 - \sigma_2)\cos2\theta \tag{2-12}$$

$$\sigma_r = 0 \tag{2-13}$$

式中，σ_θ、σ_r 分别为钻孔周边的切向应力和径向应力；θ 为周边一点与 σ_1 轴的夹角。

由式(2-12)可知，当 $\theta = 0°$ 时，σ_θ 取得极小值，此时

$$\sigma_\theta = 3\sigma_2 - \sigma_1 \tag{2-14}$$

如果采用图2-21所示的水压致裂系统将钻孔某段封隔起来，并向该段钻孔注入高压水，当水压超过 $3\sigma_2 - \sigma_1$ 和岩石抗拉强度 T 之和后，在 $\theta = 0°$ 处，也即 σ_1 所在方位将发生孔壁开裂。设钻孔壁发生初始开裂时的水压为 P_i，则有

$$P_i = 3\sigma_2 - \sigma_1 + T \tag{2-15}$$

如果继续向封隔段注入高压水使裂隙进一步扩展，当裂隙深度达到3倍钻孔直径时，此处已接近原岩应力状态，停止加压，保持压力恒定，将该恒定压力记为 P_s，则由图2-21可见，P_s 应

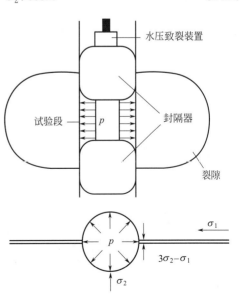

图 2-21　水压致裂应力测量原理

和原岩应力 σ_2 相平衡，即

$$P_s = \sigma_2 \tag{2-16}$$

因此，只要测出岩石抗拉强度，即可由 P_i 和 P_s 求出 σ_1 和 σ_2，这样 σ_1 和 σ_2 的大小和方向就全部确定了。

在钻孔中存在裂隙水的情况下，如封隔段处的裂隙水压力为 P_0，则式(2-15)变为

$$P_i = 3\sigma_2 - \sigma_1 + R_t - P_0 \tag{2-17}$$

由于求 σ_1 和 σ_2，需要知道封隔段岩石的抗拉强度，这往往是很困难的。为了克服这一困难，在水压致裂试验中增加一个环节，即在初始裂隙产生后，将水压卸除，使裂隙闭合，然后再重新向封隔段加压，使裂隙重新打开，记裂隙重开的压力为 P_r，则有

$$P_r = 3\sigma_2 - \sigma_1 - P_0 \tag{2-18}$$

这样，在求 σ_1 和 σ_2 时就无须知道岩石的抗拉强度。因此，由水压致裂法测量原岩应力将不涉及岩石的物理力学性质，而完全由测量和记录的压力值来决定。

(2) 水压致裂法的特点

① 设备简单。只需用普通钻探方法打钻孔，用双止水装置密封，用液压泵通过压裂装置压裂岩体，不需要复杂的电磁测量设备。

② 操作方便。只通过液压泵向钻孔内注液压裂岩体，观测压裂过程中泵压、液量即可。

③ 测值直观。它可根据压裂时泵压（初始开裂泵压、稳定开裂泵压、关闭压力、开启压力）计算出地应力值，不需要复杂的换算及辅助测试，同时还可求得岩体抗拉强度。

④ 测值代表性大。所测得的地应力值及岩体抗拉强度是代表较大范围内的平均值，有较好的代表性。

⑤ 适应性强。这一方法不需要电磁测量元件，不怕潮湿，可在干孔及孔中有水的条件下做试验，不怕电磁干扰，不怕震动。

因此，这一方法越来越受到重视和推广。但它存在一个较大的缺陷，就是主应力方向定不准。

2.3.3.2 应力解除法

应力解除法是岩体应力测量中应用较广的方法。它的基本原理是：当需要测定岩体中某点的应力状态时，人为地将该处的岩体单元与周围岩体分离，此时，岩体单元上所受的应力将被解除。同时，该单元体的几何尺寸也将产生弹性恢复。应用一定的仪器，测定这种弹性恢复的应变值或变形值，并且认为岩体是连续、均质和各向同性的弹性体，于是就可以借助弹性理论的解答来计算岩体单元所受的应力状态。

应力解除法的具体方法很多，按测试深度可以分为表面应力解除、浅孔应力解除及深孔应力解除。按测试变形或应变的方法不同，又可以分为孔径变形测试、孔壁应变测试及钻孔应力解除法等。下面主要介绍常用的钻孔应力解除法。

钻孔应力解除法可分为岩体孔底应力解除法和岩体钻孔套孔应力解除法。

(1) 岩体孔底应力解除法　岩体孔底应力解除法是在岩体中的测点先钻进一个平底钻孔，在孔底中心处粘贴应变传感器（例如电阻应变花探头或是双向光弹应变计），通过钻出岩芯，使受力的孔底平面完全卸载，从应变传感器获得孔底平面中心处的恢复应变，再根据岩石的弹性常数，可求得孔底中心处的平面应力状态。由于孔底应力解除法只需钻进一段不长的岩芯，所以对于较为破碎的岩体也能应用。

孔底应力解除法主要工作步骤见图 2-22，应变观测系统见图 2-23。并将应力解除钻孔的岩芯，在室内测定其弹性模量 E 和泊松比 μ，即可应用公式计算主应力的大小和方向。由于深孔应力解除测定岩体全应力的 6 个独立的应力分量需用 3 个不同方向的共面钻孔进行测

试，其测定和计算工作都较为复杂，在此不再介绍。

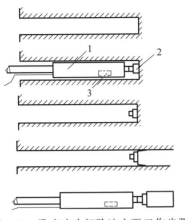

图 2-22 孔底应力解除法主要工作步骤
1—安装器；2—探头；3—温度补偿器

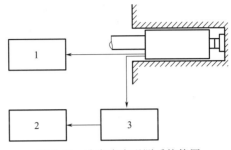

图 2-23 孔底应变观测系统简图
1—控制箱；2—电阻应变仪；3—预调平衡箱

（2）岩体钻孔套孔应力解除法 采用本方法对岩体中某点进行应力量测时，先向该点钻进一定深度的超前小孔，在此小钻孔中埋设钻孔传感器，再通过钻取一段同心的管状岩芯而使应力解除，根据应变及岩石弹性常数，即可求得该点的应力状态。

该岩体应力测定方法的主要工作步骤见图 2-24。

应力解除法所采用的钻孔传感器可分为位移（孔径）传感器和应变传感器两类。以下主要阐述位移传感器测量方法。

中国科学院武汉岩土力学研究所设计制造的钻孔变形计是上述第一类传感器，测量元件分钢环式和悬臂钢片式两种（图 2-25）。

该钻孔变形计用来测定钻孔中岩体应力解除前后孔径的变化值（径向位移值）。钻孔变形计置于中心小孔需要测量的部位，变形计的触头方位由前端的定向系统来确定。通过触头测出孔径位移值，其灵敏度可达 1×10^{-4} mm。

由于本测定方法是量测垂直于钻孔轴向平面内的孔径变形值，所以它与孔底平面应力解除法一样，也需要有 3 个不同方向的钻孔进行测定，才能最终得到岩体全应力的 6 个独立的应力分量。在大多数试验场合下，往往进行简化计算，例如假定钻孔方向与 σ_3 方向一致，并认为 $\sigma_3 = 0$，则此时通过孔径位移值计算应力的公式为

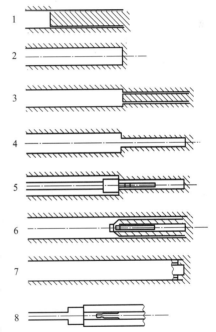

图 2-24 钻孔套孔应力解除的主要工作步骤
1—套钻大孔；2—取岩芯并孔底磨平；3—套钻小孔；4—取小孔岩芯；5—粘贴元件测初读数；6—应力解除；7—取岩芯；8—测终读数

$$\frac{\delta}{d} = \left[(\sigma_1 + \sigma_2) + 2(\sigma_1 - \sigma_2)(1 - \mu^2)\cos 2\theta \right] \frac{1}{E} \tag{2-19}$$

式中 δ ——钻孔直径变化值；
d——钻孔直径；

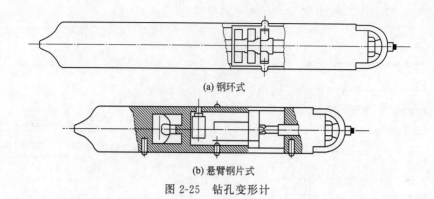

(a) 钢环式

(b) 悬臂钢片式

图 2-25 钻孔变形计

θ——测量方向与水平轴的夹角（图 2-26）；
E——岩石弹性模量；
μ——泊松比。

根据式(2-19)，如果在 0°、45°和 90°3 个方向上同时测定钻孔直径变化，则可计算出与钻孔轴垂直平面内的主应力大小和方向：

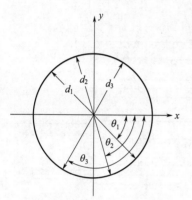

图 2-26 孔径变化的测量

$$\begin{matrix}\sigma'_1 \\ \sigma'_2\end{matrix} = \frac{E}{4(1-\mu^2)}\left[(\delta_0+\delta_{90})\pm\frac{1}{\sqrt{2}}\sqrt{(\delta_0-\delta_{15})^2+(\delta_{15}-\delta_{90})^2}\right]$$

$$\alpha = \frac{1}{2}\cot\frac{2\delta_{45}-(\delta_0-\delta_{90})}{\delta_0-\delta_{90}}$$

$$且 \frac{\cos 2\alpha}{\delta_0-\delta_{90}} > 0 （判别式）$$

(2-20)

式中，α 为 δ_0 与 σ'_1 的夹角，但判别式小于 0 时，则为 δ_0 与 σ'_2 的夹角。式中用符号 σ'_1、σ'_2 而不用 σ_1 和 σ_2，表示它并不是真正的主应力，而是垂直于钻孔轴向平面内的似主应力。

在实际计算中，由于考虑到应力解除是逐步向深处进行的，实际上不是平面变形而是平面应力问题，所以式(2-20)可改写为

$$\begin{matrix}\sigma'_1 \\ \sigma'_2\end{matrix} = \frac{E}{4}\left[(\delta_0+\delta_{90})\pm\frac{1}{\sqrt{2}}\sqrt{(\delta_0-\delta_{45})^2+(\delta_{45}-\delta_{90})^2}\right]$$

(2-21)

2.3.3.3 应力恢复法

应力恢复法是用来直接测定岩体应力大小的一种测试方法，目前此法仅用于岩体表层，当已知某岩体中的主应力方向时，采用本方法较为方便。

如图 2-27 所示，当洞室某侧墙上的表层围岩应力的主应力 σ_1、σ_2 方向各为垂直与水平方向时，就可用应力恢复法测得 σ_1 的大小。

基本原理：在侧墙上沿测点 O，先沿

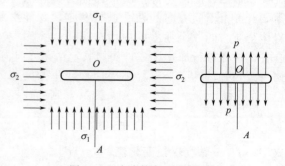

图 2-27 应力恢复法原理图

水平方向（垂直所测的应力方向）开一个解除槽，则在槽的上下附近，围岩应力得到部分解除，应力状态重新分布。在槽的中垂线 OA 上的应力状态，根据穆斯海里什维里理论，可把槽看作一条缝，得到

$$\sigma_{1x} = 2\sigma_1 \frac{\rho^4 - 4\rho^2 - 1}{(\rho^2 + 1)^3} + \sigma_2$$

$$\sigma_{1y} = \sigma_1 \frac{\rho^6 - 3\rho^4 + 3\rho^2 - 1}{(\rho^2 + 1)^3} \tag{2-22}$$

式中 σ_{1x}，σ_{1y}——OA 线上某点 B 的应力分量；

ρ——B 点离槽中心 O 的距离的倒数。

当在槽中埋设压力枕，并由压力枕对槽加压，若施加压力为 p，则在 OA 线上 B 点产生的应力分量为

$$\sigma_{2x} = -2p \frac{\rho^4 - 4\rho^2 - 1}{(\rho^2 + 1)^3}$$

$$\sigma_{2y} = 2p \frac{3\rho^4 + 1}{(\rho^2 + 1)^3} \tag{2-23}$$

当压力枕所施加的力 $p = \sigma_1$ 时，这时 B 点的总应力分量为

$$\sigma_x = \sigma_{1x} + \sigma_{2x} = \sigma_2$$
$$\sigma_y = \sigma_{1y} + \sigma_{2y} = \sigma_1$$

可见当压力枕所施加的力 p 等于 σ_1 时，则岩体中的应力状态已完全恢复，所求的应力 σ_1 即由 p 值而得知，这就是应力恢复法的基本原理，布置示意图如图 2-28 所示。

主要试验过程简述如下：

① 在选定的试验点上，沿解除槽的中垂线上安装好测量元件。测量元件可以是千分表、钢弦应变计或电阻应变片等，若开槽长度为 B，则应变计中心一般距槽 $B/3$，槽的方向与预定所需测定的应力方向垂直。槽的尺寸根据所使用的压力枕大小而定。槽的深度要求大于 $B/2$。

② 记录量测元件——应变计的初始读数。

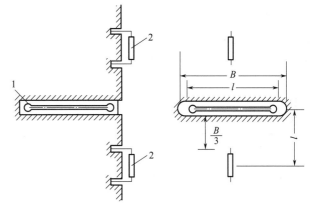

图 2-28 应力恢复法布置示意图
1—压力枕；2—应变计

③ 开凿解除槽。岩体产生变形并记录应变计上的读数。

④ 在开挖好的解除槽中埋设压力枕，并用水泥砂浆充填空隙。

⑤ 待充填水泥浆达到一定强度以后，即将压力枕联结油泵，通过压力枕对岩体施压。随着压力枕所施加的压力 p 的增加，岩体变形逐步恢复。逐点记录压力 p 与恢复变形（应变）的关系。

⑥ 当假设岩体为理想弹性体时，则当应变计恢复到初始读数时，此时压力枕对岩体所施加的压力 p 即为所求岩体的主应力。

如图 2-29 所示，ODE 即为压力枕加荷曲线，压力枕不仅加压到使应变计回到初始读数（D 点），即恢复了弹性应变 ε_{0e}，而且继续加压到 E 点，这样，在 E 点得到全应变 ε_1；由压力枕逐步卸荷，得卸荷曲线 EF，并得知 $\varepsilon_1 = \varepsilon_{1e} + \varepsilon_{1p}$。这样，就可以求得产生全应变 ε_1

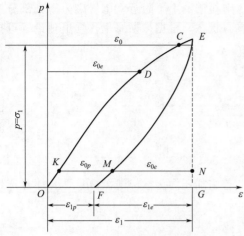

图 2-29 由应力-应变曲线求岩体应力

所相应的弹性应变 ε_{1e} 与残余塑性应变 ε_{1p} 之值。为了求得产生 ε_{0e} 所相应的全应变量，可以作一条水平线 KN 与压力枕的 OE 和 EF 线相交，MN 对应 ε_{0e}，则此时 KM 对应残余塑性应变 ε_{0p}，相应的全应变量 $\varepsilon_0 = \varepsilon_{0e} + \varepsilon_{0p}$。由 ε_0 值就可在 OE 线上求得 C 点，并求得与 C 点相对应的 p 值，此即所求的 σ_1 值。

2.3.3.4 声发射法

(1) 测试原理　材料在受到外荷载作用时，其内部贮存的应变能快速释放产生弹性波，发生声响，称为声发射。1950 年，德国人凯泽（J. Kaiser）发现多晶金属的应力从其历史最高水平释放后，再重新加载，当应力未达到先前最大应力值时，很少有声发射产生，而当应力达到和超过历史最高水平后，则大量产生声发射，这一现象叫作凯泽效应。从很少产生声发射到大量产生声发射的转折点称为凯泽点，该点对应的应力即为材料先前受到的最大应力。后来国外许多学者证实了在岩石压缩试验中也存在凯泽效应，许多岩石如花岗岩、大理岩、石英岩、砂岩、安山岩、辉长岩、闪长岩、片麻岩、辉绿岩、灰岩、砾岩等也具有显著的凯泽效应，从而为应用这一技术测定岩体初始应力奠定了基础。

地壳内岩石在长期应力作用下达到稳定应变状态。岩石达到稳定状态时的微裂结构与所受应力同时被"记忆"在岩石中。如果把这部分岩石用钻孔法取出岩芯，即该岩芯被应力解除，此时岩芯中张开的裂隙将会闭合，但不会"愈合"。由于声发射与岩石中裂隙生成有关，当该岩芯被再次加载并且岩芯内应力超过它原先在地壳内所受的应力时，岩芯内开始产生新的裂隙，并伴有大量声发射出现，于是可以根据岩芯所受载荷，确定出岩芯在地壳内所受的应力大小。

凯泽效应为测量岩石应力提供了一个途径，即如果从原岩中取回定向的岩石试件，通过对加工的不同方向的岩石试件进行加载声发射试验，测定凯泽点，即可找出每个试件以前所受的最大应力，并进而求出取样点的原始（历史）三维应力状态。

(2) 测试步骤

① 试件准备。从现场钻孔提取岩石试样，试样在原环境状态下的方向必须确定将试样加工成圆柱体试件，径高比为 (1:2)～(1:3)。为了确定测点三维应力状态，必须在该点的岩样中沿 6 个不同方向制备试件，假如该点局部坐标系为 $oxyz$，则 3 个方向选为坐标轴方向，另 3 个方向选为 oxy、oyz、ozx 平面内的轴角平分线方向。为了获得测试数据的统计规律，每个方向的试件为 15～25 块。

为了消除由于试件端部与压力试验机上、下压头之间摩擦所产生的噪声和试件端部应力集中，试件两端浇铸由环氧树脂或其他复合材料制成的端帽。

② 声发射测试。将试件放在单压缩试验机上加压，并同时监测加压过程中从试件中产生的声发射现象。图 2-30 是一组典型的监测系统框图。在该系统中，两个压电换能器（声发射接收探头）固定在试件上、下部，用以将岩石试件在受压过程中产生的弹性波转换成电信号。该信号经放大、鉴别之后送入定区检测单元，定区检测是检测两个探头之间的特定区域里的声发射信号，区域外的信号被认为是噪声而不被接收。定区检测单元输出的信号送入计数控制单元，计数控制单元将规定的采样时间间隔内的声发射模拟量和数字量（事件数和

振铃数）分别送到记录仪或显示器绘图、显示或打印。

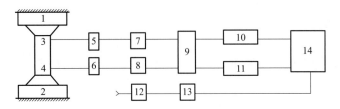

图 2-30　声发射监测系统框图

1,2—上、下压头；3,4—换能器 A、B；5,6—前置放大器 A、B；7,8—输入鉴别单元 A、B；
9—定区检测单元；10—计数控制单元 A；11—计数控制单元 B；12—压机油路压力传感器；
13—压力电信号转换仪器；14—三笔函数记录仪

凯泽效应一般发生在加载的初期，故加载系统应选用小吨位的应力控制系统，并保持加载速率恒定，尽可能避免用人工控制加载速率如用手动加载，则应采用声发射事件数或振铃总数曲线判定凯泽点，而不应根据声发射事件速率曲线判定凯泽点。这是因为声发射速率和加载速率有关。在加载初期，人工操作很难保证加载速率恒定，在声发射事件速率曲线上可能出现多个峰值，难于判定真正的凯泽点。

③ 计算地应力。由声发射监测所获得的应力-声发射事件数（速率）曲线（图 2-31），即可确定每次试验的凯泽点，并进而确定该试件轴线方向先前受到的最大应力值。15～25 个试件获得一个方向的统计结果，6 个方向的应力值即可确定取样点的历史最大三维应力大小和方向。

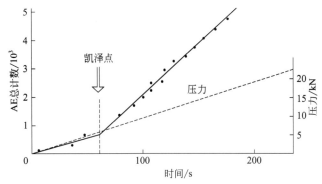

图 2-31　应力-声发射事件试验曲线

根据凯泽效应的定义，用声发射法测得的是取样点的先存最大应力，而非现今地应力。但是也有一些人对此持相反意见，并提出了"视凯泽效应"的概念。认为声发射可获得两个凯泽点，一个对应于引起岩石饱和残余应变的应力，它与现今应力场一致，比历史最高应力值低，因此称为视凯泽点。在视凯泽点之后，还可获得另一个真正的凯泽点，它对应于历史最高应力。

由于声发射与弹性波传播有关，所以高强度的脆性岩石有较明显的声发射凯泽效应出现，而多孔隙低强度及塑性岩体的凯泽效应不明显，所以不能用声发射法测定比较软弱疏松岩体中的应力。

需要指出的是，传统的地应力测量和计算理论是建立在岩石为线弹性、连续、均质和各向同性的理论假设基础之上的，而一般岩体都具有程度不同的非线性、不连续性、不均质和各向异性。在由应力解除过程中获得的钻孔变形或应变值求地应力时，如忽视岩石的这些性质，必将导致计算出来的地应力与实际应力值有不同程度的差异，为提高地应力测量结果的可靠性和准确性，在进行结果计算、分析时必须考虑岩石的这些性质。下面是几种考虑和修正岩体非线性、不连续性、不均质性和各向异性的影响的主要方法：

  a. 岩石非线性的影响及其正确的岩石弹性模量、泊松比确定方法；
  b. 建立岩体不连续性、不均质性和各向异性模型并用相应程序计算地应力；
  c. 根据岩石力学试验确定的现场岩体不连续性、不均质性和各向异性修正测量应变值；
  d. 用数值分析方法修正岩石不连续性、不均质性、各自异性和非线性弹性的影响。

2.4　隧道围岩稳定性及围岩分级

2.4.1　隧道围岩稳定性及影响因素

2.4.1.1　隧道围岩稳定性概念

  如前所述，围岩是指隧道开挖后其周围产生应力重分布范围内的岩体，或指隧道开挖后对其稳定性产生影响的那部分岩体（这里所指的岩体是土体与岩体的总称）。

  隧道工程所赋存的地质环境的内涵很广，包括地层特征、地下水状况、开挖隧道前就存在于地层中的原始地应力状态，以及地温梯度等。但对隧道工程来说，最关心的问题则是地层被挖成隧道后的稳定程度。这是不言而喻的，因为地层稳定就意味着开挖隧道所引起的地层向隧道内的变形很小，而且在较短的时间内就可基本停止，这对施工过程和支护结构都是非常有利的。地层被挖成隧道后的稳定程度称为隧道围岩的稳定性，这是一个反映地质环境的综合指标。因此，研究隧道工程地质环境问题，归根到底就是研究隧道围岩的稳定性。

  根据隧道开挖实践，隧道开挖后的稳定性大体上可分为以下几类：

  ① 充分稳定。隧道在长时间内有足够的自稳能力，无需任何人为支护而能维持稳定，无坍塌，偶尔有掉块。

  ② 基本稳定。隧道会因爆破、岩块结合松弛等而产生局部掉块，但不会引起隧道的坍塌，隧道是稳定的，层间结合差的平缓岩层顶板可能弯曲、断裂。此时应采取局部支护或轻型的支护。

  ③ 暂时稳定。大多数隧道是属于这个类型的。隧道开挖后呈现出不同程度的坍塌现象，坍塌后的隧道呈拱形而处于暂时稳定状态。在外界（如爆破、重新更换支撑等）和内部（如地下水等）条件的影响下，隧道如不及时支护，会进一步丧失稳定。因此，在这种围岩中，必须采取各种类型的支护措施。

  ④ 不稳定。隧道在不支护条件下是难以开挖的，随挖随塌，常常要先支后挖，隧道的坍塌发生迅速、影响范围大，有时可坍塌到地表，或在地面形成塌陷盆地。在有水的情况下，土体流动会造成极大的荷载。在这种情况下，需要采取专门的支护措施和施工方法来保证隧道的稳定。

2.4.1.2　影响围岩稳定性的主要因素

  影响围岩稳定性的因素基本上可归纳为两大类：第一类是上面已经叙述过的，属于地质环境方面的地质因素，是客观存在的，它们决定了地下工程围岩的质量。第二类则属于工程活动的人为因素，如地下工程的形状、跨度、施工方法、洞室轴线与岩层产状的关系等。

(1) 地质因素影响

① 岩体结构特征。围岩的破碎程度对洞室的稳定与否起主导作用，在相同岩性的条件下，岩体愈破碎，洞室就愈容易失稳。因此，在近代围岩分类法中，都已将岩体的破碎程度或完整状态作为分级的基本指标之一。

② 结构面性质和空间的组合。围岩中存在单一的软弱面，一般并不会影响洞室的稳定性。只有当结构面与洞室轴线的相互关系不利时，或者出现两组或两组以上的结构面时，才能构成容易堕落的分离岩块。至于分离岩块是否会坍落或滑动，还与结构面的抗剪强度以及岩块之间的相互联锁作用有关。

在围岩分级中，可以从下述的五个方面来研究结构面对地下工程围岩稳定性影响的大小：

a. 结构面的成因及其发展史，例如，次生的破坏夹层比原生的软弱夹层的力学性质差得多，如再发生次生泥化作用，则性质更差；

b. 结构面的平整、光滑程度；

c. 结构面的物质组成及其充填物质情况；

d. 结构面的规模与方向性；

e. 结构面的密度与组数。

③ 岩石的力学性质。在整体结构的岩体中，控制围岩稳定性的主要因素是岩石的力学性质，尤其是岩石的强度。一般来说，岩石强度越高洞室越稳定。在围岩分级中所说的岩石强度指标，都是指岩石的单轴饱和极限抗压强度。因为这种强度的试验方法简便，数据离散性小，而且与其他物理力学指标有良好的换算关系。

④ 围岩的初始应力场。围岩的初始应力场是地下工程围岩变形、破坏的根本作用力，它直接影响围岩的稳定性。因此，在某些围岩分级方法中有所反映，例如，国标《工程岩体分级标准》（GB/T 50218—2014）和《铁路隧道设计规范》（TB 10003—2016）的围岩分级。

⑤ 地下水状况。地下水是造成施工坍方，使围岩丧失稳定的最重要因素之一，因此，在围岩分级中切不可忽视。地下水对隧道围岩稳定性影响表现在以下几个方面：

a. 使岩质软化，强度降低，对软岩尤其突出。对土体则可促使其液化或流动。

b. 在有软弱结构面的岩体中，会冲走充填物质或使夹层软化，减少层间摩擦阻力促使岩块滑动。

c. 在某些岩体中，如含有生石膏、岩盐，或以蒙脱土为主的黏土岩，遇水后将产生膨胀，其势能很大。在未胶结或弱胶结的砂岩中，水的存在可以产生流沙和潜蚀。

(2) 人为因素影响　人为因素对围岩稳定性影响主要体现在地下洞室尺寸和形状以及施工中采用的开挖方法两个方面。

① 地下洞室尺寸和形状。在同一类围岩中，洞室跨度愈大，围岩的稳定性就愈差，因为岩体的破碎程度相对加大了。例如，裂隙间距在 0.4~1.0m 的岩体，对中等跨度（5~10m）的洞室而言，可算是大块状的，但对大跨度（>15m）的洞室来说，只能算是碎块状的。比较通用的做法是将跨度的影响放在确定围岩压力值和支护结构类型和尺寸时考虑，这样将分类的问题简化了。

② 施工中采用的开挖方法。开挖方法对地下工程围岩稳定性的影响较为明显，在分类中必须予以考虑。例如，在同一类岩体中，采用普通的爆破法和采用控制爆破法，采用矿山法和采用掘进机法，采用全断面一次开挖和采用小断面分部开挖，对围岩的影响都各不相同。

2.4.2 围岩分级

2.4.2.1 围岩分级的概念及目的

各种围岩的物理性质之间存在一定的内在联系和规律，依照这些联系和规律，可将围岩划分为若干级，这就是围岩分级。

同一类的岩体，具有基本相同的物理力学性能。如果通过某些指标判定出属于哪一类的，就可以利用以前的一些参数进行设计、施工等，而不需要再花费大量时间、精力去研究此岩体的这些参数、物理力学指标。因此，围岩分级对于隧道设计及施工具有非常重要的意义，是现代隧道设计和施工的基础。

围岩分级的目的主要是：

a. 作为选择施工方法的依据；
b. 进行科学管理及正确评价经济效益；
c. 确定结构上的荷载（松散荷载）；
d. 给出衬砌结构的类型及其尺寸；
e. 制定劳动定额、材料消耗标准的基础等。

2.4.2.2 分级因素指标及其选择

目前，常见的分级指标大体上有以下几种。

(1) 单一的岩性指标 包括岩石的抗压和抗拉强度、弹性模量等物理力学参数，以及如抗钻性、抗爆性等工程指标。在某些特定目的分类中，例如，为确定钻眼功效，炸药消耗量的分类，为了划分岩石的软硬，开挖的难易，可采用岩石的单一岩性指标进行分类。多采用岩石的单轴饱和极限抗压强度作为基本的分级指标。

(2) 单一的综合岩性指标 它表明指标是单一的，但反映的因素却是综合的，例如，岩体的弹性波传播速度，既可反映岩石的力学性质，又可表示岩体的破碎程度。完整的花岗岩的弹性波速度为 5.0km/s 以上，而破碎和风化极严重的花岗岩，其弹性波速度则小于 3.4km/s。又如"岩石质量指标（RQD）"也是反映岩体破碎程度和岩石强度的综合指标。

$$RQD(\%) = \frac{10cm 以上岩芯累计长度}{单位钻孔长度} \times 100\%$$

在以 RQD 为单一指标的分类中认为：$RQD>90\%$ 为优质的；$75\%<RQD<90\%$ 为良好的；$50\%<RQD<75\%$ 为好的；$25\%<RQD<50\%$ 为差的；$RQD<25\%$ 为很差的。

(3) 复合指标 是用两个或两个以上的岩性指标或综合岩性指标所表示的复合性指标。典型的复合指标有：

① 巴顿（N. Barton）等人所提出的"岩体质量 Q"指标，就是其中比较完善的一种，Q 与 6 个表明岩体质量的地质参数有关：

$$Q = \frac{RQD}{J_h} \times \frac{J_r}{J_a} \times \frac{J_w}{SRF} \tag{2-24}$$

式中 RQD——岩石质量指标；

J_h——节理组数目，岩体愈破碎，J_h 取值愈大，例如，整体没有或很少有节理的岩体的 $J_h=0.5\sim1.0$，两个节理组的 $J_h=4$，破碎岩体，类似土的 $J_h=20$ 等；

J_r——节理粗糙度，节理愈光滑，J_r 取值愈小，例如，不连续节理 $J_r=4$，平整光滑的 $J_r=0.5$ 等；

J_a——节理蚀变值,蚀变愈严重,J_a 取值愈大,例如,节理面紧密结合,夹有坚硬不软化的充填物时,$J_a=0.75$,节理中夹有膨胀性黏土,如蒙脱土时,$J_a=8\sim12$ 等;

J_w——节理含水折减系数,节理渗水量愈大,水压愈高,J_w 取值愈小,例如,干燥或微量渗水,水压<0.1MPa,$J_w=1.0$,而渗水量特别大,或水压特别高,持续无明显衰减的 $J_w=0.05\sim0.1$ 等;

SRF——应力折减系数,围岩初始应力愈高,SRF 取值愈大,例如,脆性而坚硬的岩石,有严重岩爆现象时,$SRF=10\sim20$,坚硬岩石有单一剪切带的,$SRF=2.5$。

② 我国国防工程围岩分类中所采用的是岩体质量指标 R_m 和应力比 S:

$$R_m = R_b K_v K_w K_J \tag{2-25}$$

$$S = \frac{R_m}{\sigma_m} \tag{2-26}$$

式中 R_b——岩石单轴饱和极限抗压强度;

K_v——岩体完整性系数,岩体愈完整,K_v 取值愈大,变化范围为 $0.08\sim1.0$,由实测确定;

K_w——地下水影响折减系数,变化范围为 $0.4\sim1.0$,无水时取 1.0,视具体情况由经验确定;

K_J——岩层面产状要素影响折减系数,变化范围为 $0.5\sim1.0$,层面走向与轴线夹角 $60°\sim90°$,层面倾角<30°,层面间距≥1m 时,$K_J=1.0$,其他情况由经验确定。

③《水工隧洞设计规范》(SL 279—2016)围岩工程地质分类和国标《岩土锚杆与喷射混凝土支护工程技术规范》(GB 50086—2015)所采用的指标是强度应力比 S,S 综合考虑了岩石强度、岩体完整性和地应力的因素。

$$S = R_c K_v / \sigma_m \text{ 或 } S = R_c K_v / \sigma_l \tag{2-27}$$

式中 R_c——岩石饱和单轴抗压强度;

K_v——岩体完整性系数;

σ_m——围岩的最大主应力;

σ_l——垂直洞轴线的较大主应力。

④ 国标《工程岩体分级标准》(GB/T 50218—2014)中采用了两个复合指标,即岩体基本质量指标 BQ 和修正的岩体基本质量指标 $[BQ]$,两个指标的具体含义见下文所述。

围岩分级所涉及的指标多种多样,但比较理想的围岩分级指标应尽量满足以下要求:

a. 应选择对围岩稳定性(主要表现在变形破坏特性上)有重大影响的主要因素;

b. 选择测试设备比较简单、人为性小、科学性较强的定量指标;

c. 主要分级(类)指标要有一定的综合性,最好采用复合指标,以便全面、充分地反映围岩的工程性质,并应有足够的实测资料为基础。

2.4.2.3 《铁路隧道设计规范》围岩分级方法

(1)《铁路隧道设计规范》中的围岩分级标准 目前铁路隧道围岩分级采用两种方法,即以围岩稳定为基础的分级方法和按弹性波(纵波)速度的分级方法。在进行围岩分级前,首先应考虑岩石坚硬程度和岩体完整程度两个基本因素,并对其进行评价。

① 岩石坚硬程度。根据单轴饱和极限抗压强度 R_c 将岩石分为 5 级,即极硬岩、硬质岩、较软岩、软岩、极软岩。岩石坚硬程度划分见表 2-4。

表 2-4 岩石坚硬程度的划分

类别		单轴饱和抗压强度 R_c/MPa	代表性岩石
硬质岩	极硬岩	>60	花岗岩、闪长岩、玄武岩等岩浆岩;硅岩、钙质胶结的砾岩及砂岩、石灰岩、白云岩等沉积岩;片麻岩、石英岩、大理岩、板岩、片岩等变质岩
	硬质岩	30~60	
软质岩	较软岩	15~30	凝灰岩等喷出岩;砂砾岩、泥质砂岩、泥质页岩、泥灰岩、泥岩煤等沉积岩;云母片岩或千枚岩等变质岩
	软岩	5~15	
	极软岩	<5	

② 岩体的完整程度。主要是指围岩被各种结构面切割成单元体的特征及其被切割后的块度大小。它是评价围岩稳定程度最直接、最重要的指标。

为了衡量围岩的完整程度要考虑以下几个因素:

a. 按照软弱面的产状、贯通性以及充填物的情况,可将围岩分为:完整、较完整、较破碎、破碎、极破碎。

b. 按照围岩受地质构造影响的程度,可将围岩分为:构造变动轻微、较重、严重、很严重。

c. 按照节理(裂隙)发育程度的不同又分为:节理不发育、节理较发育、节理发育及节理很发育。

d. 按照岩体风化程度的不同将围岩分为:风化轻微、较重、严重、极严重四级。

岩体完整程度划分见表 2-5。

表 2-5 岩体完整程度划分

完整程度	结构面状态	结构类型	岩体完整性指数
完整	结构面 1~2 组,以构造型节理或层面为主,密闭性	巨块状整体结构	>0.75
较完整	结构面 2~3 组,以构造型节理、层面为主,裂隙多呈密闭型,部分为微张型,少有充填物	块状结构	0.55~0.75
较破碎	结构面一般为 3 组,以节理及风化裂隙为主,在断层附近受构造作业影响较大,裂隙以微张型和张开型为主,多有充填物	层状结构、块石碎石结构	0.35~0.55
破碎	结构面大于 3 组,多以风化型裂隙为主,在断层附近受构造作用影响大,裂隙宽度以张开型为主,多有充填物	碎石角砾状结构	0.15~0.35
极破碎	结构面杂乱无序,在断层附近受断层作用影响大,宽张裂隙全为泥质或泥夹岩屑充填,充填物厚度大	散体状结构	<0.15

(2) 围岩基本分级及修正

① 围岩基本分级。以岩石坚硬程度和岩体完整程度分级为基础,结合定量指标——围岩弹性纵波速度,先确定围岩基本分级。

《铁路隧道设计规范》将单、双线铁路隧道的围岩划分为六级(表 2-6)。

表 2-6 铁路隧道围岩分级

围岩级别	围岩主要工程地质条件		围岩开挖后的稳定状态	围岩弹性波速/(km/s)
	主要工程地质特征	结构特征完整状态		
I	硬质岩(单轴饱和抗压强度 R_c>60MPa);受地质构造影响轻微,节理不发育,无软弱面(或夹层);层状岩层为厚层,层间结合良好,岩石完整	呈巨块状整体结构	围岩稳定,无坍塌,可能产生岩爆	>4.5

续表

围岩级别	围岩主要工程地质条件		围岩开挖后的稳定状态	围岩弹性波速/(km/s)
	主要工程地质特征	结构特征完整状态		
Ⅱ	硬质岩($R_c>30$MPa),受地质构造影响较重,节理较发育,有少量软弱面(或夹层)和贯通微张节理,但其产状及组合关系不致产生滑动;层状岩层为中层或厚层,层间结合一般,很少有分离现象,或为硬质岩偶夹软质岩	呈大块状或大块状结构	暴露时间长,会出现局部坍塌;侧壁稳定;层间结合差的平缓岩层,顶板易塌落	3.5~4.5
Ⅲ	硬质岩($R_c>30$MPa);受地质构造影响严重,节理发育,有层状软弱面(或夹层),但其产状及组合关系尚不致产生滑动;层状岩层为薄层或中层,层间结合差,多有分离现象;或为硬、软质岩石互层	呈块(石)碎(石)状镶嵌结构	拱部无支护时可产生小坍塌,侧壁基本稳定,爆破振动过大易塌	2.5~4.0
	软质岩($R_c=5\sim30$MPa);受地质构造影响较严重,节理较发育;层状岩层为薄层、中层或厚层,层间结合一般	呈大块状砌体结构		
Ⅳ	硬质岩($R_c>30$MPa);受地质构造影响很严重,节理很发育;层状软弱面(或夹层)已基本被破坏	呈碎石状压碎结构	拱部无支护时,可产生较大的坍塌,侧壁有时失去稳定	1.5~3.0
	软质岩($R_c=5\sim30$MPa);受地质构造影响严重,节理发育	呈块(石)碎(石)状镶嵌结构		
	土体: ① 具压密或成岩作用的黏性土、粉土及砂类土; ② 黄土(Q_1,Q_2); ③ 一般钙质、铁质胶结碎、卵石土、大块石土	①和②呈大块状压密结构,③呈巨块状整体结构		
Ⅴ	岩体:软岩,岩体破碎至极破碎;全部极软岩及全部极破碎岩(包括受构造影响严重的破碎带)	呈角(砾)碎(石)状松散结构	围岩易坍塌,处理不当会出现大坍塌,侧壁经常坍塌;浅埋时易出现地表下沉(陷)或坍至地表	1.0~2.0
	土体:一般第四系坚硬、硬塑黏性土,稍密及以上、稍湿或潮湿的碎石土、卵石土、圆砾土、角砾土、粉土及黄土(Q_3,Q_4)	非黏性土呈松散结构,黏性土及黄土呈松软结构		
Ⅵ	岩体:受构造影响很严重呈碎石、角砾及粉末、泥土状的断层带	黏性土呈易蠕动的松软结构,砂性土呈潮湿松散结构	围岩极易坍塌变形,有水时土、砂常与水一齐涌出;浅埋时易塌至地表	<1.0(饱和状态土<1.5)
	土体:软塑状黏性土、饱和粉土、砂类土等			

② 围岩级别修正。隧道围岩级别应在围岩基本分级的基础上,结合隧道工程的特点,考虑地下水状态、初始地应力状态等必要的因素进行修正。

a. 地下水影响的修正。根据单位时间的渗水量可将地下水状态分为3级(表2-7)。

表2-7 地下水状态的分级

级别	状态	渗水量/[L/(min·10m)]
Ⅰ	干燥或湿润	<10
Ⅱ	偶有渗水	10~25
Ⅲ	经常渗水	25~125

根据地下水状态对围岩级别进行修正（表 2-8）。

表 2-8　地下水影响的修正

地下水状态分级	围岩级别					
	Ⅰ	Ⅱ	Ⅲ	Ⅳ	Ⅴ	Ⅵ
Ⅰ	Ⅰ	Ⅱ	Ⅲ	Ⅳ	Ⅴ	—
Ⅱ	Ⅰ	Ⅲ	Ⅳ	Ⅴ	Ⅵ	—
Ⅲ	Ⅱ	Ⅳ	Ⅴ	Ⅵ	Ⅵ	—

b. 围岩初始地应力状态修正。围岩初始地应力状态修正时，首先对初始应力状态进行评估，初始应力状态有极高应力和高应力两种，评估完成后再依据初始地应力状态对围岩级别进行修正（表 2-9 和表 2-10）。

表 2-9　初始地应力状态评估

初始应力状态	主要现象	评估基准 R_c/σ_{max}
极高应力	硬质岩：开挖过程中时有岩爆发生，有岩块弹出，洞壁岩体发生剥离，新生裂缝多，成洞性差	<4
	软质岩：岩芯常有饼化现象，开挖过程中洞壁岩体有剥离，位移极为显著，甚至发生大位移，持续时间长，不宜成洞	
高应力	硬质岩：开挖过程中可能出现岩爆，洞壁岩体有剥离和掉块现象，新生裂缝较多，成洞性较差	4～7
	软质岩：岩芯时有饼化现象，开挖过程中洞壁岩体位移显著，持续时间长，成洞性较差	

表 2-10　初始地应力影响的修正

初始地应力状态	围岩级别					
	Ⅰ	Ⅱ	Ⅲ	Ⅳ	Ⅴ	Ⅵ
极高应力	Ⅰ	Ⅱ	Ⅲ或Ⅳ	Ⅴ	Ⅵ	—
高应力	Ⅰ	Ⅱ	Ⅲ	Ⅳ或Ⅴ	Ⅵ	—

c. 风化作用的影响。隧道洞深埋深较浅，应根据围岩受地表的影响情况进行围岩级别修正。当围岩为风化层时应按风化层的围岩基本分级考虑。围岩仅受地表影响时，相应围岩降低 1～2 级。

2.4.2.4　其他规范中的围岩分级方法

（1）国标《工程岩体分级标准》（GB/T 50218—2014）　为了能适应各种类型岩石工程的岩体分级需要，它采取两步走的方法：先确定岩体基本质量；再结合具体工程的特点确定岩体级别。在确定岩体基本质量和级别时采用定性与定量相结合的方法，从而可以提高分级的准确性和可靠性。

① 分级因素及其确定方法。本分级标准认为岩体基本质量应由岩石坚硬程度和岩体完整程度两个因素确定。

岩石坚硬程度的定性划分参见表 2-11。

表 2-11 岩石坚硬程度的定性划分

类别		单轴饱和抗压强度 R_c/MPa	定性鉴定	代表性岩石
硬质岩	坚硬岩	>60	锤击声清脆,有回弹,震手,难击碎;浸水后,大多无吸水反应	未风化～微风化的:花岗岩、正长岩、闪长岩、辉绿岩、玄武岩、安山岩、片麻岩、石英片岩、硅质板岩、石英岩、硅质胶结的砾岩、石英砂岩、硅质石灰岩等
	较坚硬岩	30～60	锤击声较清脆,有轻微回弹,稍震手,较难击碎;浸水后,有轻微吸水反应	①弱风化的坚硬岩;②未风化—微风化的:熔结凝灰岩、大理岩、板岩、白云岩、石灰岩、钙质胶结的砂岩等
软质岩	较软岩	15～30	锤击声不清脆,无回弹,较易击碎;浸水后,指甲可刻出印痕	①强风化的坚硬岩;②弱风化的较坚硬岩;③未风化—微风化的:凝灰岩、千枚岩、砂质泥岩、泥灰岩、泥质砂岩、粉砂岩、页岩等
	软岩	5～15	锤击声哑,无回弹,有凹痕,易击碎;浸水后,手可掰开	①强风化的坚硬岩;②弱风化—强风化的较坚硬岩;③弱风化的较软岩;④未风化的泥岩等
	极软岩	<5	锤击声哑,无回弹,有较深凹痕,手可捏碎;浸水后,可捏成团	①全风化的各种岩石;②各种半成岩

采用 R_c 作为岩石坚硬程度划分的定量指标,R_c 可采用实测值,若无实测值,可采用岩石点荷载强度指标进行换算:

$$R_c = 22.82(I_{s(50)})^{0.75} \tag{2-28}$$

R_c 与定性划分的岩石坚硬程度的对应关系如表 2-12 所示。

表 2-12 R_c 与定性划分的岩石坚硬程度的对应关系

R_c/MPa	>60	60～30	30～15	15～5	<5
坚硬程度	坚硬岩	较坚硬岩	较软岩	软岩	极软岩

按表 2-13 可以将岩体完整性程度进行定性划分。

表 2-13 岩体完整性程度的定性划分

名称	结构面发育程度		主要结构面的结合程度	主要结构面类型	相应结构类型
	组数	平均间距/m			
完整	1～2	>1.0	结合好或结合一般	节理、裂隙、层面	整体状或巨厚层状结构
较完整	1～2	>1.0	结合差	节理、裂隙、层面	块状或厚层状结构
	2～3	1.0～0.4	结合好或结合一般		块状结构
较破碎	2～3	1.0～0.4	结合差	节理、裂隙、层面、小断层	裂隙块状或中厚层状结构
	≥3	0.4～0.2	结合好		镶嵌碎裂结构
			结合一般		中、薄层状结构
破碎	≥3	0.4～0.2	结合差	各种类型结构面	裂隙块状结构
		≤0.2	结合一般或结合差		碎裂状结构
极破碎	无序		结合很差		散体状结构

岩体完整性程度划分的定量指标可以采用岩体完整性指数 K_v 表示。K_v 可用岩体弹性纵波速度 V_{pm} 和同一岩体取样测定的岩石弹性纵波速度 V_{pr} 按下式计算而得：

$$K_v = \left(\frac{V_{pm}}{V_{pr}}\right)^2 \tag{2-29}$$

K_v 与定性划分的岩体完整程度的对应关系如表 2-14 所示。

表 2-14 岩体完整程度与 K_v 的对应关系

K_v	>0.75	0.55～0.75	0.35～0.55	0.15～0.35	<0.15
完整程度	完整	较完整	较破碎	破碎	极破碎

② 岩体基本质量分级。岩体基本质量分级可根据上述的分级因素结合岩体基本质量指标（BQ）进行。

$$BQ = 90 + 3R_c + 250K_v \tag{2-30}$$

岩体基本质量分级如表 2-15 所示。

表 2-15 岩体基本质量分级

基本质量级别	岩体基本质量的定性特征	岩体基本质量指标（BQ）
Ⅰ	坚硬岩，岩体完整	>550
Ⅱ	坚硬岩，岩体较完整；较坚硬岩，岩体完整	451～550
Ⅲ	坚硬岩，岩体较破碎；较坚硬岩或软硬岩互层，岩体较完整；较软岩，岩体完整	351～450
Ⅳ	坚硬岩，岩体破碎；较坚硬岩，岩体较破碎—破碎；较软岩或软硬岩互层，且以软岩为主，岩体较完整—较破碎；软岩，岩体完整—较完整	251～350
Ⅴ	较软岩，岩体破碎；软岩，岩体较破碎—破碎；全部极软岩及全部极破碎岩	≤250

③ 工程岩体级别的确定。对于实际的工程岩体，仅确定了其基本质量级别尚不能满足设计和施工的需求，须在岩体基本质量分级的基础上，结合实际工程的特点，考虑地下水状态、初始地应力场、工程轴线或走向线的方位与主要软弱结构面产状的组合关系等必要的修正因素，对工程岩体进行详细定级。

修正的岩体基本质量指标计算方法为：

$$[BQ] = BQ - 100(K_1 + K_2 + K_3) \tag{2-31}$$

式中 $[BQ]$——岩体基本质量指标修正值；
    BQ——岩体基本质量指标；
    K_1——地下水影响修正系数；
    K_2——主要软弱结构面产状影响修正系数；
    K_3——初始应力状态影响修正系数。

修正系数可按表 2-16、表 2-17 和表 2-18 进行取值。

表 2-16 地下水影响修正系数 K_1

地下水出水状态	BQ			
	>450	351～450	251～350	≤250
潮湿或点滴状出水	0	0.1	0.2～0.3	0.4～0.6
淋雨状或涌流状出水，水压≤0.1MPa 或单位出水量≤10L/(min·m)	0.1	0.2～0.3	0.4～0.6	0.7～0.9

续表

地下水出水状态	BQ			
	>450	351~450	251~350	≤250
淋雨状或涌流状出水,水压>0.1MPa 或单位出水量>10L/(min·m)	0.2	0.4~0.6	0.7~0.9	1.0

表 2-17　主要软弱结构面产状影响修正系数 K_2

结构面产状及其与洞轴线的组合关系	结构面走向与洞轴线夹角<30°;结构面倾角为30°~75°	结构面走向与洞轴线夹角>60°;结构面倾角>75°	其他组合
K_2	0.4~0.6	0~0.2	0.2~0.4

表 2-18　初始应力状态影响修正系数 K_3

初始应力状态	BQ				
	>550	451~550	351~450	251~350	≤250
极高应力区	1.0	1.0	1.0~1.5	1.0~1.5	1.0
高应力区	0.5	0.5	0.5	0.5~1.0	0.5~1.0

使用修正后的[BQ]值按表 2-15 重新确定工程岩体质量级别。

(2)《地铁设计规范》的围岩分级　2003 年发布的《地铁设计规范》(GB 50157—2013)规定：暗挖结构的围岩分级按现行《铁路隧道设计规范》确定。

(3)《公路隧道设计规范》的围岩分级　《公路隧道设计细则》(JTG/T D70—2010)围岩分级的思路、方法和采用的分级指标与国标《工程岩体分级标准》(GB/T 50218—2014)完全相同，即采用了两步分级法，只是分级的对象范围更广，包括了土体(表 2-19)。

表 2-19　公路隧道围岩分级

围岩级别	围岩或土体主要定性特征	BQ 或[BQ]
Ⅰ	坚硬岩,岩体完整,巨整体状或巨厚层状结构	>550
Ⅱ	坚硬岩,岩体较完整,块状或厚层状结构; 较坚硬岩,岩体完整,块状整体结构	451~550
Ⅲ	坚硬岩,岩体较破碎,巨块(石)碎(石)状镶嵌结构; 较坚硬岩或较软硬岩层,岩体较完整,块状体或中厚层结构	351~450
Ⅳ	坚硬岩,岩体破碎,碎裂结构; 较坚硬岩,岩体较破碎—破碎,镶嵌破碎结构; 较软岩或软岩互层,且以软岩为主,岩体较完整—较破碎,中薄层状结构	251~350
	土体:a.压密或成岩作用的黏性土及砂性土;b.黄土(Q_1,Q_2);c.一般钙质和铁质胶结的碎石土、卵石土、大块石土	
Ⅴ	较软岩,岩体破碎; 软岩,岩体较破碎—破碎; 极破碎各类岩体,碎、裂状、松散结构	≤250
	一般第四系的半干硬至硬塑的黏性土及稍湿至潮湿的碎石土、卵石土、圆砾、角砾土及黄土(Q_3,Q_4)。非黏性土呈松散结构,黏性土及黄土呈松软结构	
Ⅵ	软塑状黏性土及潮湿、饱和粉细砂层、软土等	

思考题

1. 隧道地质勘察的内容有哪些？
2. 简述地质超前预报的几种方法。
3. 简述岩体结构面成因。
4. 简述地应力场的分布规律。
5. 简述地应力测量方法。
6. 某公路隧道初步设计资料如下，试确定围岩级别。
   ① 岩石饱和抗压极限强度为 62MPa；
   ② 岩石弹性波速度为 4.2km/s；
   ③ 岩体弹性波速度为 2.4km/s；
   ④ 岩体所处地应力场中与工程主轴垂直的最大主应力 $\sigma_{max}=9.5$MPa；
   ⑤ 岩体中主要结构面倾角为 20°，岩体处于潮湿状态。

学习情境3　隧道构造认知

【情境描述】

为保证使用功能得以发挥，隧道一般具有较为复杂的结构构造，通常来说，隧道结构构造主要包含洞门、明洞、洞身衬砌、防排水设施、超前支护等部分。各结构构造的作用以及设计均有所不同，施工过程中保证各结构构造的质量，符合设计意图，是保证隧道充分发挥使用功能的前提。

通过本情境的学习，重点使学生掌握隧道各结构构造的内容及做法，并能初步具备识读隧道施工图纸的基本技能。

【教学目标】

1. 能力目标

① 准确识读隧道洞门施工设计图纸，参与图纸交底工作。
② 准确识读隧道明洞施工设计图纸，参与图纸交底工作。
③ 准确识读隧道衬砌以及防排水设施施工设计图纸，参与图纸交底工作。
④ 准确识读隧道超前支护施工设计图纸，参与图纸交底工作。

2. 知识目标

① 掌握隧道洞门结构形式、构造及施工要求。
② 掌握隧道明洞形式及构造要求。
③ 掌握洞身衬砌构造。
④ 掌握隧道防排水设施构造与施工要求。
⑤ 掌握隧道超前支护类型及构造。

【案例引入】

某隧道施工图。

3.1　洞门类型及构造认知

3.1.1　隧道洞门概念及作用

洞门是隧道两端的外露部分，也是联系洞内衬砌与洞口外路堑的支护结构，如图3-1和图3-2所示。

作为隧道洞门，其作用主要体现在以下几点：

① 保证洞口边坡的安全和仰坡的稳定（图3-3）。

图 3-1　柱式洞门示意图

图 3-2　柱式洞门实物

② 汇集在洞口附近的仰、边坡上的地表水，并引离隧道，减少洞口土石方开挖量（图 3-4）。

图 3-3　洞门上方仰坡坍塌

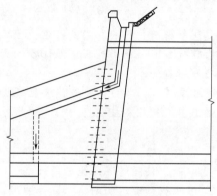
图 3-4　洞门排水设施

③ 作为隧道的标志性建筑物，应与隧道的规模、使用特性以及周围建筑物、地形条件等相协调（图 3-5）。

3.1.2　隧道洞门形式

洞门的形式很多，从构造形式、建筑材料以及相对位置等可以划分为许多类型，常见的隧道洞门形式主要有以下几种：

（1）端墙式洞门（图 3-6、图 3-7）

① 适用条件：适用于岩质稳定的Ⅲ级以上围岩和地形开阔的地区，是最常使用的洞门形式。

② 作用：抵抗山体的纵向推力及支持洞口正面上的仰坡，保持其稳定，洞门顶水沟用来将从仰坡流下来的地表雨水汇集后排走。

图 3-5　洞门与周边环境完美融合

（2）翼墙式洞门（图 3-8、图 3-9）

① 适用条件：适用于地质较差的Ⅳ级以下围岩，以及需要开挖路堑的地方。翼墙式洞门由端墙及翼墙组成。翼墙是为了增加端墙的稳定性，同时对路堑边坡也起支撑作用。其顶

面一般均设置水沟，将端墙背面排水沟汇集的地表水排至路堑边沟内。

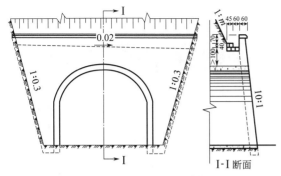

图 3-6　端墙式洞门示意图

图 3-7　某隧道端墙式洞门

② 作用：支持洞口正面上的仰坡，保持其稳定，抵抗山体的纵向推力，增加洞门的抗滑和抗倾覆能力的作用。两侧面保护路堑边坡起到挡土墙的作用，将地表水引致至路堑侧沟内排走。

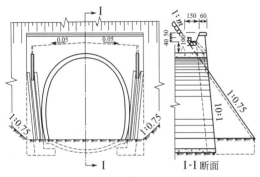

图 3-8　翼墙式洞门示意图

图 3-9　某隧道翼墙式洞门

（3）环框式洞门（图 3-10、图 3-11）

① 适用条件：当洞口岩层坚硬、整体性好（Ⅰ级围岩）、节理不发育，路堑开挖后仰坡极为稳定，并且没有较大的排水要求时采用。

② 作用：加固洞口和减少洞口雨后滴水的作用。

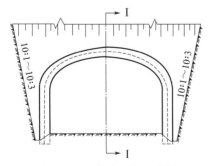

图 3-10　环框式洞门示意图

图 3-11　某隧道环框式洞门

（4）台阶式洞门（图 3-12、图 3-13）

① 适用条件：当洞门傍山侧坡地区，洞门一侧边坡较高时，为减小仰坡高度及外露长

度，可以将端墙顶部改为逐步升级的台阶形式，以适应地形的特点，减少仰坡土石方开挖量。

② 作用：减少洞门圬工及仰坡开挖数量，起美化作用。

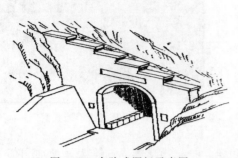
图3-12　台阶式洞门示意图

图3-13　某隧道台阶式洞门

(5) 柱式洞门（图3-14、图3-15）

① 适用条件：地形较陡，Ⅲ、Ⅳ级围岩，仰坡有下滑的可能，设置翼墙式洞门又受地形、地质条件的限制。

② 作用：通过墙柱较大的抗弯能力来抵抗土压力，维持仰坡稳定；美观且占地少。

图3-14　柱式洞门示意图

图3-15　某隧道柱式洞门

3.1.3　隧道洞门构造设计及施工要求

《铁路隧道设计规范》（TB 10003—2016）中对洞门的要求如下：

隧道洞口应修建洞门，洞门可设计为挡（翼）墙式、端墙式、环框式或斜切式等形式，具体应根据洞口的地形、地质条件确定，并与洞外路基工程相协调。

洞门构造要求主要包括：

① 仰坡坡脚至洞门端墙顶帽背的水平距离，一般不小于1.5m。

② 洞门端墙顶宜高出仰坡坡脚不小于0.5m。

③ 洞门端墙与仰坡之间水沟沟底至衬砌拱顶外缘的高度，一般不小于1m。

④ 一般隧道门端墙、翼墙、挡土墙设计为仰斜式墙身时，墙背坡度不宜缓于1∶0.3。

⑤ 洞门端墙、翼墙和挡土墙截面厚度应满足规范要求。

⑥ 洞门端墙、翼墙和挡土墙应根据情况设置伸缩缝和沉降缝。

⑦ 洞门翼墙和挡土墙身应设置泄水孔。

⑧ 洞门端墙与衬砌之间应设置保证结构完整性的连接钢筋。

3.2 明洞类型及构造认知

3.2.1 明洞概念及适用条件

以明挖法施工修建的隧道，或在露天修建而有回填土覆盖的衬砌结构，称为明洞（图 3-16 和图 3-17）。

图 3-16 明洞施工

图 3-17 明洞回填土

明洞主要在隧道洞口或线路上起到防护作用，适用条件如下：
① 地质差且洞顶覆盖层较薄，用暗挖法难以进洞；
② 洞口路堑边坡上受坍方、落石、泥石流等威胁而危及行车安全；
③ 铁路、公路、河渠必须在线路上方通过，且不宜做立交桥或暗洞；
④ 为了减少隧道工程对环境的破坏影响，保护环境和景观，洞口段需延长者，均需要修建明洞。

3.2.2 明洞类型

常见的隧道明洞类型主要有拱式明洞、棚式明洞和特殊结构明洞三种。

(1) 拱式明洞 拱式明洞是由拱圈、内外边墙和仰拱（或铺底）组成的混凝土或钢筋混凝土结构，它的内轮廓与隧道相一致，但结构截面的厚度要比隧道大一些，整体性较好，能承受较大的垂直压力和侧压力。由于内外墙基础相对位移对内力影响较大，所以对地基要求较高，尤其外墙基础必须稳固，必要时需要加设仰拱。

拱式明洞通常用作洞口接长衬砌，以及用明洞抵抗较大的坍方推力和支撑边坡稳定等工程条件下。

根据结构以及受力状态的不同，拱式明洞又可以分为路堑式拱形明洞（路堑式对称型）、偏压直墙式拱形明洞（路堑式偏压型）、偏压斜墙式拱形明洞（半路堑式偏压型）和半路堑单压式拱形明洞四种类型。

各类型结构简图如图 3-18～图 3-21 所示。

(2) 棚式明洞 山坡的坍方、落石数量较少，山体侧向压力不大，或因受地质、地形限制，难以修建拱形明洞时，可以修建棚式明洞，简称棚洞。

棚洞结构主要包含顶盖、内边墙和外边墙三部分。顶盖通常为梁式结构。内边墙一般采用重力式挡墙结构，并应置于基岩或稳固的地基上。外边墙可以采用墙式、刚架式、柱式结构或省去。

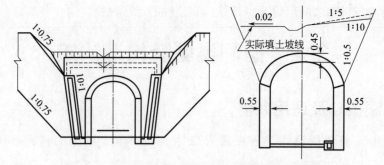

图 3-18 路堑式拱形明洞（路堑式对称型）示意图

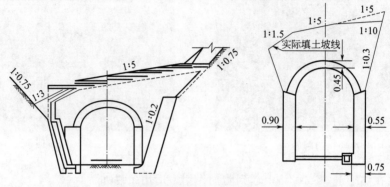

图 3-19 偏压直墙式拱形明洞（路堑式偏压型）示意图

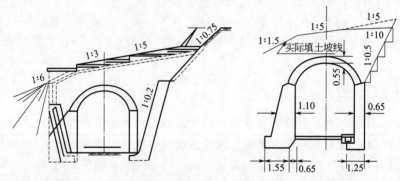

图 3-20 偏压斜墙式拱形明洞（半路堑式偏压型）示意图

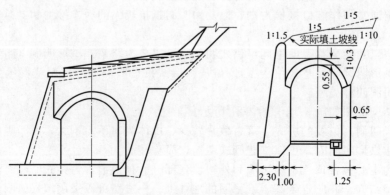

图 3-21 半路堑单压式拱形明洞示意图

根据结构以及受力状态的不同，棚式明洞又可以分为盖板式棚洞（墙式棚洞）、刚架式棚洞、悬臂式棚洞和柱式棚洞四种。

各类型结构简图如图 3-22～图 3-25 所示。

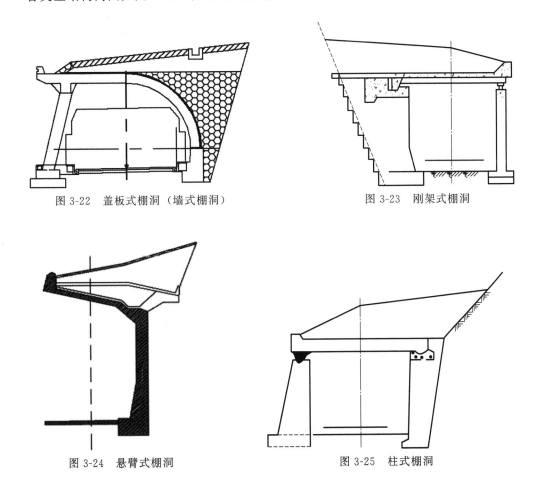

图 3-22　盖板式棚洞（墙式棚洞）

图 3-23　刚架式棚洞

图 3-24　悬臂式棚洞

图 3-25　柱式棚洞

（3）特殊结构明洞（箱型明洞）　在明洞净高或建筑高度受到限制、地基软弱的地方，可采用箱型明洞，一般为钢筋混凝土制成的整体明洞，其上回填土石，如图 3-26 和图 3-27 所示。

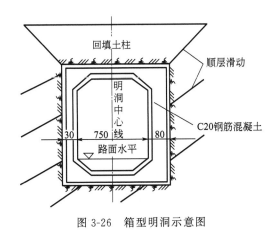

图 3-26　箱型明洞示意图

图 3-27　泥石流导槽（箱型明洞）

3.2.3 明洞构造要求

(1) 明洞基础构造要求　明洞基础应置于稳固的地基上。当基岩埋深较浅时，基础可设置于基岩上；当基础位于软弱地基上时，基础可采用仰拱，整体式钢筋混凝土底板等结构。外墙基础趾部，应有一定的嵌入深度并应设在冻结线以下 0.25m，且保证一定的护基宽度。具体取值见表 3-1。

表 3-1　明洞墙嵌入深度

岩层种类	埋深 h/m	护基宽 L/m
较完整的坚硬岩层	0.25	0.25～0.5
一般岩层（如砂页岩互层）	0.60	0.6～1.50
松软岩石（如千枚岩等）	1.00	1.0～2.0
砂夹砾石	1.5	1.5～2.5

当两侧边墙地基软硬不均时，可采用如下做法：
① 基岩不深时可加深基础，设置于基岩上；
② 采用钢筋混凝土或混凝土仰拱；
③ 采用钢筋混凝土底板，修筑整体式基础；
④ 亦可采用桩基或加固地层等措施。

当地基为完整坚固的岩体时，基础可切割成台阶。台阶平均坡度不陡于 1:0.5；坡度线与水平线的夹角不得大于岩层的内摩擦角；台阶宽度不小于 0.50m，最低一层基础台阶宽度不小于 2m。当基础外侧受水流冲刷影响时，为了使基础外侧护基部分岩土稳定或为防止河岸冲刷的影响，应另采取挡墙、护岸、边坡加固等防护、防冲刷措施。

明洞外边墙、棚洞立柱基础埋置位置在路面 3m 以下时（一般是指半路堑单压式明洞的外侧边墙及立柱），应在路基处设置钢筋混凝土横向水平拉杆或锚杆，或给立柱加设横撑和纵撑，以减小墙底转角，改善结构受力条件，增加墙柱约束，减小其长细比的影响，以确保整个结构的整体性、外侧边墙及立柱的整体及局部稳定性。

(2) 明洞填土要求　明洞顶设计填土厚度，应根据山坡病害的情况，预计明洞顶可能出现的坍塌量及将来明洞所要起的作用来确定。铁路隧道规范确定为 1.50m，公路隧道规定不小于 2.0m。

明洞顶填土横坡设计坡度可为 (1:5)～(1:3)，实际填土坡可为 (1:10)～(1:5)。

当边坡有病害，未来可能发生较大的坍塌，而该隧道又处于地震烈度 8 度以上地区，地震时增加了坍塌的数量，应酌情增加填土厚度。

明洞应重视拱背和墙背的回填，且墙背回填料的内摩擦角应不低于围岩的计算摩擦角。

(3) 明洞衬砌构造要求
① 当采用拱形明洞时，可按整体式衬砌设计。
② 半路堑拱形明洞由于衬砌所受荷载明显不对称，靠山侧所受荷载较大，故半路堑拱形明洞应考虑偏压，拱形明洞外边墙宜适当加厚。
③ 当拱形明洞边墙侧压较大及地层松软时，宜设仰拱。
④ 明洞宜采用钢筋混凝土结构。
⑤ 棚洞结构主要由盖板、内边墙和外侧支承建筑物三部分组成。
⑥ 路线通过滑坡地段采用明洞方案时，应与路基整治和滑坡整治方案作全面的技术经济比较。
⑦ 在地质情况变化较大地段应设置沉降缝；气温变化较大地区应根据长度等情况设置伸缩缝。

3.3 洞身初期支护构造认知

3.3.1 初期支护的基本概念及特点

隧道施工过程中，隧道初期支护可以迅速封闭围岩，避免围岩因为长时间的裸露，受水、空气等影响发生风化、水化而发生坍塌。隧道初期支护是确保施工安全的关键，它能充分发挥围岩自身的承载能力，并和二次衬砌共同形成结构承担荷载。

在开挖后的洞室周边，施作钢、混凝土等支撑物，向洞室周边提供抗力，控制围岩变形，这种开挖后隧道内的支撑体系，称为隧道支护。

为控制围岩应力适量释放和变形，增加结构安全度和方便施工，隧道开挖后立即施作刚度较小并作为永久承载结构一部分的结构层，称为初期支护（图 3-28）。

初期支护一般由锚杆、喷射混凝土、钢架、钢筋网等共同形成或组合

图 3-28 初期支护组成

形成锚喷支护体系，它是现代隧道工程中最常用的支护形式和方法。其工程特点如下：

① 灵活性：支护类型、参数、数量可灵活调整。
② 及时性：喷射混凝土，如早强，能迅速给围岩提供支护抗力。
③ 密贴性：喷射混凝土与围岩能全面密贴黏结，黏结力一般可达 $70 kg/cm^3$。
④ 深入性：锚杆可深入围岩一定深度加固围岩，形成承载圈。
⑤ 柔性：容易调节围岩变形，可控制围岩塑性变形适度发展，发挥自承能力。
⑥ 封闭性：可阻止水对围岩的侵蚀而引起风化等。

3.3.2 锚杆认知

3.3.2.1 锚杆概念及作用

锚杆（索）是用金属或其他高抗拉性能的材料制作的一种杆状构件（图 3-29），使用机械装置和黏结介质，通过一定的施工操作，将锚杆安设在地下工程的围岩中，起到加固围岩的作用，如图 3-30 所示。

图 3-29 锚杆

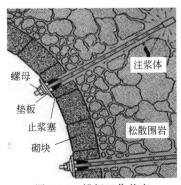

图 3-30 锚杆工作状态

锚杆主要由杆体、垫板（碟形托板）、螺母（挡环）等几部分组成。锚杆的杆体直径宜为20～32mm，杆体材料宜采用HRB335、HRB400钢。垫板材料宜采用HPB235钢。锚杆用的各种水泥砂浆强度不应低于M20。

作为初期支护的一部分，锚杆的作用表现为：

① 支撑围岩、约束围岩过大变形。锚杆能限制约束围岩变形，并向围岩施加压力，从而使处于二轴应力状态的洞室内表面附近的围岩保持三轴应力状态，因而能制止围岩强度的恶化。如图3-31所示。

② 加固围岩，提高围岩的整体性。由于系统锚杆的加固作用，使围岩中，尤其是松动区中的节理裂隙、破裂面等得以联结，因而增大了锚固区围岩的强度（即c、φ值）。锚杆对加固节理发育的岩体和围岩松动区是十分有效的，有助于裂隙岩体和松动区形成整体，成为"加固带"。如图3-32所示。

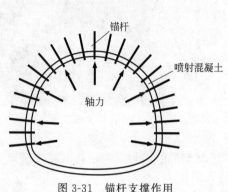

图3-31 锚杆支撑作用

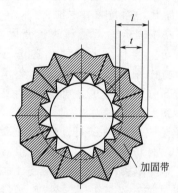

图3-32 锚杆加固作用

③ 提高层间摩阻力，形成"组合梁"。对于水平或缓倾斜的层状围岩，用锚杆群能把数层岩层连在一起，增大层理间摩阻力，从结构力学观点来看就是形成"组合梁"。如图3-33所示。

④ 悬吊作用。所谓"悬吊"作用是指为防止个别危岩的掉落或滑落，用锚杆将其同稳定围岩联结起来，这种作用主要表现在加固局部失稳的岩体。如图3-34所示。

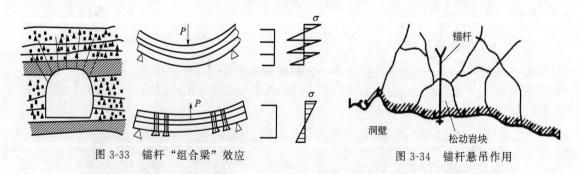

图3-33 锚杆"组合梁"效应　　　　　图3-34 锚杆悬吊作用

3.3.2.2 锚杆的种类

(1) 按其对围岩加固的区域分　可分为系统锚杆、超前锚杆和局部锚杆3种。

① 系统锚杆是指在一个掘进进尺范围内的岩体被挖除后，沿隧道横断面的径向安装于围岩内的锚杆，以形成对已暴露围岩的锚固，并在已加固且稳定的坑道中进行下一个循环的开挖等作业。

② 超前锚杆是指沿开挖轮廓线，以稍大的外插角，向开挖面前方围岩内安装的锚杆，

形成对前方围岩的预锚固，在提前形成的围岩锚固圈的保护下进行开挖等作业，其不属于初期支护范畴。

③ 局部锚杆是指为维护围岩的局部稳定或对初期支护的局部加强，只在一定的区域和要求的方向局部安装的锚杆。

（2）按其在岩体中的锚固形式分　可分为以下几种形式：

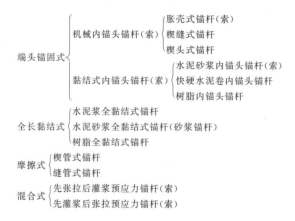

① 端头锚固式锚杆。通过锚杆的机械式锚固或黏结式锚固，将锚杆前端锚固于锚杆孔底部岩体，通过孔口托板及螺母使锚杆受拉，对孔口附近围岩施加径向约束力。锚杆受力大小取决于锚头的锚固强度。

② 全长黏结式锚杆。用水泥砂浆或树脂等填充黏结剂，使锚杆和孔壁岩石黏结牢固，提供摩擦阻力，阻止岩体位移，并通过安装在孔口的托板、螺母对岩壁的约束力来抑制围岩变形和承受围岩松弛荷载。

③ 摩擦式锚杆。将锚杆强行压入比其直径略小的钻孔后，管体受围岩约束而产生径向张力，使孔壁产生压力，挤压岩体，从而使孔壁与锚杆间产生静摩擦力（即锚固力），阻止岩体位移，同时，锚杆末端托板在安装时紧压孔口岩面，对围岩产生压力，使锚杆周围岩体处于三向应力状态，形成梨形压力球，增加围岩的稳定性。

④ 混合式（预应力式）锚杆。施加拉力，并用垫板和螺栓锁口，紧压孔口岩面，使围岩产生径向压力，约束围岩变形，对改善围岩的力学性能，特别是提高岩体结构面的摩擦力很有帮助。

3.3.2.3　锚杆构造及特点

几种常见的锚杆构造及特点如下：

（1）水泥砂浆锚杆（图3-35）　水泥砂浆锚杆构造上由水泥砂浆、杆体、垫板和螺母组成。杆体可采用带肋钢筋或高强度玻纤树脂实心或空心管。垫板可用金属材料，也可以用工程塑料。

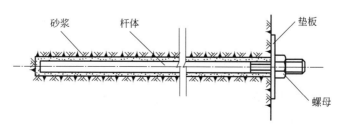

图3-35　水泥砂浆锚杆

水泥砂浆锚杆特点如下：

① 结构简单，加工安装方便，价格便宜，对围岩适用性强，具有一定的锚固力。

② 安装后有一个养护过程不能承载。

③ 被动支护，提供的支护反力依赖围岩变形，如果安装过晚，锚杆抗力小，作用有限。

④ 注浆不宜密实。

（2）楔缝式锚杆（图 3-36） 楔缝式锚杆是在楔缝式锚杆的末端，锻造一个十字形的缝隙，用来插入楔子，另一端配套托盘、垫圈、螺母。钻孔后，安装楔子到楔缝中，驱动螺母和螺纹杆确保楔子底触到钻孔末端，然后用钻机冲击锚杆外端，楔子胀开楔缝，这样就在岩石和锚杆之间产生一个锚固力。

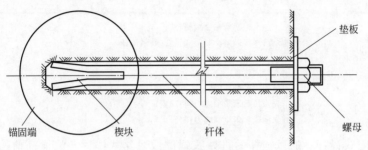

图 3-36 楔缝式锚杆

其特点为：

① 楔缝系统提供点锚。

② 一般与锚固剂共用起到永久支护的作用。

③ 尖端可以轻易打开锚固剂，加快安装。

④ 与球垫共同使用，可以提供友好角，用于倾斜岩层。

（3）缝管式摩擦型锚杆（图 3-37） 缝管式摩擦型锚杆由开口异径管，上、下楔，定位销，挡环和垫板组成。

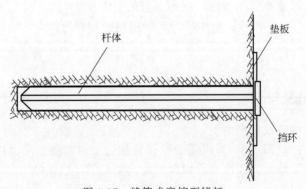

图 3-37 缝管式摩擦型锚杆

其优点为：

① 效应快，安装后即能发挥锚固作用；

② 对围岩能主动提供轴向和环向压应力，锚固效果比被动式锚杆要好；

③ 适应岩层范围较大，地下水对它的锚固效果影响很小；

④ 操作方便，作业安全，劳动强度低，安装一根约 4min。

（4）胀壳式内锚头锚杆（索） 胀壳式内锚头锚杆（索），属于端头锚固型锚杆的一种，其前端有一金属（或塑料）楔形胀壳头，将锚杆送入孔部位置后，通过锤击或转动杆体等方式，使胀壳头向外扩张，并与围岩形成摩擦力，然后拧紧螺母，根据实际需要可施加一定的力。如图 3-38 所示。

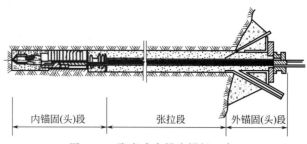

图 3-38 胀壳式内锚头锚杆（索）

这种锚杆施工简单，锚固可靠，是一种理想的锚固式锚杆。

3.3.2.4 锚杆类型的选择

通常，锚杆类型选择遵循以下规定：

① 永久支护的锚杆应为全长黏结型锚杆或预应力注浆锚杆。其他类型的锚杆不能作为永久支护，当需作永久支护时，锚孔内必须注满砂浆或树脂。

② 自稳时间短的围岩，宜采用全长黏结式锚杆或早强水泥砂浆锚杆。

③ 在 Ⅲ、Ⅳ、Ⅴ、Ⅵ 级围岩条件下，锚杆应按系统锚杆设计，并符合下列规定：

a. 锚杆一般应沿隧道周边径向布置，当结构面或岩层层面明显时，锚杆应与岩体主结构面或岩层层面呈大角度布置。

b. 锚杆应按矩形排列或梅花形排列。

c. 锚杆间距不得大于 1.5m。间距较小时，可采用长短锚杆交错布置。

d. 两车道隧道系统锚杆长度一般不小于 2.0m，三车道隧道系统锚杆一般不小于 2.5m。

④ 局部不稳定的岩块宜设置局部锚杆，可采用全长黏结型锚杆、端头锚固型锚杆、预应力锚杆，锚固端应置于稳定岩体内，锚杆参数应通过计算确定。

⑤ 软岩、收敛变形较大的围岩地段，可采用预应力锚杆，预应力锚杆的预应力应不小于 100kPa。预应力锚杆的锚固端必须锚固在稳定岩层内。

⑥ 岩体破碎、成孔困难的围岩，宜采用自进式锚杆。

3.3.3 钢架认知

（1）钢架的概念及构造　钢架是为了加强支护刚度而在初期支护中放置的型钢支撑或格栅钢支撑。

常见的初期支护采用的钢架宜用 H 形、工字形、U 形型钢制成型钢钢架，或用钢管或钢筋制成格栅钢架。其构造如图 3-39 和图 3-40 所示。

① 接头。钢拱架每榀分为 2~6 节，主要是为便于架设；为保证接头刚度，钢拱架的接头有端板栓接、夹板栓接及套管连接 3 种形式。

② 垫板。钢拱架构件下端断面积较小，应设底板，以增加支承面积。若围岩软弱，承载力不足，为防止拱架下沉，应在其下加设钢板、木板、片石铺垫，必要时可增设混凝土基座或纵向托梁（工字钢）。

③ 纵向联系。为保证拱架的纵向稳定性，各榀拱架之间应设有足够的纵向联系。当有纵向荷载（包括爆破冲击荷载）时，则应设置纵向斜撑。

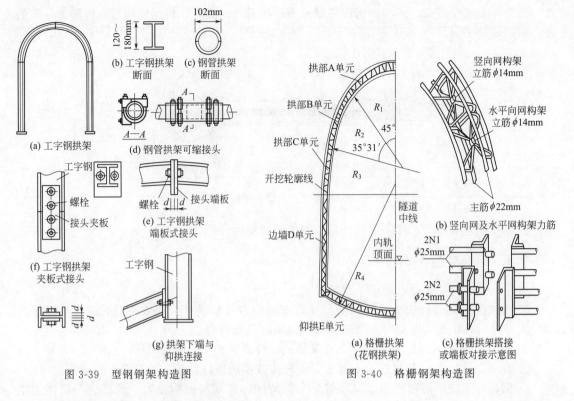

图 3-39 型钢钢架构造图　　　图 3-40 格栅钢架构造图

(2) 钢架的特点　钢架的特点如下：

① 钢拱架的整体刚度较大，可以提供较大的早期支护刚度；型钢拱架较格栅钢架能更早承载。

② 钢拱架可以很好地与锚杆、钢筋网、喷射混凝土相结合，构成联合支护，增强支护的有效性，且受力条件较好。尤以格栅钢架结合最好。

③ 格栅钢架采用钢筋现场加工制作，技术难度和要求并不高；对隧道断面变化适应性好。

④ 钢拱架的安装架设方便。

(3) 钢架的设计要求　钢架设计应遵循以下要求：

① 钢拱架的截面高度应与喷射混凝土厚度相适应，一般为16～20cm，且要有一定保护层。钢拱架通常是在初喷封面混凝土后架设的，初喷混凝土厚度约4cm。

② 为架设方便，每榀钢拱架一般应分为2～6节，并保证接头刚度，节数应与断面大小及开挖方法相适应。每榀钢拱架之间应设置不小于 $\phi 22mm$ 的纵向钢拉杆。

③ 当围岩变形量较小或只允许围岩有少量变形时，钢拱架可以设计为固定型。当围岩流动性强、变形量大，且允许围岩有较大变形时，宜将钢拱架设计为可缩性，其可缩节点位置宜设置在拱顶节点处。

④ 当采用台阶法及其变形方法开挖时，应保证上部钢拱架的整体性，并有效控制其稳定性。可在拱脚处设置纵向托梁，或增加锁脚锚杆。

⑤ 对于软弱破碎围岩，为阻止各榀拱架之间围岩的掉块、坍塌，除可以考虑适当减小拱架间距外，可在钢拱架与围岩之间挂钢筋网并喷射混凝土。

(4) 钢架施工的一般规定

① 开挖轮廓要尽量平顺，开挖后要及时架设钢拱架。架设前应清除周边危石，防止落石伤人，称为找顶。

② 钢拱架应按要求的中线、高程和断面尺寸架设在隧道横断面内,其垂直度容许误差为±2°。

③ 钢拱架的接头应连接牢固,拱脚处应有一定的埋置深度,以减少沉降和挤入,保证拱架的稳定。一般可以采取的措施有垫石、垫板、纵向托梁、锁脚锚杆等。

④ 钢拱架的安设应在开挖后的2h内完成。

⑤ 钢拱架应尽可能多地与锚杆露头及钢筋网焊接,以增强其联合支护效应。各榀钢拱架之间的纵向钢拉杆应按要求设置和安装,并保证连接可靠,使构成整体。

⑥ 可缩性钢拱架的可缩性节点处不宜过早覆盖。应待其收缩合拢后,再补充喷射混凝土覆盖。

⑦ 喷射混凝土时,应注意将钢拱架与岩面之间的间隙喷射密实。

⑧ 对所架钢拱架应经常检查,如发现喷射混凝土起鼓、开裂、脱落严重,或钢拱架变形严重、倾斜、沉降,必须立即采取加强措施,如补喷混凝土、增加钢拱架或替换大规格的钢拱架。补喷混凝土应将钢拱架包裹埋置;钢拱架的顶替应先顶后拆,以免引起围岩的进一步松弛甚至坍塌。

3.3.4 钢筋网认知

(1) 钢筋网概念及构造　钢筋网(图3-41)是在喷射混凝土之前,在岩面上预先挂设的一层支护结构。目前,我国在各类隧道工程中应用钢筋网喷射混凝土支护的比较多,主要用于软弱破碎围岩,而更多的是与锚杆或者钢拱架构成联合支护。

钢筋网通常布置成环向和纵向的网格状形式。

环向筋一般为受力筋,由设计确定,直径12mm左右;纵向筋一般为构造筋,直径6~10mm。

网格尺寸一般为20cm×20cm、20cm×25cm、25cm×25cm、25cm×30cm或30cm×30cm,如图3-42所示。

图3-41　钢筋网

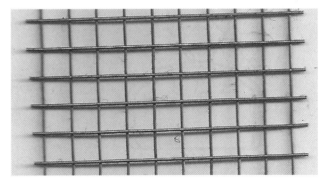

图3-42　钢筋网片

(2) 钢筋网一般规定　钢筋网在设计和施工中应遵循以下规定:

① 钢筋网应根据被支护围岩面上的实际起伏形状铺设,且应在喷射一层混凝土后再行铺设。钢筋与岩面或与初喷混凝土面的间隙应不小于3cm,钢筋网保护层厚度不小于3cm,有水部位不小于4cm。

② 为便于挂网安装,常将钢筋网先加工成网片,长宽可为100~200cm。

③ 钢筋网应与锚杆或锚钉头连接牢固,并应尽可能多点连接,以减少喷射混凝土时钢筋发生"弦振"的现象。锚钉的锚固深度不得小于20cm。

④ 开始喷射时，应缩短喷头至受喷面之间的距离，并适当调整喷射角度，使钢筋网背面混凝土密实。对于干燥土质隧道，第一次喷射不能太厚，以防起鼓剥落。

3.3.5 喷射混凝土认知

图 3-43 喷射混凝土施工

（1）喷射混凝土概念　喷射混凝土既是一种新型的支护结构，又是一种新的施工工艺。它是使用混凝土喷射机，按一定的混合程序，将掺有速凝剂的细石混凝土，喷射到岩壁表面上，并迅速固结成一层支护结构，从而对围岩起到支护作用。如图 3-43 所示。

（2）喷射混凝土作用　作为初期支护的一部分，喷射混凝土层的作用如图 3-44～3-49 所示。

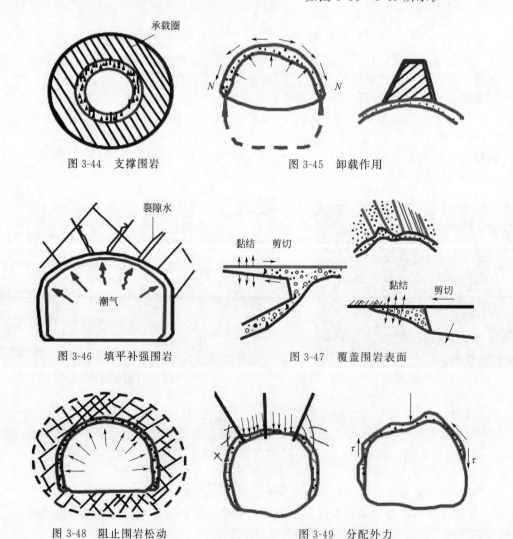

图 3-44 支撑围岩　　图 3-45 卸载作用

图 3-46 填平补强围岩　　图 3-47 覆盖围岩表面

图 3-48 阻止围岩松动　　图 3-49 分配外力

(3) 喷射混凝土的特点　喷射混凝土的特点如下：

① 喷射混凝土具有强度增长快、黏结力强、密度大、抗渗性好的特点。它能较好地填充岩块间的裂隙的凹穴，增加围岩的整体性，防止自由面的风化和松动，并与围岩共同工作。

② 与普通模筑混凝土相比，喷射混凝土施工将输送、浇筑、捣固几道工序合而为一，更不需模板，因而施工快速、简捷。

③ 喷射混凝土能及早发挥承载作用。它能在10min左右终凝，一般2h后即具有强度，8h后可达2MPa，16h后达5MPa，1d后可达7~8MPa，4d达到28d强度的70%左右。

④ 试验表明，喷射混凝土与模筑混凝土相比，密实性和性能稳定性要差。

(4) 喷射混凝土的材料要求及配合比　喷射混凝土由水泥、砂、碎石或卵石、外加剂等组成，各组分要求如下：

① 水泥。为保证喷射混凝土的凝结时间与速凝剂有较好的相容性，应优先采用42.5级以上的普通硅酸盐水泥，其次是矿渣硅酸盐水泥和火山灰质硅酸盐水泥。在有专门使用要求时，采用特种水泥。所使用的水泥，其性能应符合国家现行标准。

② 砂。为保证喷射混凝土的强度和减少施工操作时的粉尘，以及减少硬化时的收缩裂纹，应采用坚硬而耐久的中砂或粗砂，细度模数一般宜大于2.5。

③ 碎石或卵石（细石）。为防止喷射混凝土过程中的堵管和减少回弹量，应采用坚硬耐久的细石，粒径不宜大于15mm，以细卵石较好。

④ 骨料成分和级配。若使用碱性速凝剂，砂、石骨料均不得含有活性SiO_2，以免产生碱骨料反应，引起混凝土开裂，为使喷射混凝土密实和在输送管道中顺畅，砂石骨料级配应符合国家标准。

⑤ 水。为保证喷射混凝土正常凝结、硬化，保证强度和稳定性，饮用水均可用于喷射混凝土；若采用其他水，则不应含有影响水泥正常凝结与硬化的有害物质；不能使用污水以及pH值小于4的酸性水，也不能使用硫酸盐含量超过水质量1‰的水。

⑥ 外加剂。主要是速凝剂，在喷射混凝土中添加速凝剂的目的是使喷射混凝土速凝，以减少回弹和早强，选用时应做与水泥的相容性试验。

各组分配比要求如下：

a. 干集料中水泥与砂石质量比，一般为(1∶4)~(1∶4.5)，每吨干集料中，水泥用量约为400kg。

b. 砂率一般为45%~55%。

c. 水灰比一般为0.4~0.45。

d. 速凝剂和其他外加剂的掺量，一定要由试验来确定其最佳掺量，并达到各龄期的设计强度要求。

e. 喷射混凝土搅拌时间及搅拌后临时存放时间均应按工艺要求及规范规定进行。

(5) 新型喷射混凝土材料

① 钢纤维喷射混凝土。钢纤维喷射混凝土是在喷射混凝土中加入钢纤维，弥补喷射混凝土的脆性破坏缺陷，改善喷射混凝土的物理力学性能。钢纤维的生产方法通常有钢丝切断法、薄钢板切断法、铣削法、熔抽法及轧制法。钢纤维的直径（或等效直径）宜为0.3~0.6mm，长度为20~40mm，长径比为40~60，钢纤维的体积掺量为1%~2%。

其性能特点如下：

a. 钢纤维喷射混凝土中的钢纤维应在喷射平面内呈二维分布，且相当均匀。

b. 钢纤维喷射混凝土的破坏呈塑性破坏，因此容许有较大的变形，裂缝出现后仍有一定的承载能力。

c. 在一般掺量情况下（为喷射混凝土质量的1%~1.5%），钢纤维喷射混凝土比普通喷射混凝土的抗压强度提高30%～60%，抗拉强度提高50%～80%，抗弯强度提高40%～70%。

d. 当钢纤维掺量大于1.5%时，钢纤维喷射混凝土的韧性（加载至试件完全破坏所做的功）为普通喷射混凝土的20～50倍，抗冲击性能提高8%～30%，抗磨损性能提高30%。

钢纤维喷射混凝土可用于承受强烈震动、冲击动荷载的结构物的构筑，也适用于要求耐磨或不便配置钢筋但又要求有较高强度和韧性的工程中。如用于地下工程中的受动荷载部位的结构，地上建筑物的补强加固，以及机场跑道、高速公路路面等。可以采用钢纤维喷射混凝土代替挂钢筋网喷射混凝土，作为软弱破碎围岩隧道的初期支护，甚至作为永久性衬砌。

② 聚丙烯纤维喷射混凝土。聚丙烯纤维又分单丝纤维和网状纤维两种。

单丝纤维有较高的长径比，常以长丝短切加工而成，但在混凝土中分散性较差。

网状纤维通过特殊工艺制造而成，其外观呈多根纤维单丝相互交融的网状结构。网状纤维混凝土拌合物的搅拌可产生原材料自身的揉搓与摩擦作用，破坏单丝间的横向联系，形成纤维单丝或网状结构的充分张开，从而比单丝纤维更易在混凝土中分散。

聚丙烯纤维在混凝土的碱性环境下非常稳定，熔点较高，表面憎水，具有100%的湿强保持率，重量轻，价格低，加工性能优良。聚丙烯纤维在混凝土中不成团、不缠结，与基准混凝土相比，混凝土的能量吸收能力和延性提高，抗弯强度和疲劳极限也有提高，但抗压强度提高不多。聚丙烯纤维减少了混凝土的早期塑性收缩裂纹并能阻止它发展，从而提高了混凝土的抗渗性。聚丙烯纤维能推迟混凝土表面的劣化，提高耐久性。

聚丙烯纤维混凝土可以广泛应用于刚性路面、码头、桥梁、地下工程、屋面、内外墙粉刷、停车场、贮水池、腐化池等工程中。

3.3.6 联合支护的构造要求

为保证充分发挥初期支护各组成部分的作用，提高支护效果，初期支护一般采用联合支护的形式，即锚杆、钢筋网、钢架有机联合，并与喷射混凝土共同发挥作用。如图3-50所示。

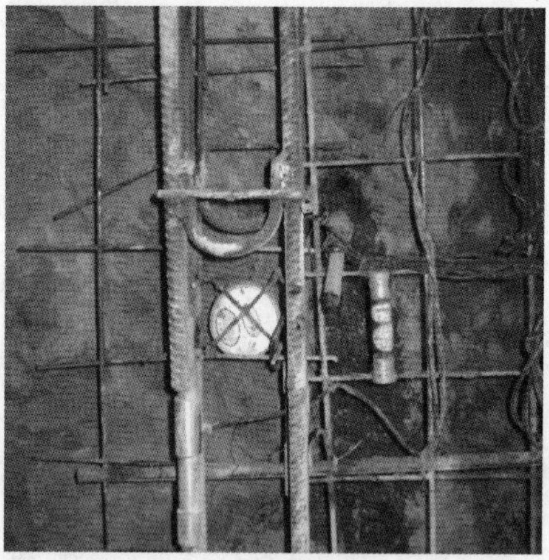

联合支护的构造要求如下：

① 联合支护宜联不宜散，彼此要直接地牢固相连，以充分发挥联合支护效应。

② 钢筋网及钢拱架要尽可能多地与锚杆头焊连，锚杆要有适量的露头。

③ 钢筋网及钢拱架要被喷射混凝土所包裹、覆盖，即喷射混凝土要将钢筋网和钢拱架包裹密实。

④ 分次施作的联合支护，应尽快将其相连，如超前锚杆与系统锚杆及钢拱架的联结。

⑤ 分次施作的联合支护，要在量测指导下进行，以做到及时、有效，并作适当调整。

图3-50 联合支护局部构造

3.4 洞身二次衬砌构造认知

3.4.1 二次衬砌与初期支护的关系

在介绍二次衬砌之间，有必要了解二次衬砌与初期支护的关系。

隧道结构构造认知-洞身衬砌

我国公路隧道及铁路隧道所应用的衬砌类型多种多样。主要有整体式模筑混凝土衬砌（单层衬砌）、装配式衬砌、锚喷式衬砌以及复合式衬砌四种。

整体式模筑混凝土衬砌，是在坑道内竖立模板、拱架，然后浇灌混凝土而成的一层具有较大的厚度和刚度的结构。

装配式衬砌是将衬砌分解为若干块构件（也称管片），这些构件在现场或工厂预制，然后运到现场进行安装。

锚喷式衬砌是指锚喷结构既作为隧道临时支护，又作为隧道永久结构的形式。

复合式衬砌不同于单层厚壁的模筑混凝土衬砌，它把衬砌分成两层或两层以上，可以是同一种形式、方法和材料施作的，也可以是不同形式、方法、时间和材料施作的。外衬主要是以喷射混凝土和锚杆等为基本组合形式的锚喷支护形式为主，也称为初期支护。内层衬砌则有多种材料和构造形式，但以就地模筑混凝土为主，称为二次衬砌。如图3-51所示。

铁路隧道设计规范（2005）规定，在旅客列车设计行车速度等于或小于160km/h时，隧道优先采用曲墙复合式衬砌，其中单线Ⅲ级、双线Ⅳ级及以上地段均应设置仰拱。

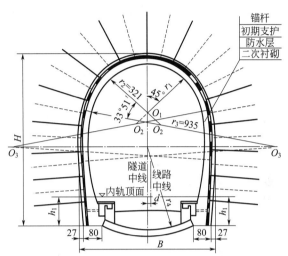

图3-51 铁路隧道Ⅳ级围岩复合式衬砌标准图

我国高速公路、一级公路、二级公路隧道已全部采用复合式衬砌，三级公路隧道也大量采用。

因此，初期支护和二次衬砌共同组成复合式衬砌形式，这种衬砌形式在我国公路和铁路隧道中也是最常见的衬砌形式。

3.4.2 二次衬砌构造

二次衬砌一般为模筑钢筋混凝土结构，其混凝土等级、厚度以及钢筋级别、布置等均应根据围岩级别进行设计，并符合设计规范要求。

我国铁路隧道设计规范中，针对单线和双线铁路，对于不同围岩级别给出了复合式衬砌的相关设计参数，如表3-2和表3-3所示。

表3-2 单线铁路隧道复合式衬砌的设计参数表

围岩级别	初期支护							二衬厚度/cm	
	喷射混凝土厚度/cm		锚杆			钢筋网	钢架	拱墙	仰拱
	拱墙	仰拱	位置	长度/m	间距/m				
Ⅱ	5							25	
Ⅲ	7		局部设置	2.0	1.2~1.5			25	
Ⅳ	10		拱、墙	2.0~2.5	1.0~1.5	必要时设置		30	40
Ⅴ	15~22	15~22	拱、墙	2.5~3.0	0.8~1.0	拱墙、仰拱	必要时设置	35	40
Ⅵ	通过试验确定								

表 3-3 双线铁路隧道复合式衬砌的设计参数表

围岩级别	初期支护					二衬厚度/cm	
	喷射混凝土厚度/cm		锚杆			钢筋网	钢架	拱墙	仰拱
	拱墙	仰拱	位置	长度/m	间距/m				
Ⅱ	5～8		局部设置	2.0～2.5	1.5			30	
Ⅲ	8～10		局部设置	2.0～2.5	1.2～1.5	必要时设置		35	45
Ⅳ	15～22	15～22	拱、墙	2.5～3.0	1.0～1.2	拱墙、仰拱	必要时设置	40	45
Ⅴ	20～25	20～25	拱、墙	3.0～3.5	0.8～1.0	拱墙、仰拱	拱墙、仰拱	45	45
Ⅵ	通过试验确定								

3.5 隧道防排水设施认知

3.5.1 隧道防排水概念

水,不仅是影响隧道正常施工的因素之一,也是影响隧道正常运营的重要因素之一。在施工期间,地下水的作用不仅降低围岩的稳定性(尤其是对软弱破碎围岩影响更为严重),增加开挖难度,且增加了支护的难度和费用,甚至需采取超前支护或预注浆堵水和加固围岩。此外,若对地下水处理不当,则可能造成更大的危害。如地下、地上水位下降及水环境的改变,影响农业生产和生活用水;或被迫停工、影响工程进展等。

在运营期间,地下水常从混凝土衬砌的施工缝、变形缝(伸缩缝和沉降缝)、裂缝甚至混凝土孔隙等通道,渗漏进隧道中。造成洞内通信、供电、照明等设备处于潮湿环境而发生锈蚀;使路面积水或结冰,造成打滑,危及行车安全;由于结冰膨胀和侵蚀性地下水的作用,不仅使衬砌受到破坏,而且使得以上危害更加严重。总之隧道工程中,地下水的存在是必然的,但它对工程的危害却是可以避免和减少的。

为避免和减少水的危害,我国隧道工作者已总结出"防""排""截""堵"相结合的综合治水原则,并以模筑混凝土衬砌作为防水(堵水)的基本措施。

"防":要求隧道衬砌、防水层具有防水能力,防止地下水透过防水层、衬砌结构渗入洞内。

"排":应有畅通的排水设施,对衬砌背后、路面结构层下的积水排入洞内中心水沟或路侧边沟。

"截":对易于渗漏到隧道的地表水,应采用设置截(排)水沟,清除积水,填筑积水坑洼地,封闭渗漏点等措施。

"堵":针对隧道围岩有渗漏水地段,采用注浆、喷涂、堵水墙等方法,将地下水堵在围岩体内。

防、排、截、堵结合,就是因地制宜,综合考虑,适当选择治水方案,做到技术可行、费用经济、效果良好、保护环境。这要根据围岩的工程地质条件,地下水的水量大小及埋藏和补给条件,工程结构的设计使用要求,施工技术水平及环境保护要求等情况来选择确定。结合的另一层含义是:设计、施工、维修相结合,但以施工为主,充分结合现场实际,实行点面结合,将大面积渗漏水汇集为局部出水,进行有组织排水。应尽可能在施工中将水治理好，保护地下及地表水的自然环境，减少对水环境的破坏并尽量恢复其自然环境。

综合防排水体系如图 3-52 所示。

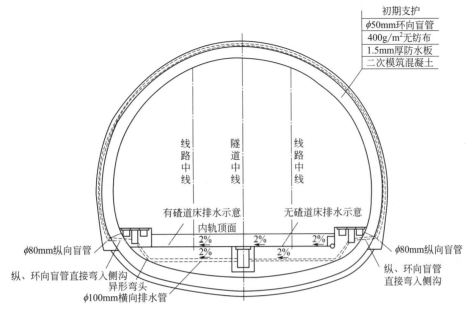

图 3-52　时速 160km 双线隧道综合防排水系统断面图

3.5.2　隧道"防水"体系

隧道防水体系主要包含喷射混凝土防水、专用防水层防水和衬砌混凝土防水三大部分，如图 3-53 所示。

3.5.2.1　喷射混凝土防水

采用新奥法设计与施工的隧道中喷射混凝土是常用的初期支护方式。基本作用是加固、支护围岩，而其防水功能得不到足够重视。事实上，喷射混凝土与隧道的防排水有着密切的关系。但由于受施工工艺的影响，喷射混凝土的密实度差、强度低，在围岩变形过程中容易产生大量的裂缝，因而其抗渗性也差，所以普遍工程中不考虑喷射混凝土的抗渗性。

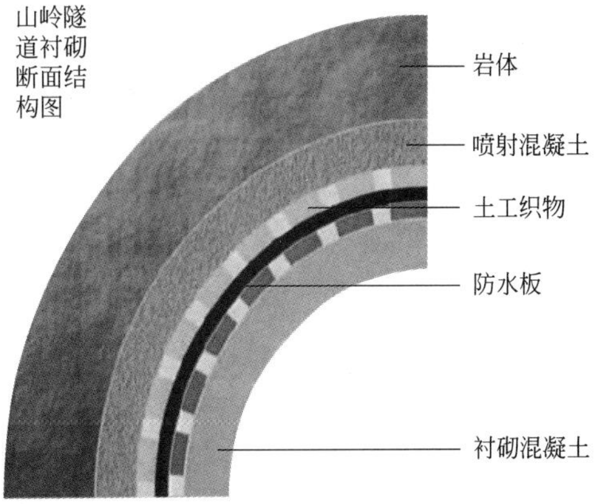

图 3-53　隧道防水体系

3.5.2.2　专用防水层防水

专用防水层由防水板及垫层等组成。可以将地层中的渗水阻隔于二次衬砌之外，避免水与二次衬砌的接触，防止地下水通过二次衬砌的薄弱环节深入隧道。

防水板多为合成高分子卷材，种类繁多。隧道用一般包括 LDPE、HDPE、PVC、EVA、ECB 等材料。厚度一般为 0.4~2.0mm，根据环境选用合适的厚度。防水板拼接方

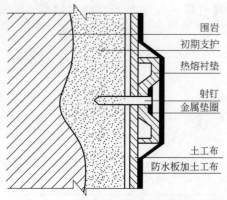

图 3-54 无钉热合敷设法示意图

式为双焊缝拼接，无钉铺设。

垫层通常采用土工布等土工织物形式，主要是保护防水板，免受尖锐物刺伤，同时充当渗水通道。

为防止防水板敷设时的损伤，一般采用无钉热合敷设法进行敷设。

无钉热合敷设法是指先将土工布、垫衬用机械方法敷设在喷射混凝土基面上，然后用"热合"方法将 EVA 或 LDPE 等卷材粘贴在固定垫衬的圆垫片上，从而保证防水板无损伤敷设。如图 3-54～图 3-56 所示。

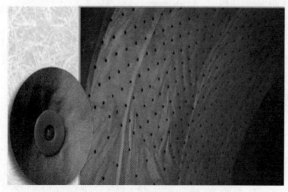

图 3-55 土工布与垫衬安装

图 3-56 铺设防水层

防水板焊接通常采用自动爬行热合焊机进行双缝焊接。构造如图 3-57 所示。

图 3-57 防水板双缝焊接

3.5.2.3 衬砌混凝土防水

衬砌混凝土防水也称结构自防水，它是隧道防水的最后一道防线，除要求采用防水混凝土、处理好施工缝外，还应满足以下要求：

① 一般地区抗渗等级不得小于 P6，平均气温低于 -15℃ 时抗渗等级不得小于 P8。

② 试件的抗渗等级应比设计要求提高 0.2MPa。

③ 防水混凝土结构应满足：衬砌厚度不小于 300mm；裂缝宽度应不大于 0.2mm，并不贯通；迎水面主筋保护层厚度不应小于 50mm。

衬砌混凝土防水材料主要有普通防水混凝土、外加剂防水混凝土、减水剂防水混凝土、膨胀水泥防水混凝土、密实剂防水混凝土五种形式。

普通防水混凝土指以控制水灰比，适当调整含砂率和水泥用量的方法来提高其密实性及抗渗性的一种混凝土。其配合比需经过抗压强度及抗渗性能试验后确定。在有冻害的地区或受侵蚀介质作用的地区应选择适应品种的水泥，并按有关要求严格施工。

外加剂防水混凝土系在混凝土中掺入适量的外加剂,如引气剂、减水剂或密实剂等,使其达到防水的要求,施工方便使用得当的话,能满足防水要求。引气剂防水混凝土加入了松香酸钠、松香热聚物等材料。前者在混凝土中产生的气泡数量多、均匀而细小、间距小、质量好,其抗渗等级可达 1.2MPa,抗冻性比普通混凝土提高 3 倍,抗侵蚀性和抗碳化能力亦有提高,但强度和弹性模量有所下降,须先做试验。

减水剂防水混凝土在工程中应用广泛,可增加混凝土密实性、提高抗渗能力和抗压强度。引气型减水剂混凝土的抗渗性能较好,非引气型强度较高,缓凝型减水剂可使混凝土缓凝 3~6h,促凝型早凝 1~2h,满足各种施工需要。

膨胀水泥防水混凝土用膨胀水泥配置的混凝土,其孔隙率减小,毛细孔径缩小,可提高抗渗性,用于隧道的拱墙接缝处效果明显。

密实剂防水混凝土中,氯化铁防水混凝土具有高密度、高抗渗性(1.2MPa 以上),抗压强度可比普通混凝土增加 13%~14%,并有早强作用。三乙醇胺防水混凝土具有抗渗和早强作用,其强度在前两天提高 60%,28 天提高 10%。两者都是较为理想的防水材料。

在隧道防水结构中,衬砌施工缝及变形缝是隧道的薄弱环节,据调查,95%的渗漏水与施工缝和变形缝有关。通常,隧道二次衬砌的施工缝、变形缝采取止水带或止水条等方式进行防水。

(1) 一、二次衬砌施工缝防水构造

① 止水带防水构造及要求。止水带品种较多,根据止水带在衬砌混凝土中的安装位置的不同,分为外贴式止水带、预埋式止水带、内贴式止水带三种;按照止水带的材料不同,有橡胶止水带、塑料止水带、沥青麻筋和膨胀橡胶止水条之分。

中埋式止水带,因构造简单、施工简便及质量可靠,使用较为普遍。外贴式塑料止水带一般与防水板组合使用,二次衬砌施工缝防水构造如图 3-58 所示。

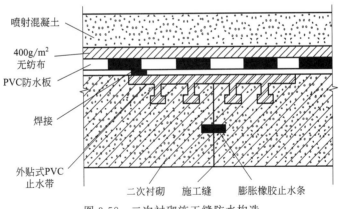

图 3-58 二次衬砌施工缝防水构造

中埋式橡胶止水带施工时,将加工的 ϕ10mm 钢筋卡由待模筑混凝土一侧向另一侧穿入,卡紧止水带一半,另一半止水带平结在挡头板内,待模筑混凝土凝固后弯曲 ϕ10mm 钢筋卡套上止水带,模筑下一循环混凝土。如图 3-59 所示。

背贴式橡胶止水带设置在衬砌结构施工缝、变形缝的外侧,施工时按设计要求先在需要安装止水带的位置放出安装线。如图 3-60 所示。

施工缝处设计有防水板的,如止水带材质与防水板相同,则采用热焊机将止水带固定在防水板上;如设计为橡胶止水带时,则采用黏结法将其与防水板黏结。

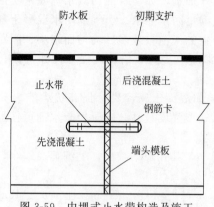

图 3-59 中埋式止水带构造及施工

图 3-60 背贴式止水带与防水板固定

② 止水条防水构造及要求。施工缝或变形缝若采用止水条时，其构造如图 3-61 所示。

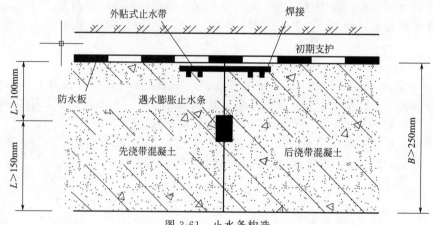

图 3-61 止水条构造

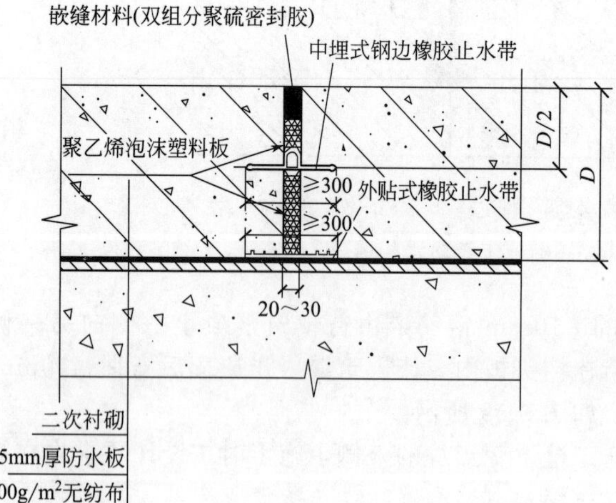

止水条安装应符合以下要求：

a. 遇水止水条应牢固地安装在缝表面或预留槽内。

b. 先将预留槽清洗干净，然后涂一层胶黏剂，将止水条嵌入槽内，并用钢钉固定。

c. 止水条连接应采用搭接方法，搭接长度大于 50mm，搭接头要用水泥钉钉牢；止水条应沿施工缝回路方向形成闭合回路，不得有断点。

（2）一、二次衬砌变形缝防水构造 二次衬砌变形缝通常采用外贴式止水带与止水带或止水条组合形式，并应在缝内填充聚乙烯泡沫塑料板等材料，并做好嵌缝处理。拱墙及仰拱变形缝防水构造如图 3-62～图 3-64 所示。

图 3-62 拱墙变形缝止水带防水构造

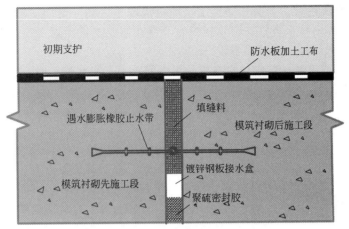

图 3-63 拱墙变形缝止水条防水构造

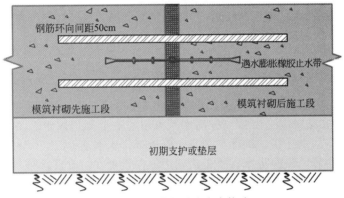

图 3-64 仰拱变形缝防水构造

3.5.3 隧道"排水"体系

隧道"排水"体系主要包括洞内排水和洞外排水两部分。

洞内排水设施包含纵向排水盲管、环向排水盲管、横向排水盲管以及排水沟等。而洞外排水设施包含洞顶截水沟以及路基排水沟等形式。

洞内排水系统中水的运移路径为：围岩→环向排水管→纵向排水管→横向排水管→中央排水管→洞外出水口。

隧道洞内排水常用做法为：隧道开挖后，每隔一定距离沿洞周环向敷设弹簧排水管，其直径为 5~10cm，应具有一定的柔性；又由于弹簧具有一定的刚度，无论管怎样变形，管径基本保持不变。弹簧排水管外面用玻璃纤维布包裹，具有滤水防堵功能。弹簧排水管下端与纵向排水盲管相连。纵向排水盲管有软管和硬管之分。软管与上述的弹簧排管构造相同，管径通常为 10cm 左右。硬管即建筑工程中常用的 PVC 排水管。为了使该管具有排水功能，又具有透水作用，使用时常在 PVC 管的上半部钻上小孔。为了充分利用纵向排水盲管，纵向盲管敷设时还带有一定的泄水坡度。纵向排水盲管每隔 10~20m 留有出水口，通过横向排水盲管与双边排水管或中央排水管相连，地下水经排水管集中排出。

(1) 环向排水盲管　环向排水盲管的作用是在岩面与初期支护喷射混凝土之间、初期支护喷射混凝土与防水板之间提供过水通道，并使之下渗汇集到纵向排水管。环向排水管的设置使地下水施工渗漏情况具有较大的灵活性，表现为：

① 当围岩渗水严重时，岩面与初期支护喷射混凝土之间、初期支护喷射混凝土与防水板之间都应当设置环向排水盲管；渗水较少时，只在初期支护喷射混凝土与防水板间设置；如果没有渗水或渗水极少，则可以不设。

② 当围岩渗水严重时，环向排水盲管的纵向间距小；渗水量少时，纵向间距加大。

目前，工程上使用的环向排水盲管通常为涂塑弹簧外裹玻璃纤维布或塑料布构成，称为弹簧排水管，直径5~8mm。检查弹簧管质量时，首先检查玻璃纤维布或塑料布是否套紧；其次检查弹簧涂塑层是否均匀，涂层有无老化；然后用直尺量测弹簧管的直径，检查是否与设计尺寸一致；最后从轴向和横向用力压弹簧管，观察其是否有较大的塑性变形，孔径是否有异常变化。

环向排水盲管构造如图3-65所示。

环向排水盲管安装应符合以下规定：

① 要按要求布设环向弹簧排水管，要保证基本间距，局部涌水量大时还应适当加大密度。

② 安装时弹簧排水管应尽量紧贴渗水岩壁，尽量减小地下水由围岩到弹簧排水管的阻力。

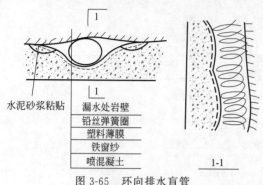

图3-65 环向排水盲管

③ 弹簧排水管布置时沿环向应尽量圆顺，尤其在拱顶部位不得起伏不平。

④ 弹簧排水管安装时应先用钢卡等固定，再用喷射混凝土固定。最后应检查弹簧排水管与下部纵向排水盲管的连接，确保弹簧排水管下部排水畅通。

（2）纵向排水盲管 纵向排水盲管是沿隧道纵向设置在衬砌底部外侧的透水盲管。常用为直径10cm的弹簧排水盲管或带孔软式透水管。它将环向排水管和防水板垫层排下的水汇集并通过横向排水管排除。纵向排水管应按一定的坡度安装，中间不得有凹陷、扭曲等，以防泥沙在这些位置淤积、堵塞排水管。如图3-66所示。

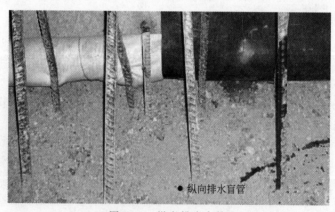

图3-66 纵向排水盲管

环向排水盲管与纵向排水盲管通过三通接头进行连接。其接头处构造如图3-67所示。

施工时应进行以下检查：

① 排水管材质及规格检查。塑料制品若保存不当极易发生老化，可目测管材的色泽和管身的变形；轻轻敲击观察管体是否变脆；用卡尺或钢尺量管径与管壁，检查其是否与设计要求相符。

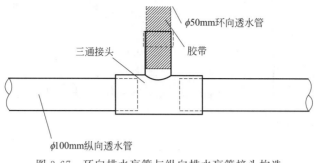

图 3-67 环向排水盲管与纵向排水盲管接头构造

② 管身透水孔检查。纵向排水盲管主要有两个作用，一是将环向排水管下流之水经纵向排水盲管排至横向排水管，二是将防水卷材阻挡之水经纵向排水盲管上部透水孔向管内渗流。为了实现这两种功能，盲管上的透水孔必须有一定的规格并保证有一定的间距，必须进行检查。

③ 定位安装检查。满足设计坡度要求，要用土工布包裹，防止泥沙进入，其与上下排水管应用三通连接，接头要联结牢靠，防止脱落，保证流水顺畅。

（3）横向排水盲管 横向排水盲管位于衬砌基础和路面的下部，布设方向与隧道轴线方向垂直，是连接纵向排水盲管与中央排水管的水力通道。横向排水管通常为硬质塑料管，施工中先在纵向排水盲管上预留接头，然后在路面施工前接长至中央排水管（图 3-68）。

图 3-68 边墙横向排水盲管

横向排水盲管的检查主要是接头应牢靠、密实，保证纵向排水盲管与中央排水管间水路畅通，严防接头处断裂，致使纵向排水盲管排出之水在路面下漫流，造成路面翻浆冒泥，严重影响行车安全，其次是在横向排水盲管上部应有一定的缓冲层，以免路面荷载直接对横向排水盲管施压，造成横向排水盲管破裂或变形，影响其正常的排水能力。

（4）排水沟 排水沟承接泄水孔或横向排水管排出的水，并将其排出隧道。除常年干燥无水的隧道以外，一般的隧道都应设置纵向排水沟，以便将渗漏到洞内的地表水和公路车道上或铁路道床内的积水顺着线路方向排出洞外。

隧道纵向排水沟，有单侧、双侧、中心式三种形式。除地下水量不大的中、短隧道可不设中心水沟外，一般情况下都建议设置中心水沟，它除了能引排衬砌背后的地下水外，还可有效地疏导路面底部的积水。而路侧边沟的作用主要是排除路面污水，其形式有明沟与暗沟两种。如图 3-69、图 3-70 所示。

铁路隧道排水沟构造及形式要求如下：

a. 铁路单线隧道沟底纵坡宜与线路纵坡一致，一般不得小于 3‰，特殊情况下，不得小

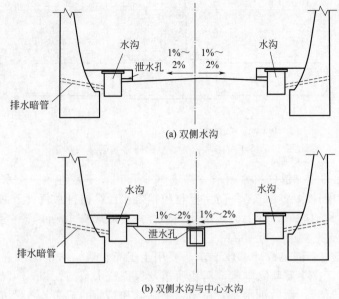

图 3-69 水沟基本形式

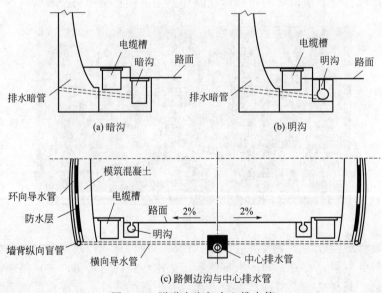

图 3-70 隧道水沟与中心排水管

于1‰,隧底横向排水坡不应小于2‰,宜优先设置双侧水沟。只有在短隧道中,且地下水量小并铺设碎石道床时,才考虑设置单侧水沟。单侧水沟应设在来水的一侧,如为曲线隧道,则应设在曲线的内侧。

b. 双线隧道宜在两侧及中心分别设置水沟,并不得单独采用中心水沟。如果是双线特长、长隧道,则必须同时设置双侧水沟和中心水沟。双侧水沟隔一定距离应设一横向联络沟,以平衡不均匀的水流量。

公路隧道排水沟构造及形式要求如下:

a. 公路隧道除了要排走衬砌后面的地下水外,还要排走道路清洁冲洗后的废水和下雨时汽车带进来的雨水。水沟一般设于靠车道一侧,而电缆槽设于另一侧,衬砌背后的地下水则由排水暗管排入水沟。

b. 排水沟的断面按排水量计算确定,但一般沟底宽不应小于 40cm,沟深不应小于 35cm。为保持沟深不变,沟底纵向坡度宜与线路坡度一致,不得已时,沟底纵坡也不应小于 1‰。道床底面的横坡不应小于 2%,不大于 3%。

c. 隧道内纵向排水沟沟身均采用混凝土就地模筑。水沟上面设有预制的钢筋混凝土盖板,平时成为人行道。盖板顶面应与避车洞底面平齐。排水沟在一定长度上应设检查井,以便随时清理残渣。

d. 在严寒、高寒地区的隧道中,需特别设计保温隔热层等防冻设施,以保证水流不冻,防止因流水冻结而堵死沟身,或因结冰影响行车安全,或因冻融作用破坏衬砌。

3.5.4 隧道"截水"体系

"截"水是指截断地表水和地下水流入隧道的通路。

隧道截水通常是在洞外设置截水导流沟、泄水洞以及井点降水等设施,以拦截地表水或降低地下水位,提高隧道防排水功能。如图 3-71 所示。

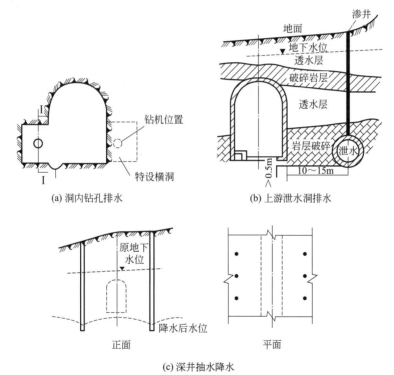

图 3-71 隧道截水措施示意图

截水导流沟和泄水洞完成后即可自行永久发挥作用,而洞外井点降水,则需用水泵抽水,因此它只能解决浅埋隧道在施工期间的降水问题。当隧道埋深较大时,可在洞内设井点降水,以解决洞内局部区段的降水问题。此外辅助坑道中的平行导坑、横洞、斜井、竖井均可以作为泄水洞。

隧道截水体系要求如下:

① 在洞口仰坡外缘 5m 以外,设置天沟,并加以铺砌。当岩石外露、地面坡度较陡时可不设天沟。仰坡上可种植草皮、喷抹灰浆或加以铺砌。

② 对洞顶天然沟槽加以整治，使山洪宣泄畅通。

③ 对洞顶地表的陷穴、深坑加以回填，对裂缝进行堵塞。

④ 在地表水上游设截水导流沟，地下水上游设导坑、泄水洞，洞外井点降水或洞内井点降水。

3.5.5 隧道"堵水"体系

常用堵水措施有：喷射混凝土堵水，塑料板堵水，混凝土衬砌堵水。当水量大、压力大时，则可采取注浆堵水，注浆既可以堵水也可以起到加固围岩的作用。

应当注意的是，绝对堵死地下水是很困难的，因此要求在设计和施作堵水设施时，就要充分考虑到排水的组织，做到堵排结合，边排边堵。

常用的隧道堵水措施主要有喷射混凝土堵水和注浆堵水等。

（1）喷射混凝土堵水　当围岩有大面积裂隙渗水，且水量、压力较小时，可结合初期支护采用喷射混凝土堵水。但应注意此时需加大速凝剂用量，进行连续喷射，且在主裂隙处不喷射混凝土，使水流能集中于主裂隙流入盲沟，通过盲沟排出。

（2）注浆堵水　隧道施工过程中，若隧道局部渗水严重，可能造成施工困难，且影响隧道安全。因此，常采用钻孔并注水泥浆或水玻璃等措施进行注浆堵水。为实现快速注浆堵水，要求浆液尽量缩短胶凝时间。

3.6 隧道超前预支护类型及构造认知

隧道超前预支护技术在破碎或松散地层、自稳能力差的隧道施工中被广泛采用。所谓的超前预支护，就是隧道开挖之前，在掌子面前方的自然地层设置一个像拱壳的连续体，使其既加固掌子面前方的自然地层，同时利用初期支护又保持自然地层的特性，从而保证掌子面及地层的稳定，减少地表沉降。早期的隧道施工，预支护的形式主要为打插钢板、木板或型钢，即所谓的插板法。现代常用的超前预支护方法有超前锚杆、超前小导管、水平旋喷注浆、机械预切槽法和超前管棚法。以下主要对超前锚杆、超前小导管及管棚进行重点介绍。

3.6.1 超前锚杆概念及构造

超前锚杆是指沿开挖轮廓线，以一定的外插角，向开挖面前方钻孔安装锚杆，形成对前方围岩的预锚固，在提前形成的围岩锚固圈的保护下进行开挖等作业。如图 3-72 所示。

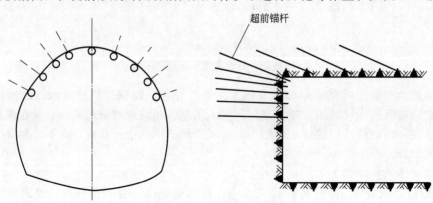

图 3-72　超前锚杆示意图

超前锚杆性能如下：

① 柔性较大，整体刚度较小。

② 主要适用于地下水较少的破碎、软弱围岩隧道工程。如：裂隙发育的岩体、断层破碎带、浅埋无显著偏压的隧道。

③ 采用风枪、凿岩机或专用的锚杆台车钻孔，用锚固剂或砂浆锚固，其工艺简单、工效高。

超前锚杆的构造要求如下：

① 超前锚杆的安装必须作为开挖循环的一个组成部分来完成，旨在起到超前预支护及加固岩体的作用。

② 超前锚杆的设置充分考虑岩体的结构面特性和围岩地质情况。

③ 超前锚杆的超前长度为循环进尺的3~5倍，宜采用3~5m长，环向间距采用0.3~1.0m，外插角宜用10°~30°，搭接长度宜为超前长度的40%~60%，即大致形成双层或双排锚杆。

④ 超前锚杆宜用早强砂浆全黏结式锚杆。锚杆材料可用不小于$\phi22mm$的螺纹钢筋。

⑤ 超前锚杆尾端一般焊接在钢拱架上，以增强共同支护作用。

3.6.2 超前小导管概念及构造

(1) 超前小导管概念及特点　超前小导管与超前锚杆所不同的是将钢筋杆体改为空心钢管，通常管径36~50mm，管壁预留注浆孔，管口止浆封面后，注入水泥浆。压力注浆渗透扩散管周较大的砂土体。管周注浆固结体形成一定厚度的隧道加固圈后，实现超前支护的目的。

该方法工艺简单，造价低，特别是在砂、土质松软地层中，应用十分广泛。但因其一次施作距离短，预支护刚度小，在地层压力大、地层位移控制要求严时，也限制了它的应用。

其特点主要体现在以下几个方面：

① 超前小导管施工简易，应急速度快，比超前锚杆支护能力大；

② 比管棚简单易行、灵活、经济、施工速度快，但支护能力较弱；

③ 格栅内空间被喷射混凝土充填，其表面被覆盖，所形成的初期支护具有较强的承载能力，并有一定的防水性能；

④ 与围岩紧密黏结，形成一个刚度较接近的共同变形体，易形成有效的压力拱，使隧道结构受力条件趋于合理。

(2) 超前小导管布置及安装要求　超前小导管布置（图3-73）及安装要求如下：

① 小导管钻孔安装前，应对开挖面及5m范围内的坑道喷射5~10cm厚的混凝土封闭；

② 导管一般采用$\phi32mm$的焊接管或$\phi40mm$的无缝管，长度3~6m，前端做成尖锥形，超前小导管构造见图3-74；

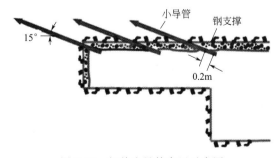

图3-73　超前小导管布置示意图

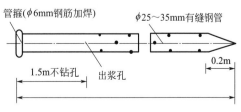

图3-74　超前小导管构造

③ 钻孔直径较管径大 35mm 以上，环向间距采用 35~50cm，外插角 3°~15°。

(3) 超前小导管注浆要求

① 注浆材料及适用条件。不同注浆材料的适用条件如下：

a. 断层破碎带及砂卵石地层，裂隙宽度（或粒径）大于 1mm 或渗透系数大于 5×10^{-4} m/s 时，应采用来源广、价格便宜的注浆材料；

b. 一般无水松散地层优选单液水泥浆；

c. 无水强渗透地层，优选水泥-水玻璃双液浆；

d. 断层带，裂隙宽度（或粒径）大于 1mm 或渗透系数大于 1×10^{-4} m/s 时，应优选水玻璃类或木胺类浆液；

e. 细、粉砂层，细小裂隙岩层及断层弱透水地层，选渗透性好、低毒及遇水膨胀的化学浆液，如聚氨酯类或超细水泥类；

f. 不透水黏土地层，选水泥浆或水泥-水玻璃双液浆，用高压劈裂注浆。

② 注浆材料配比。水泥浆的水灰比为 (0.5∶1)~(1∶1)，为缩短凝结时间需加入速凝剂。水泥-水玻璃中水泥浆的水灰比为 (0.5∶1)~(1∶1)，水玻璃浓度 25~40°Bé，水泥与水玻璃体积比为 (1∶1)~(1∶0.3)。

③ 注浆要求。利用小导管注浆时，设计和施工中应满足以下要求：

a. 注浆设备良好，工作压力满足压力要求，并进行现场试运转。

b. 注浆压力一般为 0.5~1.0MPa。

c. 要求单管注浆扩散到管周 0.5~1.0m 的半径范围。

d. 注浆效果检查：钻孔检查或超声波探测。

e. 注浆后开挖时间：水泥-水玻璃浆 4h，水泥浆 8h。

f. 开挖长度应保留一定长度的止浆墙。

3.6.3 管棚概念及构造

(1) 管棚概念及特点　管棚就是把一组钢管沿开挖轮廓外已钻好的孔中打入地层内，并与钢拱架组合形成强大的棚架预支护加固体系，支承来自管棚上部的荷载，通过钢管的梅花形布置的注浆孔加压向地层中注浆，以加固软弱破碎的地层，提高地层的自稳能力。如图 3-75 所示。

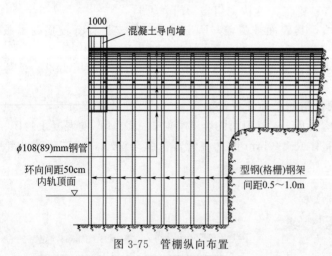

图 3-75　管棚纵向布置

管棚注浆是一种长距离超前支护方法，超前距离长、刚度较大，适用于掌子面不能自稳、含水的地层，控制地表沉降、防渗止水的效果较好，施工工艺要求较高。如将管棚注浆与小导管补充注浆法结合，除具有大管棚的特点外，能够防止管棚下方三角土体的塌落，这种长短结合的预支护效果更为理想。

管棚支护的作用主要体现在以下几个方面：

① 梁拱效应。先行施设的管棚，以掌子面和后方支撑为支点，形成一个梁式结构，两者构成环绕隧洞轮廓的壳状结构，可有效抑制围岩松动和垮塌。

② 加固效应。注浆浆液经管壁孔压入围岩裂隙中,使松散岩体胶结、固结,从而改善了软弱围岩的物理力学性质,增强了围岩的自承能力,达到加固钢管周边软弱围岩的目的。

③ 环槽效应。掌子面爆破产生的爆炸冲击波传播和爆生气体扩展遇管棚密集环形孔槽后被反射、吸收或绕射,大大降低了反向拉伸波所造成的围岩破坏程度及扰动范围。

④ 确保施工安全。管棚支护刚度较大,施工时如发生塌方,塌碴也是落在管棚上部岩碴上,起到缓冲作用,即使管棚失稳,其破坏也较缓慢。

与超前锚杆和超前注浆小导管相比,管棚的特点主要体现在其整体刚度大,对围岩变形的限制能力较强,且能提前承受早期围岩压力。特别适用于围岩压力来得快、来得大,或对围岩变形及地表下沉有较严格限制要求的软弱破碎围岩隧道工程中。

(2) 管棚构造要求 管棚构造上主要包括钢管直径、长度、环向间距、外插角、水平搭接长度等参数。当需要增大钢管的强度和刚度时,可在管内设置钢筋笼而后用水泥砂浆填充。我国《铁路隧道施工规范》规定:管棚用钢管直径宜为70～127mm;钢管中心间距宜为管径的2～3倍;管棚长度应根据地层情况选用,不宜小于10m;纵向两组管棚的搭接长度应大于3m。管棚支护参数可按工程类比法确定,并在施工中根据实际情况调整。

① 管径、长度及环向间距等构造要求。管棚钢管直径范围一般为32～180mm,可将管棚支护按管径分为小管棚、中管棚、大管棚。小管棚管径范围一般为32～50mm,多采用管径为42mm的钢管,管长以3.5～5m为宜,环向间距一般取0.3～0.4m,水平搭接长度1～1.5m。中管棚管径范围一般为50～89mm,管长一般不超过20m,环向间距一般取0.3～0.4m,水平搭接长度1～2m。大管棚一般可选用$\phi 89\sim 159$mm的钢管,常用管径108mm,管长以不超过40m为宜,钢管一般分节长4m或6m,以丝扣连接,丝扣长不小于150mm,环向间距一般不大于3～5倍管径为宜。

管棚需要接长时,其接头采用丝扣连接,构造如图3-76所示。

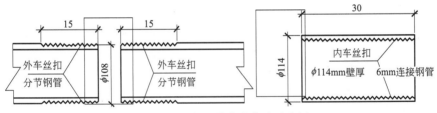

图3-76 钢管连接接头构造示意图

② 外插角要求。管棚外插角度过小,将可能导致管棚远端下垂至隧道开挖幅员内影响后期施工;相反,角度过大,管棚离开挖幅员距离过大,管棚下方的三角土体坍塌给洞身开挖支护带来很大困难,还应根据管棚钻机工作室空间大小,以及钻杆长度等情况综合考虑确定。小管棚外插角常取5°～15°,中管棚常取2°～8°,长管棚多取1°～3°。钢拱架支撑一般用工字钢,或工字钢与格栅钢架间隔使用,间距一般不大于1m,特殊情况下需加密。

(3) 管棚布置形式 根据地形地质以及荷载情况不同,通常管棚可布置成如下几种形式:

① 扇形布置。用于隧道断面内地层比较稳定,但拱部附近地层不稳定的场合。如图3-77所示。

② 半圆形布置。用于隧道下半部地层是稳定的,但起拱线以上的地层不稳定的场合。此外,即使地层比较稳定,但地表周围有结构物、埋深很浅时也多采用此种布置形式。如图3-78所示。

③ 门形布置。隧道除底部外,布置成半圆、侧壁的门形。用于隧道基础是稳定的,断面内地层及上部地层不稳定的场合。如图3-79所示。

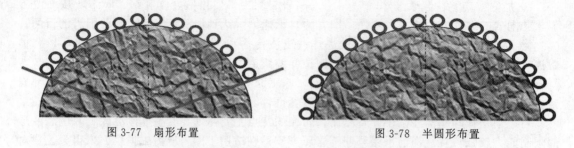

图 3-77 扇形布置　　　　　图 3-78 半圆形布置

④ 全周布置。用于软弱地层或膨胀性、挤出性围岩等极差的场合。如图 3-80 所示。

 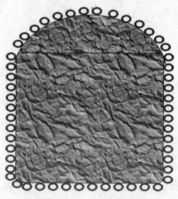

图 3-79 门形布置　　　　　图 3-80 全周布置

⑤ 上部一侧布置。隧道一侧有公路、铁路、重要结构物、需防护或斜坡地形可能形成偏压时采用。如图 3-81 所示。

⑥ 双层布置。用于隧道上部有重要设施，拱部地层是坍塌性、不稳定的或地铁车站等大断面隧道施工或突破河海底段施工场合。如图 3-82 所示。

 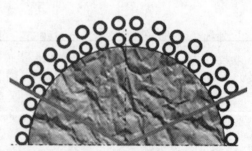

图 3-81 一侧布置　　　　　图 3-82 双层布置

⑦ 一字形布置。在铁路、公路正下方施工或在某些结构物下方施工时采用。如图 3-83 所示。

(4) 管棚设计及施工要求　管棚设计及施工要求如下：

① 钢架应安装稳固；钢管应从工字钢腹板圆孔穿过，或穿过花钢拱架；钻孔方向应用侧斜仪检查控制，钢管不得侵入开挖轮廓线。

图 3-83　一字形布置

② 第一节钢管前端要加工成尖锥状,以利于导向插入。
③ 长钢管应用 3~6m 的管节逐段接长,钢管接头应纵向错开。
④ 当需增加管棚刚度时,可在安装好的钢管内注入水泥砂浆。
⑤ 水泥砂浆应用牛角泵或其他能满足要求的设备灌注。
⑥ 钻孔时如出现卡钻或坍孔,应注浆后再钻,有些土质地层则可直接将钢管顶入。

思考题

1. 隧道洞门形式有哪些？简述各自的适用条件。
2. 简述隧道洞门构造设计及施工要求。
3. 明洞类型有哪些？简述各自的适用条件。
4. 简述明洞的构造设计及施工要求。
5. 简述初期支护的组成部分及各自构造要求。
6. 简述隧道防水构造。
7. 简述隧道施工缝、变形缝防水构造。
8. 简述超前支护形式及构造要求。

学习情境4　隧道洞口施工

【情境描述】

隧道洞口段是指隧道洞口暗挖进洞一定长度段，覆盖层厚度小于 2 倍毛洞开挖宽度的洞口地段，如图 4-1 所示。H 为深浅埋分界处覆盖层厚度，约为 2 倍隧道开挖跨度。

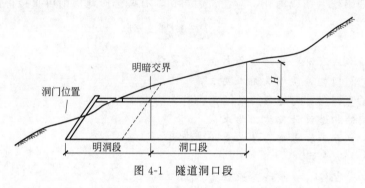

图 4-1　隧道洞口段

洞口地段是隧道的咽喉，该地段地形地质均对隧道施工不利。其特点为：洞口地段地层一般较破碎，多属堆积、坡积、严重风化或节理裂隙发育的松软岩层，稳定性较差；当岩层层面坡度与洞门主墙开挖坡度一致时，容易产生纵向推滑力；洞口附近山体覆盖层较薄，一旦塌方可能塌穿到地表面；若隧道处于沟谷一侧或傍山时，通常会产生侧向压力。

洞口段围岩一般埋深较小，多数伴有地形偏压、表层软弱堆积物、风化带等特征，难以形成承载拱，对隧道开挖带来很大影响。常出现下沉急剧增大、地表开裂、掌子面不稳等现象。所以洞口段施工应坚持十八字方针："管超前、严注浆、短进尺、强支护、早封闭、勤量测"。

隧道洞口段施工应按"先排水、再进洞，统筹安排，减少干扰"的原则进行。隧道开工前对洞口位置及安全进洞现场研究确定，做好洞口范围的排水，边仰坡率可视实际开挖稳定情况酌情调整，在能保证边仰坡稳定的情况下，以尽量少挖为原则，严禁洞口大开挖、大刷坡，防止滑坡及坍塌，以策安全进洞。

隧道洞口段施工顺序为：测量放线→洞顶截水沟施工→边仰坡开挖及防护→套拱、大管棚施作。

【教学目标】

1. 能力目标

① 能组织洞口段截排水工程施工。

② 能组织洞口段边仰坡开挖及防护工程施工。

③ 能组织洞口段套拱施工。
④ 能组织洞口段超前管棚施工。
2．知识目标
① 掌握洞口段截排水工程规定及施工要求。
② 掌握边仰坡开挖及防护工程施工要求。
③ 掌握套拱施工过程及要求。
④ 掌握超前管棚的施工过程。

【案例引入】

某隧道洞口段专项施工组织设计。

4.1　洞口截排水工程施工

洞口截排水工程应符合以下规定：

① 边坡、仰坡外的截水沟、排水沟应结合实际地形地势，在洞口开挖前施工完成，并形成有效的排水系统。

② 施工期间洞口应设渗水盲沟或加设盖板的明沟，与两侧排水沟相连，将水排出。

③ 洞门两侧的边沟应与自然排水系统相连，形成综合排水系统。

洞顶截水沟施工顺序为：测量放样、边沟开挖、夯实平整沟底、沟底铺砌、沟身砌筑。

洞顶截水沟一般采用 M7.5 浆砌片石施作，置于开挖线外侧 5m 左右。截水沟采用人工开挖，局部石方采用风镐或钢钎凿除。根据地形气候等情况，截水沟应及时安排在边仰坡开挖前进行。当开挖至设计深度时，应将沟槽基底夯拍平顺、整齐、无倒坡。沟底铺筑 5cm 厚的砂砾垫层，沟底、沟身采用 M7.5 浆砌片石砌筑，沟底预留 2~3cm 厚，用高标号砂浆抹平，确保沟平顺，沟身勾缝为凹缝。洞顶截水一般每隔 10~15m 设置一道伸缩缝，缝宽 2cm，缝内填沥青防水材料。

洞顶截水沟施工基本要求如下：

① 砌体砂浆采用重量的比用称计量，以确保配合比的准确性，砌缝内砂浆均匀饱满，勾缝密实。

② 浆砌片（块）石、混凝土预制块的质量和规格应符合设计要求。

③ 基底伸缩缝应与沟身伸缩缝对齐。

④ 截水沟砌筑应采用坐浆法施工，沟底和沟身砌筑要求挂线施工，抹面应平整、压光、直顺，不得有裂缝、空鼓现象。

4.2　边仰坡开挖及防护

边仰坡开挖应结合洞口相邻工程及场地布置统筹规划，边仰坡施工应避开雨季或雨季前完成施工，开挖应由上至下开挖。边坡开挖应尽量使用机械加人工开挖，需要爆破施工时宜采用浅孔小台阶弱爆破方法进行。尽量减缓仰坡坡度，以减小仰坡滑动力。

目前隧道洞口边坡加固多采用锚网喷结构。当洞口位于软弱、松散地层或堆积层时应按"先加固、预支护、后开挖"的原则施工。对松散地层、堆积层、断层破碎带、砂砾（卵）土、砂土地层应采用地表预注浆加固措施加固；对地下水丰富或水位较高的地层应进行注浆止水，不宜注浆止水的应进行井点降水；对洞口处于滑坡体的应进行永久防滑如抗滑桩、锚索桩及锚索（杆）框架梁等加固措施。

4.3 套拱施工

采用套拱施工工艺进洞时,其具体做法如下:
(1) 施工准备
① 材料、设备准备
a. 施工所需材料经验收后运送到现场。通常需要准备18号工字钢3~4榀,侧模采用竹胶板,底模和顶模板采用3cm厚木板,导向管根据设计要求准备若干根,单根长度为导向墙厚度。此外还需准备连接钢筋、拉筋若干。
b. 各种施工所需的机械设备配备到位,并经过验收合格。
② 技术准备
a. 熟悉施工图纸,并完成施工方案和技术交底。
b. 管理人员安排到位,经技术人员交底,熟悉各工序施工方法。

c. 施工班组经技术人员交底和培训。
d. 技术人员现场测量放样,并指导现场各工序施工。
(2) 洞门处掌子面刷坡(图4-2)
① 洞门处边仰坡开挖支护完成之后,可以进行洞门处掌子面刷坡。
② 根据技术人员测量放线要求,开口线为隧道洞口明暗交界处。
③ 洞口刷坡尽量垂直,并清除坡面松散土。
④ 刷坡时注意预留核心土,方便以后施工,核心土高度可根据现场实际情况定。

图4-2 刷坡预留核心土

(3) 左右两侧拱脚开挖
① 按照放线要求,并根据图纸尺寸,保证两侧拱脚基坑尺寸。
② 开挖过程中应对核心土进行修整,使核心土外轮廓基本为弧形,方便后期施工。
③ 导向墙拱脚基础一般为扩大基础,承载力符合设计要求。
(4) 拱脚基础承载力检测
① 根据图纸要求,对拱脚基础承载力进行检测。
② 对承载力不符合要求的进行处理。
③ 根据实践经验,现场可采用几根工字钢竖向打入土体,并采用加大拱脚、扩大基础尺寸等方法进行处理。依据现场情况,采用合适的方法。
(5) 底层工字钢拼装(图4-3)
① 底层工字钢每榀的间距为50cm,各榀间焊接环向间距为1m的ϕ20mm

图4-3 底层工字钢拼装

钢筋。工字钢连接采用连接钢板通过螺栓对接,钢板间连接要求紧密。

② 底层工字钢加工尺寸应根据导向墙标高和预留沉降量等方面进行制作。

③ 支撑工字钢两端应落在坚实的基础之上。

(6) 底层模板安装(图 4-4)

① 底模可采用 3cm 的木模板。木模板均采用短模板,根据实际长度现场制作。

② 模板安装注意端头和仰坡面应紧密相连,模板之间的连接应紧密。

③ 底面模板通过铁丝与底层支护钢架连接。

(7) 导向墙内工字钢拼装

① 导向墙内工字钢通常采用型号为 18 的三榀工字钢。工字钢之间纵向使用 φ20mm 的钢筋连接,环向每隔 1m 连接工字钢,连接钢架纵向错开。

图 4-4　导向墙底层模板安装

② 墙内工字钢安装之前应进行试拼,安装完成后应检查其位置和垂直度。

③ 工字钢加工尺寸满足交底要求。

(8) 导向管安装(图 4-5 和图 4-6)

图 4-5　安装导向管

图 4-6　导向管固定

① 导向管通常采用热轧无缝钢管,布管的环向间距 40cm。

② 布管的时候应注意预留仰角,要做到仰角 1°～3°,钢管可采用 φ12mm 的 U 形钢筋固定,U 形钢筋焊接在工字钢上。

③ 导向管靠近侧模处采用尼龙编织袋等对孔口进行封堵,方便后期施工。

(9) 侧模安装(图 4-7)

① 侧模采用 15mm 竹胶板,根据现场情况裁剪出合适尺寸,保证导向墙厚度。

② 侧模采用拉结钢筋进行加固,拉结钢筋端头直接锚在仰坡面之上。

③ 侧模安装要求在同一竖直面之上。

(10) 顶面模板安装(图 4-8)

① 导向墙顶面模板同底模模板一样,采用 3cm 厚的木板。

图 4-7 侧模安装

② 模板端头与仰坡面紧密相连，模板之间应连接紧密。
③ 顶层模板安装过程中应注意预留浇筑孔道。
(11) 混凝土浇筑（图 4-9）

图 4-8 顶面模板安装　　　　　图 4-9 混凝土浇筑

① 混凝土标号应满足设计图纸要求。
② 混凝土浇筑过程中应注意左右两侧对称浇筑，左右高差一般不能超过 1m。
③ 浇筑到预留孔处时，及时对该处孔进行封堵，并确保不漏浆。
④ 浇筑过程要循序渐进，浇筑速度要进行严格控制，防止出现爆模等意外情况。
⑤ 根据现场，拱脚基础和导向墙墙身可以分开浇筑，也可以同步浇筑。
(12) 混凝土拆模养护（图 4-10 和图 4-11）

图 4-10 混凝土拆模　　　　　图 4-11 混凝土养护

① 导向墙是项目外露的面子工程，在拆模过程中应把握好时机，保证拆模过程中不缺棱掉角。

② 拆模后发现有瑕疵的混凝土面要及时进行装修和修补。
③ 混凝土养护应按照要求及时进行覆盖浇水，确保混凝土强度。

4.4 施作超前管棚

管棚法常应用于隧道工程中，特别是洞口位置处，围岩多风化破碎，岩质较差，为保证其进洞安全，常采用管棚作为超前支护。管棚法作为一种重要的暗挖施工法在日本、美国及欧洲各国被广泛采用。

管棚在实际工程中起简支梁作用，两端的支撑梁便是简支梁的弹性支撑，上覆地层的变形主要包括管棚的挠曲变形量和端头支撑梁的变形两部分。在日本和韩国该方法应用于隧道穿越既有铁路线或公路线，这样可以控制隧道开挖对既有线路产生的不良影响。

管棚支护结构，一般按松弛荷载理论进行设计。钢管采用内注水泥浆、化学浆液或细石混凝土、劲性骨架来增加钢管刚度。根据围岩地质条件和施工条件进行力学计算。钢管直径多选用 80~180mm，钢管中心距离一般为 30~50cm。钢管长度视软弱破碎围岩的厚度而定，一般为 10~45m。钢管以较小的仰角沿岩面打入，形成了一个梁结构来承担围岩的压力。

在隧道进洞施工过程中，当套拱施作完毕后，即可进行管棚施工。

(1) 钻孔及清孔

① 搭建钻机平台。钻机平台可用钢管脚手架搭设，搭设平台应一次性搭好，钻孔由 1~2 台钻机由高孔位向低孔位进行。

平台要支撑于稳固的地基上，如现场条件不足，可用挖掘机土石回填作业平台基础或搭设脚手架平台，脚手架连接必须要牢固、稳定，防止在施钻时钻机产生不均匀下沉、摆动、位移而影响钻孔质量。

② 钻机就位（图 4-12）。钻机要求与已设定好的孔口管方向平行，必须精确核定钻机位置。用经纬仪、挂线、钻杆导向相结合的方法，反复调整，确保钻机钻杆轴线与孔口管轴线相吻合。

③ 成孔。

a. 根据导向墙中预埋的钢套管作为导向管进行钻孔。掌子面必须按要求先喷一层素混凝土作为止浆墙，以确保掌子面在进行压力注浆时不出现漏浆、坍塌。

图 4-12 钻机就位

b. 钻孔前先检查钻机机械状况是否正常；钻孔时根据情况确定是否加泥浆或水泥浆钻进，当钻至砂层易塌孔时，应加泥浆护壁方可继续钻进；如不能成孔时，可加套筒或将钻头直接焊接在钢管前端钻进。

c. 钻孔速度应保持匀速，特别是钻头遇到夹泥夹砂层时，应控制钻进速度，避免发生夹钻现象。

d. 开孔时钻速要慢，压力要小，根据地层及钻进情况随时调整钻压及钻速以保证成孔精度。钻进中，如遇异常，应立即停钻，查明原因。

e. 施钻时，钻机大臂必须顶紧在掌子面上，以防止过大颤动，提高施钻精度。

f. 钻机开孔时钻速宜低，钻深 20cm 后转入正常钻速。第一节钻杆钻入岩层尾部剩余 20～30cm 时钻进停止，用两把管钳人工卡紧钻杆（注意不得卡丝扣），钻机低速反转，脱开钻杆。钻机沿导轨退回原位，人工装入第二根钻杆，并在钻杆前端安装好连接套，钻机低速送至第一根钻杆尾部，方向对准后连接成一体。

g. 施工技术人员认真做好钻进过程的各种原始记录及相关影像资料的收集，包括钻进时间、钻进过程中发生的各种现象、钻孔孔口岩屑等，以便于进行工程地质判断、描述，作为后期洞身开挖的地质预探预报和指导洞身开挖的依据。

④ 清孔。钻孔完毕后用 φ108mm 岩芯管进行扫孔，目的是清除孔内岩碴和顺通孔道。岩芯管长度可根据孔深进行确定。如遇下管困难，连续扫孔几次，同时借助高压空气吹洗，直到孔内清扫干净。

（2）安插钢管（图 4-13 和图 4-14）

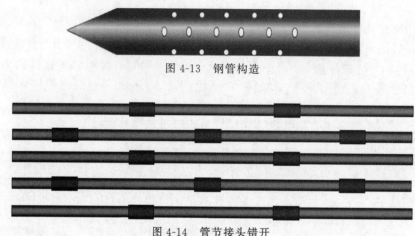

图 4-13 钢管构造

图 4-14 管节接头错开

① 钻孔完成后及时安设管棚钢管，避免出现塌孔。

② 钻孔完成后用高压水清孔并进行钢管顶进作业，每孔内的第一根钢管前端做成锥状，以防管头堵塞、顶弯或劈裂；管棚管节加工成 4～6m/节，下管时注意相邻孔内的管接头前后错开，避免接头在同一断面受力；管节间采用 φ121mm（壁厚 6mm，长 40cm）联结钢管连接。

③ 推进钢管时推进压力控制在 4.0～6.0MPa，低速推进。

④ 导管内安装由 4 根 φ18mm 钢筋和固定环组成的钢筋笼以提高导管抗弯性能。固定环间距 1m，注浆排气管可固定于钢筋笼内侧一起安装。

⑤ 及时将钢管与钻孔壁间缝隙填塞密实，在钢管外露端焊上法兰盘、止浆阀，并检查焊接强度和密实度。

（3）注浆（图 4-15）

① 注浆前先检查管路和机械状况，确认正常后做压浆实验，确定合理的注浆参数，据以施工。

② 注浆过程中随时检查孔口、邻孔、覆盖层较薄部位有无串浆现象，如发生串浆，应立即停止注浆或采用间歇式注浆封堵串浆口，也可采用麻纱、木楔、快硬性水泥砂浆或锚固剂封堵，直至不再串浆时再继续注浆。注浆过程中压力如突然升高，可能发生堵管，应停机检查。

③ 注浆压力达到 1.5～2.0MPa，并稳压 10min 以上，可停止注浆，并及时封堵注浆口。

图 4-15 注浆

④ 注浆过程应派专人负责，填写"注浆记录表"，记录注浆时间、浆液消耗量及注浆压力等数据，观察压力表值，监控连通装置，避免因压力猛增而发生异常情况。

⑤ 注浆完毕用铁锤敲击钢管，如响亮清脆，说明浆液未填充满，需采取补注或重注；如响声低哑，则说明浆液已填充满钢管。

思考题

1. 简述套拱施工工艺过程。
2. 简述超前大管棚施工工艺过程。

学习情境5　隧道明洞施工

【情境描述】

隧道明洞是隧道工程中的主要受力结构，属于永久性工程。明洞施工在质量上要求较高，为控制好各个环节，保证明洞的施工质量，施工中应严格按照设计图纸进行，并注意做好明洞的防排水设施。

明洞工程内容包括明洞土石方开挖、排水系统、明洞、坡面防护、挡墙以及洞口的辅助工程等的施工及其他有关作业。洞口与明洞工程应按照隧道施工组织设计的顺序安排，按图纸要求先施工完成，以减少干扰，并保证安全，为加速隧道施工创造条件。

明洞工程的设计和施工应符合以下要求：

① 明洞边坡开挖应根据设计要求采取岩土体加固措施。明洞衬砌施工应仰拱先行、拱墙整体浇筑。

② 明洞石质开挖应防止爆破影响边坡稳定。

③ 明洞边墙地基承载力应满足设计要求。边墙基础混凝土灌注前应排除坑内积水，完成后应及时回填。

④ 明洞衬砌与暗洞衬砌应连接良好。

⑤ 明洞拱圈外模拆除后，应及时按设计做好防水层及纵向盲沟，保证排水通畅。

⑥ 明洞拱圈混凝土达到设计强度后由人工夯实回填至拱顶1m，方可采用机械回填。

明洞施工工艺流程如图5-1所示。

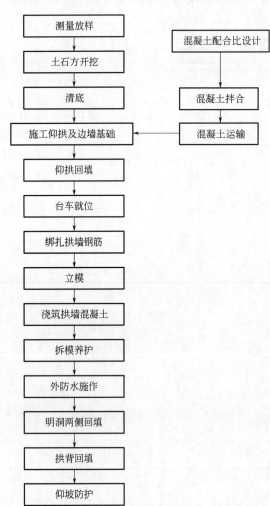

图5-1　明洞施工工艺流程

【教学目标】

1. 能力目标

① 能组织明洞土石方开挖及坡面防护工程施工。

② 能组织明洞衬砌工程施工。
③ 能组织明洞回填施工。
2. 知识目标
① 掌握洞口段截排水工程规定及施工要求。
② 掌握边仰坡开挖及防护工程施工要求。
③ 掌握套拱施工过程及要求。
④ 掌握超前管棚的施工过程。

【案例引入】

某隧道明洞施工方案。

5.1 明洞土石方开挖及坡面防护

边坡、仰坡外的截水沟或排水沟应于洞口土石方开挖前完成，截水沟及排水沟的上游进水口应与原地面衔接紧密或略低于原地面，下游出水口应妥善地引入排水系统。边坡、仰坡以外的上方，如有坑洼积水时，应按图纸或监理工程师的指示予以处理；不得用土石方填筑，以免流失堵塞排水沟渠，影响洞口安全。路堑两侧边沟应与排水设施妥善连接，使排水畅通。土路肩及碎落台，应按图纸要求予以加固。

隧道明洞土石方开挖通常采用明挖法施工，土方开挖一般采用挖掘机挖装，自卸汽车运输。比较分散的土方，先用推土机推送集料，再采用挖掘机或装载机装车，自卸汽车运输。

洞口开挖安排尽量避开雨季施工，测量定位，放出开挖边线，明确开挖范围，判定开挖范围地质状况。洞口开挖严格遵循"阶梯式"开挖施工顺序，"从上到下，纵向分段，竖向分层，由中向两端，留土护坡，阶梯开挖，边坡及时支护"的原则。洞口表层土方及风化软岩采用机械开挖，硬岩和机械开挖困难的采用松动爆破开挖，土方及风化软岩边仰坡预留二次开挖层，采用人工配合机械开挖，石方预留二次光面爆破层，确保边仰坡平顺、稳定，为进洞施工创造条件。

在洞口开挖过程中，工作面控制在2‰左右的单面坡，坡脚设置临时排水沟，以利于排除工作面上的积水，保持工作面干燥，提高开挖效果，同时避免洞口基岩被水浸泡，降低基底的承载力。

洞口开挖坚持边开挖、边防护的原则，二次开挖完成后，及时按照设计进行边仰坡坡面防护，以防破坏坡面稳定性和整体性。

明洞工程坡面防护施工应符合以下要求：

① 边坡、仰坡开挖面的防护措施，应按图纸进行，并报请监理工程师批准后及时实施。如情况有变化或图纸未作规定时，应按监理工程师的批示办理。

② 由于洞口边仰坡土石方开挖后，有一段较长的暴露时间，边仰坡稳定对后续工序至关重要。因此应及时采取锚喷支护等支护形式进行边坡临时支护，并应做到随开挖随支护。

③ 洞口边仰坡在进洞以后应按设计要求及时施作。坡面砌体应坚实牢固，表面平整，无垂直通缝，勾缝平顺，缝宽均匀，无脱落。

5.2 明洞衬砌施工

明洞衬砌施工应先施作仰拱，待仰拱施工完成后拱墙一次性浇筑成型。

明洞衬砌施工应符合以下要求：

① 拱圈按图纸要求制作挡头板、外模、支架、支柱，并应设有防止渗漏、跑浆和走模的施工措施。

② 钢筋的加工及绑扎按相关规定办理。

③ 浇筑拱圈混凝土时，应连续进行，不得中断；并应采取防雨措施。

④ 起拱线以下暗挖时，应在拱圈混凝土达到设计强度后进行，并有保证拱圈安全和稳定的措施。

⑤ 沉降缝及施工缝的设置与施工，按图纸要求严格施工。

5.3 明洞回填

明洞回填主要包含纵向盲沟和反滤层施工、土石方回填、黏土层封闭、洞顶浆砌片石砌筑等工序。

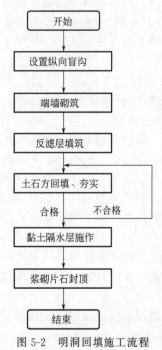

图 5-2 明洞回填施工流程

明洞回填施工流程如图 5-2 所示。

明洞回填施工应符合以下要求：

① 明洞回填应在外防水层施作完成且衬砌混凝土达到 100％设计强度后进行。

② 在端墙施工过程中预设纵向盲沟。

③ 边墙回填土石时应该对称进行，石质地层中岩壁与墙背空隙不大时，用与墙身同等级混凝土回填，空隙较大时，用片石混凝土或浆砌片石回填密实，边墙范围夯实密实度不应小于 93％。土质地层，应将墙背坡面挖成台阶状，用浆砌片石砌筑：先将砌体的地方清扫干净，并用水湿润；采用的石材应质地坚实，无风化剥落的裂纹。施工砌筑时应采用铺浆法分层卧砌，上下错缝，内外搭砌，砌筑石料时一定要砂浆饱满。砂浆的配合比严格按试验室砂浆配合比通知单执行。如图 5-3 所示。

④ 明洞拱部回填土石方应从结构两侧分层、同时对称填筑并夯实，每层填筑厚度不大于 0.3m，单层填方厚度不宜大于 50cm。回填至与拱顶平齐后，再分层满铺至设计高度。明洞顶部回填厚度小于 1m 时运输车辆不可在明洞结构顶部行驶，用小推车人工运输进行操作。明洞回填土表面纵横向坡度可根据实际情况调整，不小于 5％，以利于表面纵横向排水畅通。

⑤ 拱背需作黏土隔水层时，隔水层应与边、仰坡搭接平顺、密封紧密，防止地表水下渗。

⑥ 明洞回填完成后恢复原冲沟，并用 M10 浆砌片石铺砌隧道中线左右 20m 范围内上下游沟面，铺砌厚度根据设计而定，上下游均设垂裙。

⑦ 明洞回填土石方至设计标高后，在黏土隔水层上部按设计进行浆砌片石砌筑封顶，以防地表水渗漏。

隧道明洞回填注意要点如下：

图 5-3 明洞土石方回填

① 拱圈混凝土达到设计强度、拱墙背防水设施完成后，方可回填拱背土方。

② 明洞段顶部回填土方应对称分层夯实，每层厚度不得大于 0.3m，两侧回填的土面高差不得大于 0.5m；底部应铺填 0.5~1.0m 厚碎石并夯实；回填至拱顶后应分层满铺填筑，顶层回填材料宜采用黏土以利于隔水。明洞黏土隔水层应与边坡、仰坡搭接良好，封闭紧密。石质地层中墙背与岩壁空隙不大时，可采用与墙身同级混凝土回填；空隙较大时，可采用片石混凝土或浆砌片石回填密实。土质地层，应将墙背坡面开凿成台阶状，用干砌片石分层码砌，缝隙用碎石填塞紧密，不得任意抛填土石。

③ 使用机械回填时，拱圈混凝土强度应达到设计强度，且需先用人工填筑夯实回填至拱顶以上 1.0m 后，方可使用机械施工。

④ 在人工回填时，拱顶中心回填高度达到 0.7m 以上方可拆除拱架；若使用机械施工回填时，则应在回填土石全部完成后方可拆除拱架。

⑤ 要注意成品保护，衬砌完成后及时回填，并尽早完成洞口及洞顶的绿化和防护工作，避免雨水冲刷。

思考题

1. 明洞回填的主要施工工序是什么？
2. 简述明洞回填的施工要求。

学习情境6　选择隧道掘进方法

【情境描述】

隧道掘进方法是指对坑道范围内岩体的破碎挖除方式,针对不同的工程实际情况,有多种掘进方法可供选择,不同的掘进方法其施工组织及造价不同,施工人员应根据掘进方法的选择原则确定经济合理的隧道掘进方法。

隧道施工方法是依据一定的力学理论形成的一整套隧道开挖及支护技术的作业方法。隧道施工方法选择主要依据工程地质和水文地质条件,并结合隧道断面尺寸、长度、衬砌类型、隧道的使用功能和施工技术水平等因素综合考虑研究确定。所选择的施工方法也应体现出技术先进、经济合理及安全适用。

通过本情境的学习,使学生掌握隧道掘进和施工方法的种类及选取原则,为在以后的工作中能依据工程实际情况选择经济合理的隧道掘进及施工方法。

【教学目标】

1. 能力目标

① 能依据工程实际情况选择隧道掘进方法。

② 能依据工程实际情况选择隧道施工方法。

2．知识目标

① 掌握隧道掘进的类型及选择方法。

② 掌握隧道施工方法类型及选择。

【案例引入】

某铁路隧道钻爆法设计及施工方案。

6.1　隧道掘进方法及选择

6.1.1　隧道掘进方法概念及类型

隧道施工的掘进方法是指对坑道范围内岩体的破碎挖除方式。常见隧道掘进方法有钻眼爆破掘进、全断面掘进机掘进、自由断面挖掘机掘进以及人工掘进四种。

6.1.1.1　钻眼爆破掘进（钻爆法）

钻眼爆破掘进是山岭隧道工程中最常用的掘进方式,它是指在被爆破岩体的各个部位用凿岩机钻孔后,将炸药分散安装于各个钻孔中并引发炸药爆炸,从而爆破坑道范围内的岩体的过程。

钻眼爆破需要专用的钻眼设备及消耗大量炸药等爆破材料，并只能分段循环掘进。爆炸破岩对围岩的扰动较大，导致围岩稳定能力降低，有时由于爆破振动致使围岩产生坍塌，故一般只适用于围岩稳定性较好的石质岩体隧道中。但随着控制爆破技术的发展，钻眼爆破掘进的应用范围也逐渐扩大，如用于软石及硬土的松动爆破。

6.1.1.2 全断面掘进机掘进

(1) 全断面掘进机掘进方法介绍　全断面岩石掘进机 (full face rock tunnel boring machine) 简称 TBM，是集机械、电子、液压、激光、控制等技术为一体的高度机械化和自动化的大型隧道开挖衬砌成套设备。近年来在我国水利、铁路、公路、地铁等工程建设中发展迅速，应用日益广泛。由于 TBM 在长大隧道施工中具有传统钻爆法无法比拟的优势，因此具有广阔的市场发展前景。

全断面岩石掘进机定义为：靠旋转并推进刀盘，通过盘形滚刀破碎岩石而使隧洞全断面一次成形的机器。

全断面岩石掘进机的定义确定了以下作为掘进机的必要条件。

a. 采用机械方法破岩。主要表现形式是由机械通过滚刀挤裂岩石。这完全区别于钻爆法用炸药的化学能破碎岩石的机理和方法。

b. 破岩范围仅针对隧道的掌子面前方岩体。

c. 开挖的对象是隧道掌子面前方的岩石。

d. 掌子面的岩石破碎后随即连续向后输出，一次成洞，以区别钻爆法将开挖和出碴分成两个工序。

利用 TBM 工法进行隧道掘进，其基本思路为：

a. 选用适应于隧道地质、设计、工期等要求的掘进机及配套设备。

b. 掘进机采用机械能破岩，完成隧道的开挖。即在掘进机的旋转机构与推进油缸的共同作用下，带动装有盘形滚刀的刀盘旋转、推进，碾压破碎岩石并连续铲入输送系统，将弃碴输送至地面。

c. 初期支护采用钢制盾壳防护或操作配备在掘进机上的辅助设备，按设计要求施作钢圈梁、锚杆、喷射混凝土等初期支护，以及管棚、注浆等超前支护。

d. 根据掘进机类型的不同，隧道永久衬砌分别采用模注混凝土或安装预制衬砌块并填充开挖直径与衬砌环外径之间的空隙的方式完成。

(2) 全断面掘进机掘进优缺点　与钻爆法相比，TBM 的优点主要体现在以下几个方面：

a. 快速：TBM 可以实现连续掘进，能同时完成破岩、出碴、支护等作业，并一次成洞，掘进速度快，效率高。钻爆法施工中钻孔、放炮、通风、出碴等作业是间断进行的，掘进速度慢，效率低。

b. 优质：TBM 实行机械破岩，避免了爆破作业，围岩不会受到爆破振动而破坏，洞壁完整光滑，超挖量少，一般小于开挖隧洞断面积的 5%，减少了衬砌量。而钻爆法爆破成洞，围岩震裂，洞壁粗糙且凹凸不平，超挖量约 20%。

c. 安全：TBM 开挖隧道对洞壁外的围岩扰动少，影响范围一般小于 50cm，容易保持围岩的稳定性；TBM 自身带有局部或整体护盾使人员可以在护盾下工作，有利于保护人员安全；TBM 配置有一系列的支护设备，在不良地质处可及时支护以保安全；减少污染；TBM 操作自动化程度高，作业人员少，便于安全管理。

d. 经济：TBM 施工若只核算纯开挖成本是会高于钻爆法的，但成洞的综合成本是经济的。与钻爆法比较，采用 TBM 施工，可以避免设置大量的辅助坑道，使单头掘进 20km 隧道成为可能，这大大降低了施工成本。TBM 施工洞径尺寸精确，对洞壁影响小，可以不作衬砌或减少衬砌从而降低衬砌成本。掘进机的作业人员少，人员费用少。掘进机的掘进速度快，提早成洞，可提早得益。这些理由，促使掘进机施工的综合成本降低到可与钻爆法竞争。当然，隧道 TBM 法施工的经济性只有在长隧道时才体现出来。

TBM 缺点主要体现在以下几个方面：

a. 全断面岩石隧道掘进机的一次性投资成本较高。

b. 全断面岩石隧道掘进机的设计制造需要一定周期，还有运输和安装调试时间，因此，从订货到实际能使用上掘进机需预留 11～12 个月的时间。

（3）全断面掘进机类型　掘进机的种类很多，盾构机是掘进机的一种，用于土质隧道施工，本文不加论述。本文所述掘进机，系专指用于岩石隧道施工的全断面岩石掘进机。主要包含以下几种类型。

① 开敞式全断面岩石掘进机。利用支撑机构撑紧洞壁以承受向前推进的反作用力及反转矩的全断面岩石掘进机（图 6-1），适用于岩石整体性较好的隧道。掘进机根据岩性不同可选择配置临时支护设备如圈梁（钢拱架）安装机、锚杆钻机、钢丝网安装机、超前钻、管棚钻机等，喷混凝土机、灌浆机一般安装在掘进机后配套上。

② 护盾式全断面岩石掘进机。在整机外围设置与机器直径相一致的圆筒形状的护盾结构（图 6-2），用于开挖松软破碎或复杂岩层的全断面岩石掘进机。可分为单护盾式和双护盾式两种。

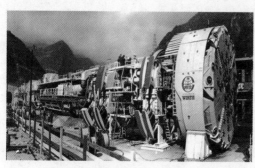

图 6-1　开敞式全断面岩石掘进机

单护盾式掘进机大多用于软岩和破碎地层，不采用敞开式掘进机那样的撑靴，机器的前推力是靠护盾尾部的推进油缸支撑在管片上获得的。钢筋混凝土衬砌管片在洞外预制，用单护盾式掘进机内的管片安装机进行安装。

双护盾式掘进机综合了敞开式掘进机与单护盾掘进机的特点，既有撑靴，又有护盾。使掘进机对不同地质条件的适应能力大大增强。遇软岩不能承受撑靴的压力时，由盾尾辅助推进油缸支撑在已拼装的管片上以推进刀盘破岩前进；遇硬岩时，则靠撑靴撑紧洞壁，由主推进油缸推进刀盘破岩前进。双护盾掘进机可实现开挖和衬砌同步完成。

③ 扩孔式全断面岩石掘进机。这种掘进机（图 6-3）采用先打导洞，然后扩孔成洞的方法进行隧道掘进开挖。

图 6-2　护盾式全断面岩石掘进机

图 6-3　扩孔式全断面岩石掘进机

采用扩大机是为了利用小型 TBM 掘进，减小对不明地质的风险。如果先导洞直径不变，采用不同直径扩大机的刀盘即可完成不同断面的工程，更换刀盘较更换不同直径的掘进机要便宜得多，扩大机在切削时更稳定，它的运输和安装也更方便。

6.1.1.3 自由断面挖掘机掘进（单臂掘进机掘进）

自由断面挖掘机（图 6-4）自身的破岩能力较小，掘进时对围岩的扰动破坏小，避免爆破振动对围岩的破坏，故一般适用于围岩稳定性较差的软岩隧道及土质隧道中，尤其适用于配合敞胸式盾构施工。

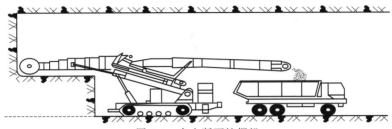

图 6-4 自由断面挖掘机

自由断面挖掘机的适应能力较强，可以挖掘任意形状和大小的隧道，也可以连续掘进。

自由断面挖掘机多随机配备连续拾碴、转载机构。常用的拾碴机构有蟹爪式、立爪式、铲斗式和挖斗式四种。常用的转载机构有刮板式和链板式两种。

自由断面挖掘机多采用履带式走行机构，以适应洞内临时道路承载能力较低甚至泥泞的条件；当道路泥泞并采用轨道运输时，可选用带有轨道走行机构的自由断面挖掘机。

6.1.1.4 人工掘进

人工掘进采用十字镐、风镐等简易工具来挖除岩体。如图 6-5 所示。

人工掘进对围岩的扰动破坏小，有利于保持围岩原有的稳定能力，但人工掘进速度较慢，劳动强度较大，安全性差，故一般适用于围岩稳定性较差的土质隧道或软岩隧道中。

这种方式只在特殊地质条件或特小断面的隧道工程中偶有采用，如在不能采用爆破掘进的软弱破碎围岩和土质隧道中，若隧道工程量不大，工期要求不太紧，又无机械或不宜采用机械掘进时，则可以采用人工掘进。

图 6-5 人工掘进

人工掘进采用铁锹、斗箕装碴。在掘进时，尤其应做好安全防护措施，并安排专人负责工作面的安全观察。

6.1.2 隧道掘进方法选择

隧道掘进方式的选择就是要确定每一部分岩体的破岩挖除方式，以及破岩时对围岩扰动的控制措施。

掘进方式的选择（原则）应主要考虑坑道范围内被挖除岩体的坚固性，掘进方式对围岩的扰动程度、围岩的抗扰动能力（即其稳定性），其次要考虑开挖方法（指挖除部分的断面进尺比和断面形状）、作业空间大小、机械配备能力、工期要求、工区长度、经济性等因素的影响，进行综合分析，选用既经济、快速、又不严重影响围岩稳定的掘进方式。

山岭隧道主要是石质岩体时，多数采用钻眼爆破方式掘进。

隧道掘进方法可按照表 6-1 进行选择。

表 6-1 隧道掘进方法选择参考表

类别名称	坚固等级	围岩级别	岩体名称	主要工程地质特征	挖除难易程度	掘进方式建议
坚石	六	I	各种极坚硬岩：硅质砂岩、硅质砾石、致密的灰岩、大理岩、石英岩、玄武岩、闪长岩、正长岩	硬质岩，饱和单轴抗压强度 R_c>60MPa，受地质构造运动影响轻微，节理不发育，无软弱面或厚层夹层，层状岩体为巨厚层，层间结合良好	极坚固 极难挖除	宜用钻眼爆破；可用全断面掘进机掘进
次坚石	五	II	各种硬质岩：硅质砂岩、钙质砂岩、白云岩、石灰岩、坚实的泥灰岩、软玄武岩、片麻岩、正长岩、花岗岩	硬质岩，R_c>30MPa，受地质构造运动影响较重，有少量软弱面和贯通微张节理，层状岩体为中层或厚层，层间结合一般	坚固 难挖除	宜用钻眼爆破
软石	四	III	块石土、漂石土；各种软岩如泥质页岩、泥质砂岩、泥灰岩、砾岩、煤、石膏、凝灰岩、云母片岩等	软质岩，R_c>30MPa，受地质构造运动影响轻微，节理不发育，有层状软弱夹层，但其产状构造关系组合尚不致产生滑动；软质岩，R_c=5～30MPa，受地质构造运动影响严重，节理发育，层状岩体为薄层、中层等	较难挖除	宜用单臂掘进机掘进
硬土	三	IV	半干硬的黏土、膨胀土（裂土）、老黄土、中密的碎石或漂石土等	软质岩，R_c=5～30MPa，受地质构造运动影响严重，节理发育，层状岩体基本被破坏；土：①略具压密或具成岩作用的黏性土及砂类土（Q_1，Q_2）；②钙质、铁质胶结带内的碎、卵石土，大块石土	较软弱 较易挖除	可用盾构机加单臂掘进机掘进或人工掘进
普通土	二	V	半干硬的、可塑的黏性土、可塑的膨胀土、新黄土、可塑的碎石土或漂石土、压实的黄土、风积砂	石质围岩位于挤压强烈的断裂破碎带内，裂隙杂乱；一般第四系的半硬一硬塑的一般黏性土、圆砾、角砾土，及稍湿至潮湿的黏性土（Q_3，Q_4）	软弱 易挖除	可用人工掘进
松土	一	VI	砂类土、种植土、软塑的黏砂土、砂黏土、未经压实的填土	软塑状黏性土及潮湿的粉细砂等	极软弱 易挖除	

6.2 隧道施工方法及选择

一个多世纪以来，世界各国的隧道工作者在实践中已经创造出能够适应各种围岩的多种隧道施工方法。常见隧道施工方法可进行如下分类：

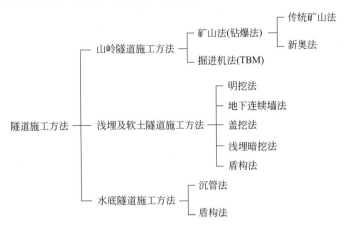

本书重点介绍山岭隧道钻爆法施工方法，因此，对于浅埋及软土隧道施工方法和水底隧道施工方法不再单独介绍。

矿山法因最早应用于矿石开采而得名，这种方法一般都需要采用钻眼爆破进行开挖，故又称为钻爆法。

矿山法又可以分为传统矿山法和新奥法两类。两者虽然均采用钻爆的方式进行隧道掘进，但在设计理念和施工方法上有本质的差别。

6.2.1 传统矿山法

（1）传统矿山法概念　采用钻爆法开挖，以木或钢构件作为临时支撑，待隧道开挖成形后，逐步将临时支撑撤换下来，而代之以整体式厚衬砌作为永久性支护的施工方法称为传统的矿山法。传统的矿山法主要特点是采用大量的钢、木支撑和刚度较大的单层衬砌，不进行施工量测等。近几年，随着施工机械的发展，传统矿山法明显不符合围岩力学的基本原理，并且不经济，已逐渐被新奥法所取代，只有在一些不便采用喷锚支护的地质条件时或缺少大型机械的短隧道中采用。

（2）施工程序及技术原则　传统矿山法基本作业工序包括钻爆与开挖、运输与出碴、支护和衬砌。辅助作业：施工通风与除尘、施工排水与供水、施工供电与照明、压缩空气的供应。施工程序可用框图表示，如图 6-6 所示。

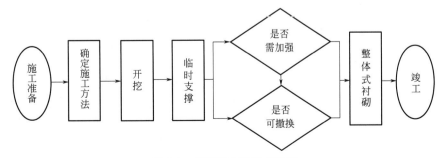

图 6-6　传统矿山法施工流程

传统矿山法施工应遵循"少扰动、早支撑、慎撤换、快衬砌"的原则。

"少扰动"是指在进行隧道开挖时，要尽量减少对围岩的扰动次数、强度、范围和持续时间。采用钢支撑，可以增大一次开挖断面的跨度，减少分部开挖次数，从而达到减少对围岩的扰动次数。

"早支撑"是指开挖坑道后应及时施作临时构件加以支撑，使围岩不致因变形松弛过度而产生坍塌失稳，并能承受围岩松弛变形产生的压力——早期松弛荷载。定期检查支撑的工作情况，若发现变形严重或出现损坏征兆，应及时增设支撑予以加固和加强。作用在临时支撑上的早期松弛荷载大小，可比照设计永久衬砌的计算围岩压力大小来确定。临时支撑的结构设计，也采用类似于永久衬砌的设计计算方法，即结构力学方法。

"慎撤换"是指拆除临时支撑而代之以永久性模筑混凝土衬砌时应慎重，即要防止在撤换过程中围岩坍塌失稳。每次撤换的范围、顺序和时间要视围岩稳定性及支撑的受力状况而定。若预计到不能拆除，则应在确定开挖断面大小及选择材料时就予以研究决定。使用钢支撑作为临时支撑，一般可以避免拆除支撑带来的麻烦和不安全因素。

"快衬砌"是指拆除临时支撑时要及时修筑永久性混凝土衬砌，并使其能尽早承载参与工作。若采用的是钢支撑又不必拆除，或无临时支撑时，也应尽早施作永久性混凝土衬砌，防止坑道壁裸露时间过长风化侵蚀围岩、强度降低、产生变形过大等情况的发生。

在应用矿山法施工中还应遵循以下技术原则：

a. 因为围岩是隧道的主要承载单元，所以在施工中必须充分保护围岩，应根据地质条件、断面尺寸及施工方法等，采用控制爆破技术。

b. 为了充分发挥围岩的结构作用，应容许围岩有控制的变形。

c. 在施工中必须合理地决定支护结构的类型、支护结构参与工作的时间、各种支护手段的相互配合、底部封闭时间、一次掘进长度等。

d. 在选择支护手段时，一般应选择能大面积牢固与围岩紧密接触的、能及时施设和应变能力强的支护手段。

e. 要特别注意，隧道施工过程是力学状态不断变化的过程，减少分部，也就有可能减少因分部过多而引起的围岩内的应力变化和围岩的松弛。因此，在有可能的条件下，应尽量采用全断面或大断面分部的开挖方法。

(3) 传统矿山法分类及特点

① 按埋深划分。按埋深深浅划分，矿山法可分为一般矿山法和浅埋矿山法。一般矿山法多用在山岭隧道、公路隧道、水工隧道等埋深较深的地质环境，而浅埋矿山法多用于城市地铁隧道、管线共同沟的工程中，它的特点是覆土薄，地质条件差承载能力小，变形快，隧道附近往往有较重要的建筑物和地下管网，对施工的噪声、沉降都有严格的要求。

② 按衬砌施工顺序划分。传统矿山法按衬砌施工顺序，可分为先拱后墙法及先墙后拱法两大类。后者又可按分部情况细分为漏斗棚架法、台阶法、全断面法和上下导坑先墙后拱法。此外，结合先拱后墙法和漏斗棚架法的特点，还有一种居于两者之间的蘑菇形法。

a. 先拱后墙法（又称为逆作法）。它是先将隧道上部开挖成形并施作拱部衬砌后，在拱圈的掩护下再开挖下部并施作边墙衬砌。先拱后墙法施工速度较慢，上部施工较困难。但是当上部拱圈完成之后，下部施工就较安全和快速。先拱后墙法施工衬砌结构的整体性较差，受力状态不好，并且拱部衬砌结构的沉落量较大，要求的预拱度较大，增加了开挖工作量，也称支承顶拱法。在稳定性较差的松软岩层中，为了施工安全，先开挖拱部断面并立即砌筑顶拱，以支护顶部围岩，然后在顶拱保护下开挖下部断面和砌筑边墙。开挖两侧边墙部分的岩层时（俗称挖马口），须左右交错分段进行，以免顶拱悬空而下沉。施工时，须开挖上下两个导坑,开挖上部断面时的大量石碴,可通过上下导坑之间的一系列漏碴孔装车后从下导坑运出,既提高出碴效率,又减少施工干扰。当隧道长度较短、岩层又干燥时,可只设上导坑。在此种场合,为避免运输和施工的干扰,可先将上半断面完全修筑完毕,然后再进行下半断面的施工。本法适用于松软岩层,但其抗压强度应能承受拱座处较高的支承应力;也适用于坚硬岩层中跨度或高度较大的洞室施工,以简化修筑顶拱时的拱架和灌筑混凝土作业。该法在外文文献中也称为比国法。

b. 先墙后拱法(又称为顺作法)。它通常是在隧道开挖成形后,再由下至上施作模筑混凝土衬砌。先墙后拱法施工速度较快,施工各工序及各工作面之间相互干扰较小,衬砌结构的整体性较好,受力状态也比较好。

(4) 传统矿山法施工方法

① 漏斗棚架法。也称下导坑先墙后拱法,适用于较坚硬稳定的岩层。施工时先开挖下导坑,在导坑上方开始由下向上作反台阶式的扩大开挖,直至拱顶;随后在两侧由上向下作正台阶式的扩大开挖,直至边墙底;全断面完全开挖后,再由边墙到顶拱修筑衬砌。此法在下导坑中设立的漏斗棚架,是用木料架设的临时结构。横梁上铺设轻便钢轨,在下导坑运输线路上方留出纵向缺口,其上铺横木,相隔一定间距,留出漏斗口供漏碴用。在向上扩大开挖时,棚架作工作平台用。爆出的石碴全落在棚架上,经漏斗口卸入下面的斗车运出洞外。这种装碴方式可减轻劳动强度。下导坑的宽度,一般按双线斗车运输决定。由于宽度较大,在棚架横梁下可增设中间立柱作临时加固用。设立棚架区段的长度,按装碴的各扩大开挖部分的延长加上一定余量来决定。用漏斗棚架装碴优点显著,故在中国以漏斗棚架命名。此法曾广泛应用于修建铁路隧道。

② 台阶法。台阶法又有正台阶法和反台阶法之分。正台阶法系在稳定性较差的岩层中施工时,将整个坑道断面分为几层,由上向下分部进行开挖,每层开挖面的前后距离较小而形成几个正台阶。上部台阶的钻眼作业和下部台阶的出碴,可以平行进行而使工效提高。全断面完全开挖后,再由边墙到顶拱筑衬砌。在坑道顶部最先开挖的第一层为一弧形导坑,需要钻较多的炮眼,导坑超前距离很短,可使爆破时石碴直接抛落到导坑之外,以减轻扒碴工作量,从而提高掘进速度。如坑道顶部岩层松动,应即在导坑内用锚杆或钢拱架作临时支护,以防坍塌。反台阶法则用于稳定性较好的岩层中施工,也将整个坑道断面分为几层,在坑道底层先开挖宽大的下导坑,再由下向上分部扩大开挖。进行上层的钻眼时,须设立工作平台或采用漏斗棚架,后者可供装碴之用。

③ 全断面法。将整个断面一次挖出的施工方法。适用于较好岩层中的中、小型断面的隧道。此法能使用大型机械,如凿岩台车、大型装碴机、槽式台车或梭式矿车、模板台车和混凝土灌筑设备等进行综合机械化施工。新奥法的出现,扩大了全断面法和台阶法的适用范围。

④ 上下导坑先墙后拱法。也称全断面分部开挖法。以前,在稳定性较差的松软岩层中,为提高衬砌的质量,曾采用过此种先分部挖出全断面,再按先墙后拱顺序修筑衬砌的施工方法。采用此法开挖时,要用大量木料支撑,还需多次顶替,施工既困难又不安全,故在中国未见采用。该法在外文文献中还称之为奥国法或称老奥法。

⑤ 蘑菇形法。综合先拱后墙法和漏斗棚架法的特点而形成的一种混合方案。开挖后呈现形似蘑菇状的断面,故名。在下导坑中设立漏斗棚架,供向上扩大开挖时装碴之用,同时当拱部地质条件较差时,为使施工安全可先筑顶拱。该法具有容易改变为其他方法的优点,遇岩层差时改为单纯的先拱后墙法,岩层好时改为漏斗棚架法。在中国首先应用于岩层基本稳定的铁路隧道施工,以后又用来修筑大断面洞室,为减少设立模架作业及其所需材料,并加快施工进度创造有利条件。

⑥ 侧壁导坑先墙后拱法。简称侧壁导坑法，也称核心支持法。在很松软、不稳定地层中修筑大跨度隧道时，为了施工安全，先沿坑道周边分部开挖，随即逐步由边墙到顶拱修筑衬砌，以防止地层坍塌。开挖时可将临时支撑和拱架都支承于坑道中间未被开挖的大块核心地层上，在衬砌保护之下最后将此核心挖除，必要时再砌筑仰拱。侧导坑的宽度较大，除包括边墙以外，还须有通行出土斗车和工人以及砌筑边墙的工作位置，才能使导坑开挖和边墙衬砌作业同时进行。为了核心部分地层的稳定，也须保持足够的宽度，且其宽度愈大，留在最后的开挖量愈大，开挖费用就愈小。此法通常适用于围岩压力很大、地层不稳定的大跨度隧道（如双线或多线铁路隧道和道路隧道、运河隧道）。在坚硬岩层中修建大跨度洞室时也常采用，利用其核心部分作为支承顶拱和边墙模板的基础；开挖时临时支撑可大为减少，甚至完全免除。该法在外文文献中至今还称德国法。在大断面洞室施工时，还采用先拱后墙法与核心支持法、先拱后墙法与正台阶法等的混合方案。

6.2.2 新奥法

新奥法（NATM）是新奥地利隧道施工方法的简称，在我国常把新奥法称为"锚喷构筑法"。新奥法的概念表述为：用薄层支护手段保持围岩强度、控制围岩变形，以发挥围岩自承载能力，并通过施工监控量测指导隧道的设计与施工。

采用该方法修建地下隧道时，对地面干扰小，工程投资也相对较小，已经积累了比较成熟的施工经验，工程质量也可以得到较好的保证。使用此方法进行施工时，对于岩石地层，可采用分部或全断面一次开挖，锚喷支护和锚喷支护复合衬砌，必要时可做二次衬砌；对于土质地层，一般需对地层进行加固后再开挖支护、衬砌，在有地下水的条件下必须降水后方可施工。

新奥法广泛应用于山岭隧道、城市地铁、地下贮库、地下厂房、矿山巷道等地下工程，是我国山岭隧道修建的主要施工方法，尤其在施工场地受限制、地层条件复杂多变、地下工程结构形式复杂等情况下用新奥法施工尤为重要。

6.2.2.1 新奥法施工特点

与其他隧道施工方法比较，新奥法具有以下几个特点：

① 及时性。新奥法施工采用喷锚支护为主要手段，可以最大限度地紧跟开挖作业面施工，因此可以利用开挖施工面的时空效应，以限制支护前的变形发展，阻止围岩进入松动的状态，在必要的情况下可以进行超前支护，加之喷射混凝土的早强和全面黏结性因而保证了支护的及时性和有效性。

在巷道爆破后立即施工以喷射混凝土支护能有效地制止岩层变形的发展，并控制应力降低区的伸展而减轻支护的承载，增强了岩层的稳定性。

② 封闭性。由于喷锚支护能及时施工，而且是全面密粘的支护，因此能及时有效地防止因水和风化作用造成围岩的破坏和剥落，制止膨胀岩体的潮解和膨胀，保护原有岩体强度。

巷道开挖后，围岩由于爆破作用产生新的裂缝，加上原有地质构造上的裂缝，随时都有可能产生变形或塌落。当喷射混凝土支护以较高的速度射向岩面，很好的充填围岩的裂隙、节理和凹穴，大大提高了围岩的强度。同时喷锚支护起到了封闭围岩的作用，隔绝了水和空气同岩层的接触，使裂隙充填物不致软化、解体而使裂隙张开，导致围岩失去稳定。

③ 黏结性。喷锚支护同围岩能全面黏结，这种黏结作用可以产生以下三种作用效果。

a. 联锁作用：将被裂隙分割的岩块黏结在一起，若围岩的某块危岩活石发生滑移坠落，则引起临近岩块的连锁反应，相继丧失稳定，从而造成较大范围的冒顶或片帮。开巷后如能及时进行喷锚支护，喷锚支护的黏结力和抗剪强度可以抵抗围岩的局部破坏，防止个别危岩活石滑移和坠落，从而保持围岩的稳定性。

b. 复合作用：围岩与支护构成一个复合体（受力体系）共同支护围岩。喷锚支护可以提高围岩的稳定性和自身的支撑能力，同时与围岩形成了一个共同工作的力学系统，具有把岩石荷载转化为岩石承载结构的作用，从根本上改变了支架消极承担的弱点。

c. 增加作用：开巷后及时进行喷锚支护，一方面将围岩表面的凹凸不平处填平，消除因岩面不平引起的应力集中现象，避免过大的应力集中所造成的围岩破坏；另一方面，使巷道周边围岩呈双方向受力状态，增大了围岩的黏结力和内摩擦角，也就是提高了围岩的强度。

④ 柔性。喷锚支护属于柔性薄性支护，能够和围岩紧粘在一起共同作用，由于喷锚支护具有一定柔性，可以和围岩共同产生变形，在围岩中形成一定范围的非弹性变形区，并能有效控制允许围岩塑性区有适度的发展，使围岩的自承能力得以充分发挥。另一方面，喷锚支护在与围岩共同变形中受到压缩，对围岩产生越来越大的支护反力，能够抑制围岩产生过大变形，防止围岩发生松动破坏。

6.2.2.2 新奥法与传统施工方法的区别

① 设计及施工理念不同。传统方法认为巷道围岩是一种荷载，应用厚壁混凝土加以支护松动围岩。而新奥法认为围岩是一种承载机构，构筑薄壁、柔性、与围岩紧贴的支护结构（以喷射混凝土、锚杆为主要手段），并使围岩与支护结构共同形成支撑环，来承受压力，并最大限度地保持围岩稳定，而不致松动破坏。

新奥法将围岩视为巷道承载构件的一部分，因此，施工时应尽可能全断面掘进，以减少巷道周边围岩应力的扰动，并采用光面爆破、微差爆破等措施，减少对围岩的震动，以保全其整体性。同时注意巷道表面尽可能平滑，避免局部应力集中。

新奥法将锚杆、喷射混凝土适当进行组合，形成比较薄的衬砌层，即用锚杆和喷射混凝土来支护围岩，使喷射层与围岩紧密结合，形成围岩-支护系统，保持两者的共同变形，故而可以最大限度地利用围岩本身的承载力。

② 保护巷道围岩自身的承载能力。新奥法施工在巷道开挖后采取了一系列综合性措施：构筑防水层、围岩巷道排水、选择合理的断面形状尺寸，给支护留变形余量，开巷后及时做好支护、封闭围岩等，都是为保护巷道围岩的自身承载能力，使围岩的扰动影响控制在最小范围内，并加固围岩，提高围岩强度，使其与人工支护结构共同承受巷道压力。

③ 允许围岩有一定量的变形，以利于发挥围岩的固有强度。同时巷道的支护结构，也应具有预定的可缩量，以缓和巷道压力。

围岩的变形是控制在一定范围内的，必须避免围岩变形过大，从而导致围岩强度的削弱以致引起垮落、失稳。支护结构具有一定的变形量，允许巷道围岩产生一定的变形，以缓和来自巷道的巨大压力，更进一步减轻支护荷载。

④ 新奥法施工过程中量测工作的特殊性。由于岩体生成条件与地质作用的复杂性，施工条件的复杂性，以及对工程设计参数的精确要求，需要通过许多量测手段，在施工过程中对围岩动态和支护结构工作状态和支护结构工作状态进行监测，并用监测结果修改初步设计，指导施工。

量测的结果可以作为施工现场分析参数和修改设计的依据，因而能够预见事故和险情，以便及时采取措施，防患于未然，提高施工的安全程度。

由上所述，新奥法的支护原则是：围岩不仅是载物体，而且是承载结构；围岩承载圈和支护体组成巷道的统一体，是一个力学体系；巷道的开挖和支护都是为保持改善与提高围岩的自身支撑能力服务的。

6.2.2.3 新奥法的主要支护手段与施工顺序

新奥法主要施工顺序可以概括为：开挖→一次支护→二次支护。

① 开挖。开挖作业的内容依次包括：钻孔、装药、爆破、通风、出碴等。开挖作业与一次支护作业同时交叉进行，为保护围岩的自身支撑能力，第一次支护工作应尽快进行。为了充分利用围岩的自身支撑能力开挖应采用灌面爆破（控制爆破）或机械开挖，并尽量采用全断面开挖，地质条件较差时可以采用分块多次开挖。一次开挖长度应根据岩质条件和开挖方式确定。岩质条件好时，长度可大一些，岩质条件差时长度可小一些，在同等岩质条件下，分块多次开挖长度可大一些，全断面开挖长度就要小一些。一般在中硬岩中长度为 2～2.5m，在膨胀性地层中为 0.8～1.0m。

② 第一次支护作业。第一次支护作业内容包括一次喷射混凝土、打锚杆、联网、立钢拱架、复喷混凝土等。

在隧道开挖后，应尽快地喷一层薄层混凝土，为争取时间。在较松散的围岩掘进中第一次支护作业是在开挖的碴堆上进行的，待把未被碴堆覆盖的开挖面的一次喷射混凝土完成后再出碴。

按一定系统布置锚杆，加固深度围岩，在围岩内形成承载拱，由喷层、锚杆及岩面承载拱构成外拱，起临时支护作用，同时又是永久支护的一部分。复喷后应达到设计厚度，并要求将锚杆、金属网、钢拱架等覆裹在喷射混凝土内。

在地质条件非常差的破碎带或膨胀性地层（如风华花岗岩）中开挖隧道，为了延长围岩的自稳时间、给一次支护争取时间，以及安全地作业，需要在开挖工作面的前方围岩进行超前支护（预支护），然后再开挖。

在安装锚杆的同时，在围岩和支护中埋设仪器或测点，进行围岩位移和应力的现场测量，依据测量得到的信息来了解围岩的动态，以及支护抗力与围岩的相适应程度。

③ 第二次支护作业。一次支护后，在围岩变形趋于稳定时，进行第二次支护和封底，即永久性的支护（或是补喷射混凝土，或是浇筑混凝土内拱），起到提高安全度和增强整个支护承载能力的作用，而此支护时机可以由监测结果得到。

若底板不稳、底鼓变形严重，必然牵动侧墙及顶部支护不稳，所以应尽快封底，形成封闭式的支护，以谋求围岩的稳定。

6.2.2.4 新奥法施工方法分类

新奥法施工，按其开挖断面的大小及位置，基本上又可分为全断面法、台阶法以及分部开挖法三大类方法。

(1) 全断面开挖方法 全断面开挖法就是按照设计轮廓一次爆破成形，然后修建衬砌的施工方法。其主要施工工序为：

第一步：钻孔台车钻眼、装药、连接导火线。

第二步：台车退出、引爆炸药，开挖出整个隧道断面。

第三步：排除危石（俗称"找顶"）。

第四步：喷射拱圈混凝土，必要时安设拱部锚杆。

第五步：装碴机将石碴装入运输车辆，运出洞外。

第六步：喷射边墙混凝土，必要时安设边墙锚杆。

第七步：根据需要可喷射第 2 层混凝土和隧道底部混凝土。

第八步：量测、判断围岩和初期支护的变形，为支护参数修改提供依据。

第九步：开始下一轮循环。
全断面法施工特点如下：
a. 开挖断面与作业空间大、干扰小；
b. 有条件充分使用机械，减少人力；
c. 工序少，便于施工组织与管理，改善劳动条件；
d. 开挖一次成形，对围岩扰动少，有利于围岩稳定。
全断面法适用条件为：
a. Ⅰ～Ⅳ级围岩，在用于Ⅳ级围岩时，围岩应具备从全断面开挖到初期支护前这段时间内，保持其自身稳定的条件；
b. 有钻孔台车或自制作业台架及高效率装运机械设备；
c. 隧道长度或施工区段长度不宜太短，根据经验一般不应小于1km，否则采用大型机械化施工，其经济性较差。
采用全断面法应注意的问题为：
a. 摸清开挖面前方的地质情况，随时准备好应急措施（包括改变施工方法等），以确保施工安全；
b. 各种施工机械设备务求配套，以充分发挥机械设备的效率；
c. 加强各项辅助作业，尤其加强施工通风，保证工作面有足够新鲜空气。
（2）台阶法　台阶法是将开挖断面分成上半断面和下半断面两部分进行分别开挖及支护的方法（图6-7），它是目前适用性最广的山岭隧道施工方法。

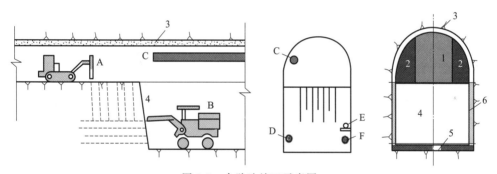

图6-7　台阶法施工示意图
A—垂直钻机；B—水平钻机；C—通风管；D—水管；E—电缆管；F—风管；1～6—施工顺序

台阶法包括长台阶法、短台阶法和超短台阶法等三种，其划分一般是根据台阶长度来决定的。

选择何种台阶法，取决于以下条件：初期支护形成闭合断面的时间要求，围岩越差，闭合时间要求越短；上断面施工所用的开挖、支护、出碴等机械设备对施工场地大小的要求。

① 长台阶法。将断面分成上半断面和下半断面两部分进行开挖，上、下断面相距较远，一般上台阶超前50m以上或大于5倍洞跨。

相对于全断面法来说，长台阶法一次开挖的断面和高度都比较小，只需配备中型钻孔台车即可施工，对维持开挖面的稳定也十分有利。它的适用范围较全断面法广泛，凡是在全断面法中开挖面不能自稳，但围岩坚硬不用底拱封闭断面的情况，都可采用长台阶法。

② 短台阶法。这种方法也分成上、下两个断面进行开挖，只是两个断面相距较近，一般上台阶长度小于5倍洞跨但大于1倍洞跨。上、下断面采用平行作业。

短台阶法适用范围很广，Ⅰ～Ⅴ级围岩都能采用，尤其适用于Ⅳ、Ⅴ级围岩，是新奥法施工中主要采用的方法之一。

短台阶法优缺点如下：

a. 短台阶法可缩短支护结构闭合的时间，改善初期支护的受力条件，有利于控制隧道收敛速度和量值。

b. 上台阶出碴时对下半断面施工的干扰较大，不能全部平行作业。

采用短台阶法时应注意下列问题：

a. 初期支护全断面闭合要在距开挖面 30m 以内，或距开挖上半断面开始的 30 天内完成。

b. 初期支护变形、下沉显著时，要提前闭合。

c. 要研究在保证施工机械正常工作前提下台阶的最小长度。

③ 超短台阶法。这种方法也是分成上、下两部分，但上台阶仅超前 3～5m，只能采用交替作业。

超短台阶法适用于膨胀性围岩和土质围岩，要求及早闭合断面的场合。当然，也适用于机械化程度不高的各类围岩地段。

超短台阶法的优缺点如下：

a. 超短台阶法初期支护全断面闭合时间更短，更有利于控制围岩变形。在城市隧道施工中，能更有效地控制地表沉陷。

b. 上、下断面相距较近，机械设备集中，作业时相互干扰较大，生产效率较低，施工速度较慢。

超短台阶法施工时应注意以下问题：

a. 在软弱围岩中施工时，应特别注意开挖工作面的稳定性，必要时可采用辅助施工措施，如向围岩中注浆或打入超前水平小钢管，对开挖面进行预加固或预支护。

b. 下半断面的开挖（又称落底）应在上半断面初期支护基本稳定后进行，或采用其他有效措施确保初期支护体系的稳定性。采用单侧落底或双侧交错落底，避免上部初期支护两侧同时悬空。

c. 下部边墙开挖后必须立即喷射混凝土，并按规定做初期支护。

d. 量测工作必须及时，以观察拱顶、拱脚和边墙中部位移值，当发现速率增大，应立即进行底（仰）拱封闭，或缩短进尺、加强支护、分割掌子面等。

(3) 分部开挖法　分部开挖法是将设计的隧道断面划分成若干部分，进行二次及以上开挖，最后达到隧道设计开挖断面的一种施工方法。

分部开挖法又包含环形开挖预留核心土法、CD 法、CRD 法、侧壁导坑法、中洞法等多种工法。

① 环形开挖预留核心土法。此方法（图 6-8）采用上台阶弧形导坑领先，下台阶两侧开挖，再开挖中部核心土的开挖顺序进行施工。根据断面的大小，环形拱部又可分成几块交替开挖。环形开挖进尺为 0.5～1.0m，不宜过长。上部核心土和下台阶的距离，一般为 1 倍洞跨。

与超短台阶法相比，台阶长度可以加长，减少上、下台阶施工干扰。而与

图 6-8　环形开挖预留核心土法

侧壁导坑法相比，施工机械化程度较高，施工速度可加快。

需要说明的是，虽然核心土增强了开挖面的稳定，但开挖中围岩要经受多次扰动，而且断面分块多，支护结构形成全断面封闭的时间长，这些都有可能使围岩变形增大。因此，它常要结合辅助施工措施对开挖工作面及其前方岩体进行预支护或预加固。

环形开挖预留核心土法施工要求如下：

a. 环形开挖进尺一般为 0.5～1.0m；

b. 开挖后应及时施作喷锚支护、安设钢架支撑，每两榀钢架之间采用钢筋连接，并加锁脚锚杆，全断面初期支护完成距拱部开挖面不宜超过 30m；

c. 预留核心土面积的大小应满足开挖面稳定的要求；

d. 必要时进行超前支护；

e. 上部弧形，左、右侧墙部，中部核心土开挖各错开 3～5m 进行平行作业。

环形开挖预留核心土法适用条件为：

a. 适用于具有一定自稳条件的单线隧道Ⅳ、Ⅴ级围岩地段，也可适用于具有一定自稳条件的双线隧道Ⅲ、Ⅳ级围岩地段；

b. 对于稳定性较好的双线隧道Ⅲ级围岩及单线隧道Ⅳ级围岩也可不预留核心土。

② 中隔壁法（CD法）。中隔壁法（CD法）是将隧道分为左右两部分进行开挖，先在隧道一侧采用二部或三部分层开挖，施作初期支护和中隔墙临时支护，再分台阶开挖隧道另一侧，并进行相应的初期支护的施工方法，参见图 6-9。

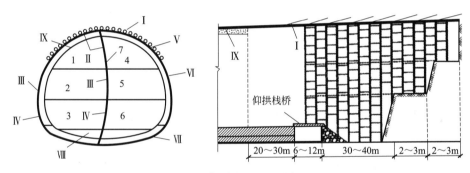

图 6-9　中隔壁法施工示意图

Ⅰ—超前支护；Ⅱ—左侧上部初期支护；Ⅲ—左侧中部初期支护；Ⅳ—左侧下部初期支护；Ⅴ—右侧上部初期支护；Ⅵ—右侧中部初期支护；Ⅶ—右侧下部初期支护；Ⅷ—仰拱及填充混凝土；Ⅸ—拱墙二次衬砌；1—左侧上部开挖；2—左侧中部开挖；3—左侧下部开挖；4—右侧上部开挖；5—右侧中部开挖；6—右侧下部开挖；7—拆除中隔墙

该方法适用于Ⅳ～Ⅴ级围岩的隧道，也可用于浅埋地段隧道。其施工要求如下：

a. 中隔壁法左右部的台阶高度应根据地质情况、隧道断面大小和施工设备确定。每侧按两部或三部分台阶开挖，开挖后应及时施作初期支护、中隔壁；两侧先后距离宜保持 10～20m，上、下断面的距离宜保持 3～5m。

b. 各部开挖时，相邻部位的喷混凝土强度应达到设计强度的 70% 以上。

c. 先行侧的中隔壁应设置为向外鼓的弧形。

d. 中隔壁在浇筑仰拱前逐段拆除。中隔壁一次拆除长度不宜大于 15m。临时支护拆除后应及时施作仰拱和二次衬砌。

e. 特殊情况下可将中隔壁浇筑在仰拱中，待铺设防水板时再割断。

③ 交叉中隔壁法（CRD法）。交叉中隔壁法（CRD法）是分部开挖、支护，分部闭合成小环，最后全断面闭合成大环。每开挖一部均及时施作初期支护、中隔壁及临时仰拱，参见图 6-10。

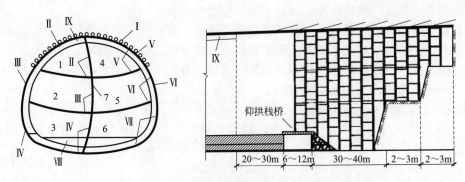

图 6-10 交叉中隔壁法施工示意图

Ⅰ—超前支护；Ⅱ—左侧上部初期支护；Ⅲ—左侧中部初期支护成环；Ⅳ—左侧下部初期支护成环；Ⅴ—右侧上部初期支护成环；Ⅵ—右侧中部初期支护成环；Ⅶ—右侧下部初期支护成环；Ⅷ—仰拱及填充混凝土；Ⅸ—拱墙二次衬砌；1—左侧上部开挖；2—左侧中部开挖；3—左侧下部开挖；4—右侧上部开挖；5—右侧中部开挖；6—右侧下部开挖；7—拆除中隔墙及临时仰拱

该方法适用于Ⅴ、Ⅵ级围岩及围岩较差的浅埋地段隧道，其施工要求如下：

a. 根据地质条件，隧道断面的分部，应以初期支护受力均匀，便于发挥人力、机械效率为原则，一般水平方向分两部，上、下分两部或三部开挖；

b. 先行施工部位的临时支撑（中隔壁、临时仰拱），均应有向外（下）鼓的弧度；

c. 各部开挖及支护应自下而上，开挖后及时施作初期支护、中隔壁、临时仰拱，步步成环；

d. 同一层左右两部分开挖工作面相距不宜大于 15m，上、下层开挖工作面相距宜保持 3～4m，且待喷射混凝土达到设计强度的 70% 后开挖相邻部位；

e. 宜缩短各部开挖工作面的间距，使初期支护尽早封闭成环；

f. 根据监测结果，中隔壁及临时仰拱在仰拱浇筑前逐段拆除，每段拆除长度不宜大于 15m。

④ 侧壁导坑法。根据侧壁导坑开挖的个数，分为单侧壁导坑法及双侧壁导坑法。

单侧壁导坑法（图 6-11）一般将断面分成三块：侧壁导坑、上台阶、下台阶。

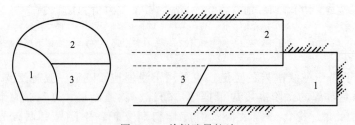

图 6-11 单侧壁导坑法
1—侧壁导坑；2—上台阶；3—下台阶

侧壁导坑宽度不宜超过 0.5 倍洞跨，高度以到起拱线为宜。导坑与台阶的距离没有硬性规定，一般以施工互不干扰为原则。

双侧壁导坑法（图 6-12）是先开挖隧道两侧导坑，及时施作导坑四周初期支护及临时支护，然后再根据地质条件、断面大小，对剩余部分采用两部或三部开挖的方法。

侧壁导坑法一般用于双线隧道Ⅴ、Ⅵ级围岩及浅埋地段。由于双侧壁导坑法每部开挖的宽度较小，而且封闭型的导坑初期支护承载能力大，所以它更适用于断面跨度大、地表沉陷难于控制的软弱松散围岩中。

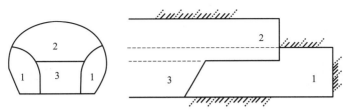

图 6-12 双侧壁导坑法
1—侧壁导坑；2—上台阶；3—下台阶

侧壁导坑法施工要求如下：

a. 侧壁导坑形状宜近于椭圆形断面，导坑断面宽度宜为整个断面的 1/3。

b. 侧壁导坑、中槽部位宜采用短台阶开挖，各部距离应根据隧道埋深、断面大小、结构类型等选取。各部开挖后应及时进行初期支护及临时支护，并尽早封闭成环。

c. 两侧壁导坑超前中槽部位 10~15m，可独立同步开挖和支护。中槽部位采用台阶法开挖，并保持平行作业。

d. 中槽开挖后，拱部钢架与两侧壁钢架的连接是难点，在两侧壁导坑施工中，钢架的位置应准确定位，确保各部架设钢架连接后在同一个垂直面内，避免钢架发生扭曲。

e. 根据量测信息，初期支护稳定后拆除临时支护，一次拆除长度不得大于 15m，并加强监测。

f. 临时支护拆除完成后，应及时施作仰拱及二次衬砌。

⑤ 中洞法。中洞法（图 6-13）适用于双连拱隧道。采用先施作隧道中墙混凝土，后开挖两侧的施工方法。

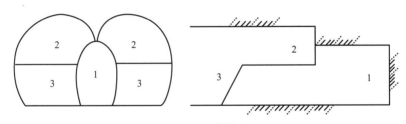

图 6-13 中洞法
1—中导洞；2—上台阶；3—下台阶

中洞法施工要求如下：

a. 中洞法开挖高度应大于中墙高度 1m，开挖宽度应大于 5m；

b. 中洞开挖长度根据隧道长度、宽度以及地质情况综合考虑，一般为 50~80m；

c. 中洞开挖后应及时施作初期支护，再分段灌注中墙混凝土，在中墙混凝土达到设计强度后方可拆模，并进行临时横向支撑。

6.2.3 隧道施工方法的选择

隧道施工方法选择主要依据工程地质和水文地质条件，并结合隧道断面尺寸、长度、衬砌类型、隧道的使用功能和施工技术水平等因素综合考虑研究确定。所选择的施工方法也应体现出技术先进、经济合理及安全适用。

隧道开挖方法选择时应考虑以下几个因素：

a. 工程的重要性：一般由工程的规模、使用上的特殊要求，以及工期的缓急体现出来。

b. 地质和水文条件：其中包括围岩级别、地下水及不良地质现象等。

　　c. 施工技术条件和机械装备状况：实践证实，施工条件是决定施工方法的最基本的因素，它包括一个施工队伍所具备的施工能力、素质以及管理水平。

　　d. 施工中动力和原材料供应情况。

　　e. 隧道的横断面积。

　　f. 隧道的埋深：隧道的埋深与围岩的初始应力场及多种因素有关，在同样的地质条件下，由于埋深不同，施工方法也有很大差异。

　　g. 工期：工期决定了在均衡生产的条件下，对应配备的开挖、运输等综合生产能力的基本要求，即对施工均衡速度、机械化水平和管理模式的要求。

　　h. 工程投资与运营后的社会效益和经济效益。

　　i. 施工安全状况。

　　j. 有关污染、地面沉降等环境方面的要求和限制。

思考题

1. 常见的隧道掘进方法有哪些？简要说明各种掘进方法的优缺点。
2. 简述传统矿山法的施工流程。
3. 传统矿山法的施工方法有哪些？
4. 新奥法施工的特点是什么？与传统矿山法相比，有何区别？
5. 新奥法的施工方法有哪些？

学习情境7 隧道钻爆法设计及施工

【情境描述】

爆破法开凿隧道是目前最主要的施工方法之一，尤其对坚硬的岩石更是如此。隧道的爆破开挖是以钻孔、爆破工序为主，辅以装运机械出碴等工序而完成的。爆破开挖是隧道建设的主要工序，它的成败与好坏直接影响到围岩的稳定及后续工序的正常进行。隧道爆破一般采用小孔径的钻孔爆破，其钻孔、装药、堵塞、爆破等施工操作具有以下特点：

a. 由于滴水、潮湿空气、照明、通风和洞内气温、噪声、粉尘等的影响，钻孔爆破作业条件差，加之它与支护、出碴运输等工作交替，致使工作面受到限制，施工难度大。必须采用合理的爆破施工，保证爆破循环的正常进行。

b. 爆破的临空面少，岩石的夹制作用大，耗药量多，不能充分发挥爆破效果。

c. 对钻孔和爆破的质量要求高。要保证方向、精度；爆破隧道断面达标，不能超挖过大；还要减小飞石的破坏作用，爆落岩石块度要均匀，便于运输。

d. 施工中要保证良好的工程质量。施工中要减小围岩的扰动，确保围岩的完整。

e. 施工方法和设备的选择要根据具体现场条件。此外变化复杂的围岩（结构、强度、松动程度、耐风化性、初始地应力方向）跨度及地下水活动情况等对施工方法和设备也有较大影响。

f. 钻孔是隧道爆破的关键工序，要保证其位置和深度的准确。

通过本情境的学习，使学生了解爆破破岩的作用机理，掌握常见的爆破器材的性能及结构，熟悉起爆器材的类型以及起爆网络的布置方法，能进行炮眼布置工作，并对爆破参数进行设计计算，为钻爆施工打下良好基础。

【教学目标】

1. 能力目标
① 能选择起爆网络并进行网络布置。
② 能进行炮眼布置。
③ 能进行爆破参数设计。
④ 能进行周边眼控制爆破设计。
⑤ 能针对常见凿岩机具进行选型工作。
⑥ 能针对盲炮进行预防及处理。

2. 知识目标
① 了解爆破破岩的作用机理。
② 掌握常见的爆破器材的性能及结构。
③ 掌握起爆器材的类型以及起爆网络的布置方法。

【案例引入】
某Ⅰ级双线铁路钻爆法隧道工程土建施工组织设计。

7.1 炸药化学变化及爆破破岩作用机理

7.1.1 炸药化学变化

炸药的三种化学变化分别为热分解、燃烧和爆炸。三种化学变化都是放热反应，因为炸药自身含有氧化剂和还原剂，不需要其他外界因素（如空气中的氧气）加入，炸药的化学反应也能持续不断地进行。

炸药在常温尤其是受热作用时，会发生缓慢的分解并放出热量，这就是热分解。热分解不会形成爆炸，但是温度升高，分解速度会加快。当温度持续升高时，热分解可能转化为爆炸。所以，库房在贮存炸药时，不宜堆得过密、过高和过多，要留有通道，保证通风良好，保持常温。

绝大多数炸药都能燃烧，燃烧速度一般较慢。燃烧生成的气体或热量不能排放时，燃烧有可能转为爆炸。所以，炸药着火时，不要惊慌，有条件时可采取洒水降温和尽快疏散炸药的措施，切不可采用沙土覆盖法或用灭火器去灭火。

有足够大的外界能量作用（如用1发合格的雷管引爆铵梯炸药）时，炸药将会发生最快、最猛烈的化学反应，并生成大量的热和产生大量的气体，这就是爆炸。

爆炸反应在炸药中稳定传播时，这样的化学反应叫爆轰，爆轰状态下炸药的化学反应最完全，能量释放最充分、最集中。炸药爆轰时，其前阵面是带有一定冲击波的化学反应区，该阵面称为爆轰波。当起爆炸药的能量不足或受其他因素影响时，炸药可能出现不稳定爆炸现象，造成半爆或熄爆。

炸药爆炸是爆破法破碎岩体的能量来源，炸药爆炸的定义可表述为：炸药爆炸是一种高速进行的，能自动传播的化学反应，在此反应过程中放出大量的热，并生成大量的气态产物。

由炸药爆炸的定义可以看出，炸药爆炸的三要素为放出热量、生成气体产物、反应的高速度。

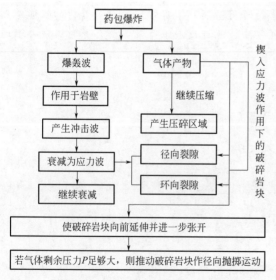

图7-1 爆轰气体与应力波共同作用破碎岩体的过程

7.1.2 爆破破岩作用机理

目前，对于爆破破岩的机理，并没有形成统一的认识，近年来的理论和实践研究表明，应力波和爆轰气体共同作用的破坏观点更加符合工程实际。爆轰气体与应力波共同作用破碎岩体的过程见图7-1。

根据炸药药包对介质影响程度的不同，可以将其影响作用分为内部作用和外部作用。

（1）内部作用 当药包在岩体中的埋置深度很大，其爆破作用达不到自由面时，这种情况下的爆破作用称为爆破的内部作用，相当于单个药包在无限介质中的爆破作用。

根据岩石的破坏特征,可将耦合装药条件下,受爆炸影响的岩石分为三个区域:粉碎区、破裂区和震动区。

① 粉碎区。岩体中药包爆炸时,爆轰压力在数微秒内急剧增高到数万兆帕,并在药包周围的岩石中激发冲击波,强度远远超过岩石的动态抗压强度。

冲击波的作用下,坚硬岩石,受到粉碎性破坏,形成粉碎区;对于松软岩石(如页岩、土壤等),被压缩形成空腔,空腔表面形成较为坚实的压实层,这种情况下的粉碎区又称为压缩区。

② 破裂区。在粉碎区形成的同时,岩石中的冲击波衰减成压应力波。在应力波的作用下,岩石在径向产生压应力和压缩变形,切向方向将产生拉应力和拉伸变形。当切向拉应力大于岩石的抗拉强度时,该处岩石被拉断,形成与粉碎区贯通的径向裂隙。

径向裂隙形成后,作用在岩石上的压力迅速下降,药室周围的岩石随即释放出在压缩过程中积蓄的弹性变形能,形成与压应力波作用方向相反的拉应力,使岩石质点产生反方向的径向运动。当径向拉应力大于岩石的抗拉强度时,该处岩石被拉断,形成环向裂隙。

③ 震动区。在破裂区外围的岩体中,应力波和爆轰气体的能量已不足以对岩石造成破坏,应力波的能量只能引起该区域内岩石质点发生弹性振动,这个区域称为震动区。

在震动区,由于地震波的作用,有可能引起地面或地下建筑物、构筑物的破裂、倒塌,或导致路堑边坡滑坡、隧道冒顶片帮等灾害。

(2) 外部作用 当单个药包在岩体中的埋置深度不大时,可以观察到自由面上出现了岩体开裂、鼓起或抛掷现象。这种情况下的爆破作用称为爆破的外部作用,其特点是在自由面上形成一个倒圆锥形爆坑,称为爆破漏斗。爆破漏斗的几何参数见图7-2。

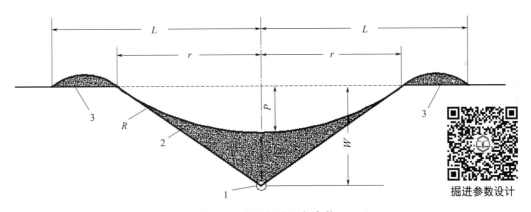

图7-2 爆破漏斗几何参数

P—可见漏斗深度;W—最小抵抗线长度;R—破裂半径;r—爆破漏斗半径;L—抛掷距离;
1—药包;2—爆破漏斗;3—抛掷出的岩石

爆破漏斗的几何特征反映了药包重量和埋深的关系,反映了爆破作用的影响范围。

爆破漏斗底圆半径与最小抵抗线的比值称为爆破作用指数,用 n 表示。

根据爆破作用指数 n 值的不同,最终形成的爆破漏斗有如下几种形式:当 $n=1$ 即 $r=W$ 时,称为标准抛掷爆破;当 $n>1$ 即 $r>W$ 时,称为加强抛掷爆破;当 $0.75<n<1$ 时,称为减弱抛掷爆破;当 $0.33<n\leq0.75$ 时,称为松动爆破;当 $n\leq0.33$ 时,称为隐藏式爆破。

隐藏式爆破只在介质内部引起破坏,不产生爆破坑,故又称内部爆破,可用于炸胀药壶。

7.2 选择爆破器材

7.2.1 炸药性能指标

炸药的性能指标包含感度、爆速、爆力、猛度和殉爆距离等。

(1) 感度 在外界能量作用下,炸药发生爆炸的难易程度称为感度。炸药的感度包含热感度、机械感度和起爆感度三种形式。

① 炸药的热感度是指在热的作用下,炸药发生爆炸的难易程度。

② 炸药的机械感度是指在机械作用下,炸药发生爆炸的难易程度,根据机械作用的形式不同,分为撞击感度和摩擦感度两种形式。撞击感度是指炸药在撞击作用下发生爆炸的难易程度,采用立式撞击仪进行测定。而摩擦感度是指机械摩擦下炸药的感度,采用摆式摩擦仪进行测定。

③ 炸药的起爆感度是指在其他炸药(起爆药、起爆具等)的引爆下,炸药发生爆轰的难易程度。

习惯上用雷管感度来区分工业炸药的起爆感度。

凡能用1发8号工业雷管可靠起爆的炸药称其具有雷管感度,凡不能用1发8号工业雷管可靠起爆的炸药称其不具有雷管感度。

(2) 爆速 爆轰波沿炸药装药传播的速度称为爆速。爆速的影响因素有药柱直径、装药密度、药柱外壳。

① 药柱直径的影响。药柱直径对爆速的影响规律如图7-3所示。其中,d_c为药柱直径,D为爆速。

可以看出,在某一范围内,药柱直径越大,则爆速越高。超出此范围,爆速随药柱直径变化很小。因此,爆速存在上限D_H。该上限值可由拟合公式求得:

$$D = D_H \left(1 - \frac{a}{d_c}\right)$$

D_H称为理想爆速,其定义为当药柱为理想封闭,爆轰产物不发生径向流动时,炸药所能达到的爆速。

当药柱直径减小到一定值后,爆轰波就不能稳定传播,最终将导致熄爆。爆轰波能稳定传播的最小药柱直径d_k为临界直径。临界直径时的爆速称为临界爆速。d_L为极限直径。

② 装药密度对爆速的影响。对于单质炸药来说,爆速随密度增大而增加。而对于混合炸药,密度对爆速的影响较为复杂。在一定范围内,爆速随密度增大而增大,超出该范围,爆速随密度的增大而减小,如图7-4所示。

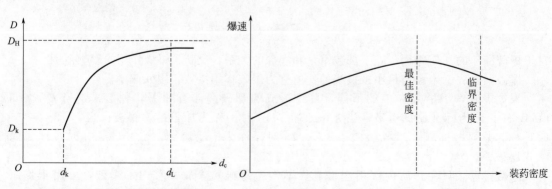

图7-3 药柱直径对爆速的影响规律　　图7-4 装药密度与爆速的关系曲线

在实际工程中，通常将能使爆速达到最大的密度值，称为最佳密度。而爆轰波尚能稳定传爆的最大密度称为临界密度。

（3）爆力　炸药爆炸时生成高温高压的爆炸产物，在对外膨胀时压缩周围的介质，使其邻近的介质变形、破坏、飞散而做功。所有爆炸产生的功之总和叫作总功，总功只是炸药总能量的一部分，称为炸药的做功能力，也称为炸药的爆力。

炸药的爆力越大，说明炸药爆炸释放出的能量越多，破坏力越强，破坏范围及体积也就越大。

炸药爆力可用铅墙法进行测定（图 7-5）。

其基本原理为将一定质量、一定密度的炸药置于铅墙孔内，爆炸后以铅墙孔扩大部分的容积来衡量炸药的爆力。

（4）猛度　炸药爆炸时粉碎和破坏与其接触的物体的能力称为炸药的猛度。炸药的猛度表达炸药爆轰对爆破对象的冲击、粉碎能力。一般来说，炸药爆速越高，猛度也就越大。炸药的猛度大小与炸药爆炸时能量是否集中释放出来有关，

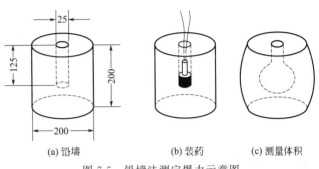

图 7-5　铅墙法测定爆力示意图

炸药爆炸完成的时间愈短，则能量就能集中释放，对周围的冲击力量就愈大，破碎的作用也就愈大。炸药爆炸完成的时间长短，取决于炸药的爆速。由此可知，影响炸药猛度的主要是爆速。做功能力表示的是炸药总体的破坏能力，而猛度表示的仅是炸药局部的破坏能力。

（5）殉爆距离　殉爆是指炸药爆炸时引起与其不相接触的邻近炸药爆炸的现象。炸药殉爆的能力用殉爆距离来表示。殉爆距离是指主发药卷引起被发药卷爆炸的最大距离。

7.2.2　隧道工程中常见的炸药类型

工程用炸药一般以某种或几种单质炸药为主要成分，另加一些外加剂混合而成。目前在隧道爆破中使用最广的是硝铵类炸药。硝铵类炸药品种极多，但其主要成分是硝酸铵，占 60% 以上，其次是梯恩梯或硝酸钠（钾），占 10%～15%。如图 7-6 所示。

NH₄NO₃

梯恩梯(TNT)

图 7-6　工程常见炸药

（1）铵梯类炸药　在无瓦斯坑道中使用的铵梯炸药，简称岩石炸药，其中 2 号岩石铵梯炸药（图 7-7）最为常用；在有瓦斯坑道中使用的炸药，简称煤矿炸药（图 7-8），它是在岩石炸药的基础上外加一定比例的氯化钠作为消焰剂的煤矿用安全炸药。

图 7-7　2 号岩石铵梯炸药

铵梯类炸药包括铵梯炸药和粉状铵梯油炸药（图 7-9）两种。

图 7-8　煤矿炸药　　　　　　　图 7-9　铵梯油炸药

铵梯炸药是指以硝酸铵和梯恩梯为主，加入可燃剂（如木粉）等组成的混合炸药。

铵梯油炸药是以硝酸铵为主要成分，加入梯恩梯、木粉、复合油以及复合添加剂（或改性剂）等原材料制成的工业混合炸药。

铵梯油炸药是一种新型的工业炸药，是铵梯炸药向无梯化过渡的一个重要品种。

（2）含水炸药　含水炸药包括浆状炸药、水胶炸药和乳化炸药。

① 浆状炸药（图 7-10）是由可燃剂和敏化剂分散在氧化剂（以硝酸铵为主，通常可加入其他硝酸盐等）的饱和水溶液中，经稠化或再经交联后制成的一种水包油型（O/W）凝胶状炸药。

② 水胶炸药（图 7-11）则是指以硝酸甲胺为主要敏化剂的浆状炸药。水胶炸药是浆状炸药发展和改进的产物。两种炸药的组分基本相同，主要区别在于敏化剂的不同。

图 7-10　浆状炸药

③ 乳化炸药（图 7-12）是通过乳化剂的作用，使氧化剂水溶液的微滴均匀地分散在含有空气泡或空心微球等多孔性物质的油相连续介质中而成的一种油包水型（W/O）的乳胶状炸药。

含水炸药的特点如下：

a. 抗水性强、密度高、体积威力大。适用于含水爆破环境，易沉入有水炮孔孔底。

b. 摩擦、撞击、枪击感度和热感度大大低于铵梯炸药，可塑性好，使用安全。适合于现场混装机械化施工。

图 7-11　水胶炸药

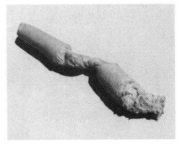

图 7-12　乳化炸药

c. 除浆状炸药外，乳化炸药和水胶炸药都具有较好的爆轰感度。可以用 1 发 8 号雷管直接起爆。

d. 炸药成分、炸药密度及炸药的形态可在较大范围内进行调节。可以根据所爆岩体的性质和最小抵抗线，在现场机械化混制出具有合适爆炸性能的炸药。

e. 含水炸药的主要缺点是耐冻性差，使用时一般要求炸药温度在 0℃ 以上。

（3）硝化甘油炸药（胶质炸药）　硝化甘油炸药是指硝化甘油被氧化剂和可燃剂等吸收后组成的炸药。硝化甘油炸药分为粉状硝化甘油炸药和胶质硝化甘油炸药（胶质炸药）两个系列。

硝化甘油炸药具有爆炸威力大、起爆感度高、传爆性能好和抗水性能强等优点，因此自其诞生之日起就统治工业炸药长达一个世纪。但其缺点也较为明显，表现在机械感度高、加工和使用不安全、抗冻性差、易渗油和老化、生产成本高等。因此，随着现代炸药的发展，硝化甘油炸药逐步退出历史舞台，一般只在水下爆破中使用。

需要说明的是，隧道爆破中使用的炸药一般均由厂家或现场加工成药卷形式，药卷直径有 22mm、25mm、32mm、35mm、40mm 等，长度一般为 165～500mm，一般不用粉末形态或其他形态的炸药。

7.2.3　装药结构形式

装药结构是指炸药药卷在炮孔（眼）内的安置方式，是影响爆破效果的重要因素。

常见的装药结构形式有以下几种：

① 连续装药。炸药在炮孔内连续装填，不留间隔，如图 7-13 所示。

② 间隔装药。炸药在炮孔内分段装填，装药之间由炮泥、木垫或空气柱隔开，如图 7-14 所示。

③ 耦合装药。炸药直径与炮孔直径相同，炸药与炮孔壁之间不留间隙，如图 7-15（a）所示。

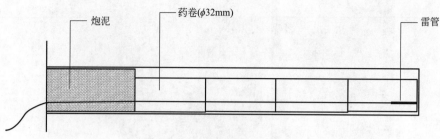

图 7-13 连续装药结构示意图

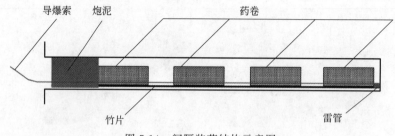

图 7-14 间隔装药结构示意图

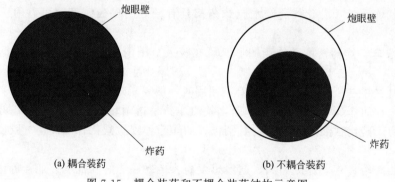

图 7-15 耦合装药和不耦合装药结构示意图

④ 不耦合装药。炸药直径小于炮孔直径，炸药与炮孔壁之间留有间隙，如图 7-15(b) 所示。

装药的不耦合系数，即炮孔直径与装药直径之比。当装药直径等同于炮孔直径时，耦合装药系数为 1；散装药时，不耦合系数也为 1。经试验和实践证明，采用不耦合系数装药时对光面爆破起到非常重要的作用，已在光面爆破和预裂爆破中得到广泛的应用，一般情况下，采用不耦合系数为 0.65～0.85。

7.3 选择起爆器材及起爆方法

设置传爆起爆的目的是在装药以外的安全距离处通过发爆和传递，使装在药包或药卷中的雷管起爆，并引发药包或药卷爆炸，从而爆破岩石。

起爆器材包括：导火索、导爆索、继爆管、导爆管、起爆药柱（图 7-16）、起爆器（图 7-17）、雷管（图 7-18）和起爆所需的其他用品。

图 7-16　起爆药柱　　　　　图 7-17　起爆器　　　　　图 7-18　雷管

7.3.1　常见起爆方法及起爆器材

常用的工业炸药起爆方法可分为导火索起爆法、导爆索起爆法、导爆管起爆法和电力起爆法。

（1）导火索起爆法（火雷管起爆法）　导火索起爆法是指利用导火索燃烧时产生的火焰，先引爆火雷管，再由火雷管激发炸药爆炸的起爆方法，其结构见图 7-19。

导火索多采用黑火药作索芯，传爆速度一般在 110～125m/s。具有一定的防潮耐水能力，在 1m 深常温静水中浸泡 2h 后，其燃烧速度和燃烧性能不变。其结构如图 7-20 所示。

导火索必须使用导火索或专用点火器材点燃，严禁用火柴、烟头点火。为避免出现爆燃或缓燃事故，严禁脚踩和挤压已点燃的导火索。

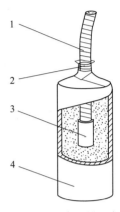

图 7-19　导火索起爆示意图
1—导火索；2—绑绳；
3—火雷管；4—药卷

火雷管由管壳、主装药、副装药和加强帽组成，分为 6 号和 8 号两种规格。管壳材料分为钢、铝、铜、纸几种，管壳内径为 6.2mm。其构造如图 7-21 所示。

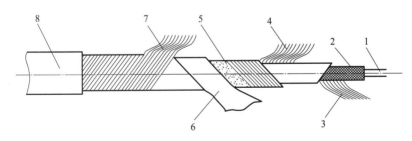

图 7-20　导火索结构示意图
1—芯线；2—芯药（黑火药）；3—内线层；4—中线层；5—沥青层；6—纸条；7—外线层；8—涂料层

火雷管优点为操作简单，能抗杂散电流，不需要网络计算，费用较低，特别适用于二次爆破、浅眼爆破和零星分散的小型爆破。

火雷管缺点为可靠性低，易出现盲炮，作业危险性较大，不能在竖井、倾角大于 30°的斜井以及较难撤至安全地点的爆破工作面使用，不能在有瓦斯和煤尘爆炸危险的环境中使用。

（2）导爆索起爆法　导爆索起爆法是用雷管激发导爆索（图 7-22），通过导爆索的芯药（猛性炸药）传递爆轰并引爆炸药。

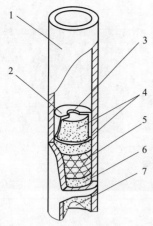

图 7-21 火雷管结构示意图

1—纸壳；2—加强帽；3—传火孔；4—副装药；
5—二遍主装药；6—头遍主装药；7—聚能穴

图 7-22 导爆索

导爆索是以黑索金或泰安为索芯，以棉线、麻线或人造纤维为被覆材料的传递爆轰波的一种索状起爆器材。索芯中有三根芯线，药芯外有三层棉纱和纸条缠绕，并有两层防水层。最外层涂成红色作为与导火索区别的标志。

导爆索可认为是"细长而连续的小号雷管"，其结构如图 7-23 所示。

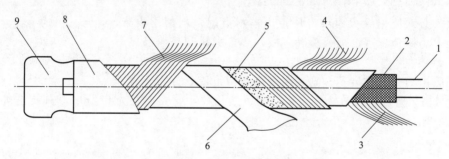

图 7-23 导爆索结构示意图

1—芯线；2—黑索金或泰安；3—内线层；4—中线层；5—沥青；6—纸条层；
7—外线层；8—涂料层；9—防潮帽或防潮层

导爆索主要有普通导爆索和安全导爆索两种类型。

普通导爆索是目前生产和使用较多的一种，具有一定的防水性能和耐热性能，但是在爆轰传播过程中火焰强烈，只能用于露天爆破和没有瓦斯的地下爆破作业，其爆速不小于 6500m/s。

图 7-24 导爆管

安全导爆索是在普通导爆索的药芯或外壳内加入适量的消焰剂，使爆轰过程中产生的火焰小、温度低，不会引爆瓦斯或矿尘，专供有瓦斯或矿尘爆炸危险的地下爆破作业使用，其爆速不小于 6000m/s。

(3) 导爆管起爆法 导爆管起爆法是指导爆管（图 7-24）被激发后传播爆轰波引发雷管，再引爆炸药的起爆方法。

导爆管起爆法通常将塑料导爆管作为起爆器材，塑料导爆管简称导爆管，是一种内壁涂敷有猛炸药，以低爆速传递爆轰波的挠性塑料细管。

我国普通塑料导爆管一般由低密度聚乙烯树脂加工而成，无色透明，外径 3mm，内径 1.4mm±0.1mm。涂敷在内壁上的炸药量为 14～18mg/m（91％的奥克托金或黑索金，9％的铝粉）。

利用塑料导爆管为传爆元件，并与起爆元件、连接元件及末端工作元件等构成的起爆系统称为导爆管起爆系统。

能够引爆导爆管的器材统称起爆元件。起爆元件主要有：击发枪、击发管、电雷管发爆器配起爆头、导爆管击发笔、导爆索、电雷管、火雷管等，其中后两种最为常用。

塑料连通管是我国于 20 世纪 80 年代研制成功的一种新型传爆元件，常用的有分叉式、双向集束式和单向集束式三种（图 7-25）。其中单向集束式又称为反射四通。当需要传爆的导爆管小于 3 根时，可用长于 10cm 的导爆管（爆轰过的也可以）顶替。

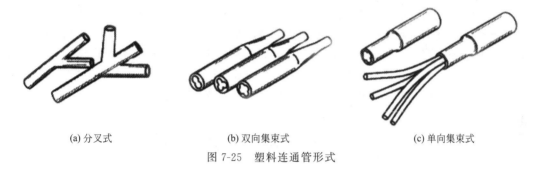

(a) 分叉式　　　　　　(b) 双向集束式　　　　　　(c) 单向集束式

图 7-25　塑料连通管形式

末端工作元件（图 7-26）是指与导爆管的传爆末端相连接的火雷管。常将导爆管与火雷管装配在一起，形成导爆管雷管。导爆管雷管是指靠导爆管的冲击波冲能激发的工业雷管，由导爆管、卡口塞、延期体和火雷管组成。

图 7-26　末端工作元件

（4）电力起爆法　电力起爆法是指利用电能引爆电雷管，进而激发炸药爆炸的起爆方法，如图 7-27 所示。

图 7-27　电力起爆

按通电后爆炸时间的不同以及是否允许用于有瓦斯或煤尘爆炸危险的工作面，作如下分类：

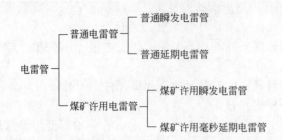

① 普通瞬发电雷管。普通瞬发电雷管简称瞬发电雷管，是指通电后立即爆炸的电雷管，又叫即发电雷管。

瞬发电雷管根据电点火装置的不同，分为直插式和引火头式两种（图7-28），直插式瞬发电雷管桥丝直接插进副装药，靠通电灼热的桥丝直接引燃副装药并使之爆轰，副装药是松散的，取消了加强帽；引火头式电雷管，桥丝周围涂有引火药，做成一个圆珠状的引火头。当桥丝通电灼热，引起引火头燃烧喷火，火焰穿过加强帽的中心孔引爆副装药。无论是直插式还是引火头式电雷管，加工雷管、起爆药包或处理盲炮时，均不能用力拉动电雷管脚线，否则可能造成雷管爆炸。

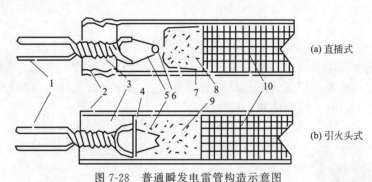

图7-28 普通瞬发电雷管构造示意图
1—脚线；2—管壳；3—密封塞；4—纸垫；5—桥丝；6—引火头；7—加强帽；8—DDNP；9—正起爆药；10—副起爆药

② 普通延期电雷管。普通延期电雷管简称延期电雷管，是指装有延期元件或延期药的电雷管。

根据延期时间的不同，延期电雷管又分为秒延期电雷管、半秒延期电雷管、1/4秒延期电雷管和毫秒延期电雷管。

秒延期电雷管是通电后延迟爆炸时间以1s、0.5s、0.25s为计量单位的迟发电雷管。

秒延期电雷管与瞬发电雷管比较，仅仅是前者在引火头和加强帽之间多了一段起延时作用的精制导火索，并在雷管壳上加设了排气孔。起爆时，引火头点燃精制导火索，导火索燃烧完毕喷出火焰，传递给副装药引爆雷管。

毫秒延期电雷管（又称微差电雷管），通电后爆炸的延期时间以ms计。

毫秒电雷管和秒延期电雷管的区别在于使用了不同的延时剂，秒延期电雷管靠精制导火索段延时，毫秒电雷管使用延期药延时，其延期药为硅铁和铅丹混合物，并掺入适量硫化锑以调节药剂的化学反应速度（图7-29），通过改变延期药的成分、配比、压药密度、药量来控制延期时间。

国产秒迟发电雷管按延期时间的长短分为7段，段数越大，延期时间越长（表7-1）。最长延期时间为（7.0+1.0）s，发爆电源可用交、直流照明或动力电源，也可以用各种类型的专用电起爆器。在有杂散电流条件下，应采用抗杂散电流电雷管。

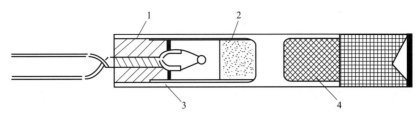

图 7-29 毫秒延期电雷管
1—塑料塞；2—延期药；3—延期内管；4—加强帽

表 7-1 秒迟发电雷管的延期时间

段别	1	2	3	4	5	6	7
延期时间/s	<0.1	1.0+0.5	2.0+0.6	3.1+0.7	4.3+0.8	5.6+0.9	7.0+1.0
脚线颜色	灰蓝	灰白	灰红	灰绿	灰黄	黑蓝	黑白

③ 煤矿许用电雷管。允许在有瓦斯和煤尘爆炸危险的环境中使用的电雷管统称煤矿许用电雷管。煤矿许用电雷管分为瞬发和毫秒延期两种类型。

煤矿许用电雷管与普通电雷管的区别体现在以下几个方面：
a. 在雷管的主装药内加入消焰剂或添加剂。
b. 禁止使用铝质管壳。
c. 采用铅质五芯延期体。
d. 采用燃烧温度低、气体生成量少的延期药。
e. 煤矿许用毫秒延期电雷管的段别分为 5 段，最长延期时间不超过 130ms。

7.3.2 起爆方法选择原则

在工程爆破中究竟选择哪一种起爆方法，应根据环境条件、爆破规模、经济技术效果、是否安全可靠以及工人掌握起爆操作技术的熟练程度来确定。

通常，选择起爆方法应满足以下原则：
a. 在有沼气、瓦斯爆炸危险的环境中进行爆破，应采用电起爆而禁止采用非电起爆。
b. 对大规模爆破，如硐室爆破、深孔爆破和一次起爆数量较多的炮眼爆破，应采用电雷管、导爆管和导爆索起爆。

7.3.3 起爆网络选择及布置

由单个药包的起爆组合，向多个起爆药包传递起爆信息和能量的系统称为起爆网络。隧道爆破工程中常见的起爆网络包括电力起爆网络、导爆索起爆网络以及导爆管起爆网络。

7.3.3.1 电力起爆网络

（1）电力起爆网络组成　由电雷管、导线（包含端线、区域线、主线三种）、电源等构成。其中，用来连接长雷管脚线的导线称为端线。连接端线和主线的导线称为区域线。主线则是指区域线与爆破电源之间的连接导线。

常见的电力起爆电源有以下几种形式：
① 交流电。采用 220V 照明电或 380V 动力电等，具有容量高、电流强度大的特点。当有大量雷管时连接较为复杂，爆破网络需要进行严格设计。
② 直流电。采用干电池或蓄电池等作为电源。电容量较小，起爆能力较低。

③ 发爆器。俗称"炮机",是一种利用高压脉冲电流进行起爆的电源装置。常见于煤矿井下爆破或隧道爆破中。发爆器起爆具有以下几个优点:

a. 当母线产生虚接、断路和短路等故障时,发爆器即不能充电,从而避免发生爆前火花、丢炮和由于电源连接不良等造成瞎炮;

b. 向爆破网络输送的电能与负载相当适应,从而避免了"大马拉小车"引起的高温火花和丢炮等不安全因素;

c. 采用了快速接线端子及弹簧压紧构造,接线简单可靠,端子清洁,减少了接触电阻,而且不能用接线端子断路作母线打火导通试验,从而可防止因发爆器火花引起的瓦斯燃烧和爆炸事故;

d. 通电时间为 4ms,即使网络炸断或裸露线路相碰也不会产生电火花,更能可靠地防止爆后火花,避免引发瓦斯煤尘事故的发生。

(2) 电力起爆网络的基本要求　电力起爆网络的基本要求如下:

a. 电源可靠,电压稳定,容量足够;

b. 网络尽可能简单,便于设计计算、连接和检查;

c. 保证通过网络中每个电雷管的电流大于雷管的准爆电流,串联时还必须满足串联准爆条件;

d. 尽可能使通过网络的电流均匀分配。

(3) 电力起爆网络的基本形式　电力起爆网络的基本形式有串联、并联和混合联三种(图 7-30)。

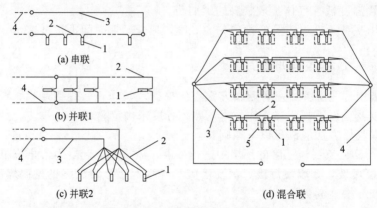

图 7-30　电力起爆网络的基本形式
1—雷管;2—端线;3—区域线;4—主线;5—药室

串联网络中有一处连接不好或雷管出现问题,后续都会拒爆,且电压会平均分配到每个雷管,如果串联过多,网络中电流过小,可能达不到雷管的准爆电流,出现哑炮。但对发爆器的电流要求比较低。

并联网络中每个雷管相互独立,某个雷管拒爆,不影响其他雷管的正常起爆。因此不会出现大范围拒爆现象。但并联对电流的要求比较大,如果并联过多,放炮器电流不够,也会出现哑炮。

(4) 电力起爆优缺点　电力起爆的优点有以下几个方面:

a. 可用仪表进行网络测量检查;

b. 可远距离起爆;

c. 能同时引爆多个雷管,增大爆破的范围与效果;

d. 可实现延期顺序起爆。

电力起爆的缺点如下：
a. 准备工作比较复杂费事；
b. 需进行电爆网络的设计、计算和敷设；
c. 必须有可靠的起爆电源。

(5) 电力起爆网络布置要求　电力起爆网络布置要求如下：
a. 电雷管必须逐发导通检查，阻值误差不得超过 0.50Ω；
b. 按顺序连接爆破网络；
c. 随时进行爆破网络的导通检查，最后，网络总阻值应与设计值相符；
d. 选择安全地点作为起爆站；
e. 工作人员不得穿化纤衣服；
f. 连线前，清洗手以及导线接头上的污泥，刮去绝缘层和氧化层；
g. 接头应牢固，有较大的接触面积，以减少接头电阻；
h. 接头不能接地，应用绝缘胶布包裹；
i. 专人按设计检查复核。

7.3.3.2　导爆索起爆方法及起爆网络布置

导爆索起爆即利用雷管的爆炸，首先引爆导爆索，然后由导爆索网络的爆轰引爆药包的方法。其中，起爆雷管，应捆扎在距离传爆线端头 10～15cm 处，雷管底部的窝槽应指向传爆方向。

导爆索起爆网络的连接方式主要有串联、分段并联和簇并联三种。

(1) 串联　将导爆索依次从各炮孔引出串联在一个网络上，起爆时，通过导爆索引爆各炮孔。它虽然施工简单，但导爆索用量太大且易因一个药包的导爆索有故障就可能产生大量瞎炮，实际中已很少采用。

(2) 分段并联　将各药包的导爆索从炮孔或药室中引出，分别连接在地面上事先铺好的导爆索主线上。主导爆索起爆后，就能分别传递爆炸作用到各药包中去，而且时间几乎是相同的。这种连接方法起爆可靠性高，导爆索消耗少，是常用的一种方式。

(3) 簇并联　将连接每个药包的传爆线一端连成一捆，再与另外一根传爆线（主线）连接起来。这种连接，传爆线消耗量很大。因此，只有在药包集中在一起时（如隧道爆破）应用。

在导爆索起爆网络中，导爆索与导爆索之间不得随意连接。常见的导爆索之间的连接方式有搭结、水手结或 T 形结等。各连接构造如图 7-31 所示。

导爆索与药卷的连接以及导爆索结的构造如图 7-32 所示。

导爆索起爆主要应用于露天爆破和隧道掘进中。其优点如下：

a. 爆破网络设计简单，操作方便，与电力起爆法相比，准备工作量少，不需要对爆破网络进行计算。

b. 不受杂散电流、雷电以及其他各种电感应的影响（除非雷电直接击中导爆索）。

c. 起爆准确可靠，能同时起爆多个装药。

d. 不需要在药包中连接雷管，因此在装药和处理盲炮时比较安全。

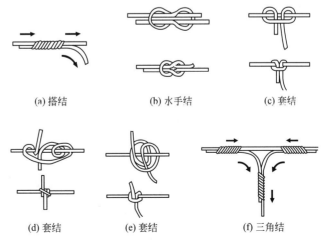

图 7-31　导爆索与导爆索的连接构造

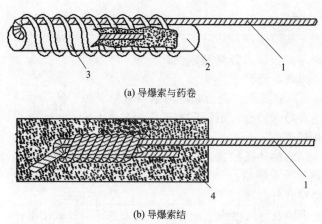

图 7-32 导爆索与药卷的连接以及导爆索结构造示意图
1—导爆索；2—药卷；3—胶布；4—起爆体

虽然导爆索起爆方法优点诸多，但其成本高、噪声大，且不能用仪器、仪表对爆破网络进行检查，无法对已堵塞的炮眼或导洞中导爆索的状态进行准确判断，很大程度上限制了此方法的应用和推广。

7.3.3.3 导爆管起爆方法及起爆网络布置

导爆管起爆即利用导爆管与非电雷管组成的传爆元件及传爆网络起爆装药的一种方法。导爆管爆破网络常见串联、簇联、簇串联、环形及复式等五种形式，其基本连接方式见图 7-33。

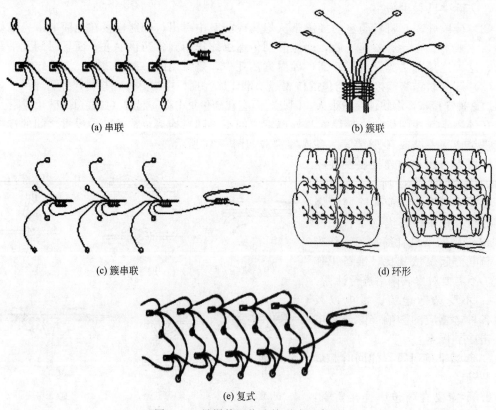

图 7-33 导爆管网络连接形式示意图

(1) 导爆管使用注意事项　在使用导爆管时，应注意以下问题：

a. 导爆管一旦被截断，端头一定要密封。再使用时，把端头剪去约 10cm，以防止端头密封不严受潮失效。

b. 如导爆管需接长时，先将导爆管密封头剪掉，再将两根导爆管插入塑料套管中同心相对，并在套管外用胶布绑紧。绝对禁止将导爆管搭结传爆。

c. 同一工作面的导爆管必须是同厂同批号产品。

d. 将雷管聚能穴指向与导爆管的传爆方向相反的方向。

(2) 导爆管优缺点　导爆管的优缺点如下：

a. 不受杂散电流及各种感应电流的影响，适合于杂散电流较大的露天或地下矿山爆破作业；

b. 网络的设计、操作简便，不需要进行网络计算；

c. 导爆管为非危险品，储运方便、安全；

d. 可以同时起爆的炮孔或装药的数量不受限制；

e. 导爆管雷管及爆破网络无法用仪表进行检查，只能凭外观检查网络的质量情况；

f. 不能在具有瓦斯与煤尘爆炸危险的环境中使用。

7.4　布置炮眼

炮眼布置首先应确定施工开挖轮廓线，然后进行炮眼布置。因此钻眼前应定出开挖断面中线、水平线和断面轮廓，标出炮眼位置，经检查符合钻爆设计要求后方可钻眼。而炮眼的布置、深度、角度、间距等应按钻爆设计要求确定。

隧道爆破通常采用掏槽爆破，即将开挖断面上的炮眼分区布置和按分区顺序起爆，逐步扩大完成一次爆破开挖，分区是按照炮眼的位置、作用的不同有三种炮眼，即掏槽眼、辅助眼和周边眼。这三种炮眼除共同完成一个循环进尺的爆破掘进外，还各有其作用，并各有不同的布置要求及长度、方向和间距等要求。

7.4.1　炮眼种类及作用

隧道光面爆破中常见炮眼类型有掏槽眼、辅助眼和周边眼三种。三种炮眼在开挖断面的布置位置以及作用各不相同。

爆破设计要求及炮眼种类

(1) 掏槽眼（图 7-34）　针对隧道开挖爆破只有一个临空面的特点，为提高爆破效果，宜先在开挖断面的适当位置（一般在中央偏下部）布置几个装药量较多的炮眼。其作用是先在开挖面上炸出一个槽腔，为后续炮眼的爆破创造新的临空面。

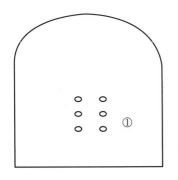
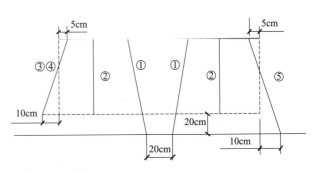

图 7-34　掏槽眼

掏槽眼设计应符合以下要求：

a. 掏槽眼本身只有一个临空面，且受周围岩石的夹制作用，故常采用较大的炸药单耗量 k 值和较大的装药系数 a 值，以增大爆破粉碎区，并利用爆炸冲击波及爆炸产物做功，将岩石抛掷出槽口。

b. 为保证掏槽炮能有效地将石碴抛出槽口，常将掏槽眼比设计掘进进尺加深 $10\sim20$cm 并采用孔底反向连续装药和双雷管起爆。

c. 槽口尺寸常在 $1.0\sim2.5$m^2 之间，要与循环进尺、断面大小和掏槽方式相协调。要求掏槽眼口间距误差和眼底间距误差不得大于 5cm。

d. 合理布置掏槽眼，应掌握好炮眼的三度：深度、密度和斜度，并通过计算确定用药量及放炮顺序。

(2) 辅助眼（图7-35） 位于掏槽眼与周边眼之间的炮眼称为辅助眼。其作用是扩大掏槽眼炸出的槽腔，为周边眼爆破创造临空面。其装药量介于掏槽眼和周边眼装药量之间，多采用连续装药结构。

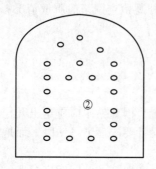
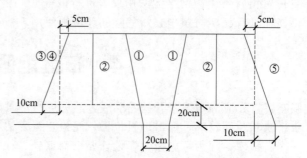

图 7-35 辅助眼

辅助眼的布置主要是解决间距 E 值和最小抵抗线 W 问题。其布置原则可参照后述周边眼的布置原则进行。只是 W、E 值及单孔装药量 q 值较大些。一般取 $E/W=0.6\sim0.8$ 为宜，并采用孔底连续装药。

辅助眼应由内向外，逐层布置、逐层起爆，逐步接近开挖断面轮廓形状，如图 7-36 所示。

(3) 周边眼（图7-37） 沿隧道周边布置的炮眼称为周边眼。其作用是炸出较平整的隧道断面轮廓。其施工质量的好坏将直接影响隧道断面的成形轮廓及对围岩的破坏程度。周边眼按其所在位置的不同，又可分为帮眼（④）、顶眼（③）、底眼（⑤）。

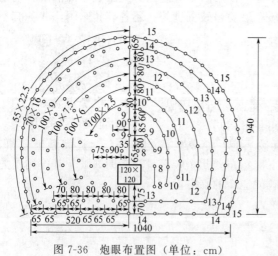

图 7-36 炮眼布置图（单位：cm）

周边眼的位置一般应沿设计轮廓线均匀布置，其炮眼的间距和最小抵抗线长度均比辅助眼小，目的是使爆破出坑道的轮廓较为平顺和控制超欠挖量。当岩质较软或较破碎时，炮眼口则应放在开挖轮廓线以内。炮眼底则应根据岩石的抗爆破性来确定其位置，应将炮眼方向以 3‰～5‰ 的斜率外插。一方面是为了控制超欠挖，另一方面是为了便于下次钻眼时好落钻开眼；对于松软岩层一般眼底应落在设计轮廓线上；对于中硬岩及硬岩，眼底应落在设计

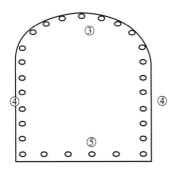
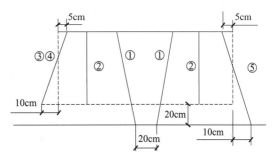

图 7-37 周边眼

轮廓线以外 10～15cm。底板眼的眼底一般都落在设计轮廓线以外。此外，为保证开挖面平整，辅助眼及周边眼的深度应使其眼底落在同一垂直面上，必要时应根据实际情况调整炮眼深度。

与掏槽眼和辅助眼相比，周边眼的装药量最少，多采用不耦合装药，且要求底眼比其他炮眼深 15～25cm。

7.4.2　选择掏槽形式

隧道爆破开挖成败的关键是掏槽技术。掏槽的成功与否直接影响爆破效果，掏槽的深度直接影响隧道掘进的循环进尺。掏槽的成功与否，又与地质条件、炸药种类及装药量、起爆顺序等有关。

7.4.2.1　小断面浅眼掏槽

小断面，一般指分部开挖的局部断面，如平行导坑、上导坑、下导坑，或断面面积为 $20m^2$ 以下的隧道。炮眼深度小于 1.5m 时，属于浅眼爆破。

小断面浅眼掏槽的形式包括斜眼掏槽和直眼掏槽两种。

（1）斜眼掏槽　斜眼掏槽是指槽眼方向与工作面按一定角度斜交的炮眼排列形式，常见的斜眼掏槽又有单向掏槽、锥形掏槽和楔形掏槽三种形式。

① 单向掏槽。由数个炮眼向同一方向倾斜组成。有爬眼掏槽、侧向掏槽、插眼掏槽等形式（图 7-38）。

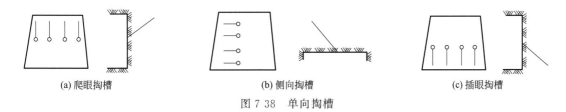

(a) 爬眼掏槽　　　　　(b) 侧向掏槽　　　　　(c) 插眼掏槽

图 7-38　单向掏槽

单向掏槽适用于隧道断面内有软弱夹层、层理、节理和裂隙时。可根据巷道断面大小或软夹层的厚度不同，布置一排或两排掏槽眼。

掏槽眼的倾斜角度一般为 50°～70°，岩石坚固程度高，则角度取小值。

② 锥形掏槽。由数个共同向中心倾斜的炮眼组成，有三角锥形、四角锥形、五角锥形等形式（图 7-39）。

③ 楔形掏槽。根据岩层层理不同，可分成水平楔形掏槽（图 7-40）和垂直楔形掏槽（图 7-41）两类。

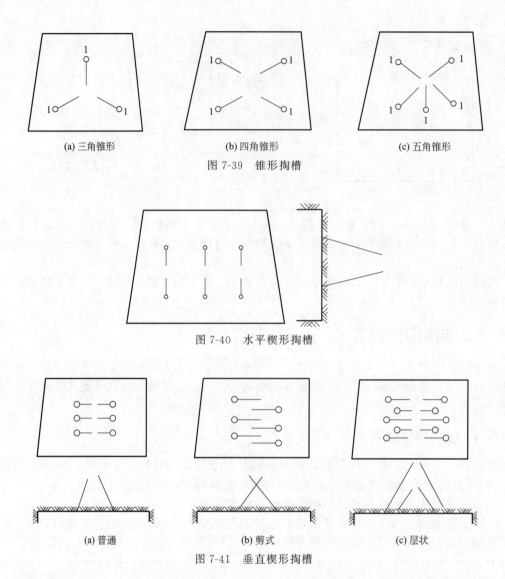

(a) 三角锥形　　　　　(b) 四角锥形　　　　　(c) 五角锥形

图 7-39　锥形掏槽

图 7-40　水平楔形掏槽

(a) 普通　　　　　(b) 剪式　　　　　(c) 层状

图 7-41　垂直楔形掏槽

楔形掏槽由数对（一般为2~4对）对称相向倾斜的炮眼组成。楔形掏槽爆力比较集中，爆破效果较好，掏出的槽口体积较大，可以适应各种不同坚固程度的岩层。其中，水平楔形掏槽适用于岩层为水平层理的状况。垂直楔形掏槽适用于中硬以上的均质岩石。

(2) 直眼掏槽　直眼掏槽由若干个彼此距离很近的、垂直于开挖面的、互相平行的炮眼组成。是利用炮眼内药包所产生的巨大爆炸力，爆破处于掏槽内部的岩石，并使之抛出槽外，从而形成一个设定的槽腔。其中有一个或几个是不装药的炮眼（空眼）。

直眼掏槽常见柱状掏槽和螺旋形掏槽两种形式。

① 柱状掏槽。它是充分利用大直径空眼作为临空孔和岩石破碎后的膨胀空间，使爆破后能形成柱状槽口的掏槽爆破。其布置形式有菱形布置、矩形布置和三角形布置等形式（图7-42）。

作为临空孔的孔眼数目，应视炮眼深度而定。一般当孔眼深度小于3.0m时采用1个；当孔眼深度为3.0~3.5m时，采用2个临空孔；当孔眼深度为3.5~5.15m时采用3个。

试验表明：第一个起爆装药孔离开临空孔的距离应不大于1.5倍的临空孔直径。

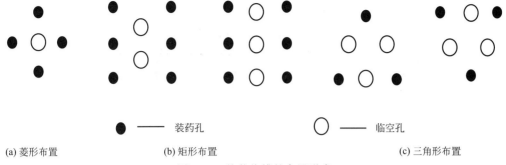

(a) 菱形布置　　　　　(b) 矩形布置　　　　　(c) 三角形布置

图 7-42　柱状掏槽的布置形式

② 螺旋形掏槽。螺旋形掏槽（图 7-43）是由柱状掏槽发展而来的，其特点是中心眼为空眼，邻近空眼的各装药眼至空眼之间的距离逐渐加大，其连线呈螺旋形，并且由近及远依次起爆。

7.4.2.2　大断面中、深眼掏槽

大断面是指单线隧道分上下台阶开挖或全断面开挖，双线隧道分上下台阶开挖，断面积在 20～50m² 的范围内。

一般将炮眼深度 1.5～3.5m 定为中深眼。

大断面中、深眼掏槽常见"V"形掏槽、扇形掏槽以及大直径中空直眼掏槽等形式。

图 7-44 为三级复式楔形掏槽，图（a）设计循环进尺为 3.5m，图（b）设计循环进尺为 2.5m。适于单线隧道全断面爆破开挖。

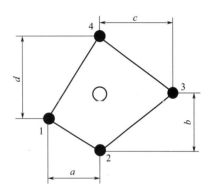

图 7-43　螺旋形掏槽示意图
$a=(1.0\sim1.5)D$；$b=(1.2\sim2.5)D$；
$c=(3.0\sim4.0)D$；$d=(4.0\sim5.0)D$；
D—空眼钻孔直径，一般不小于 100mm

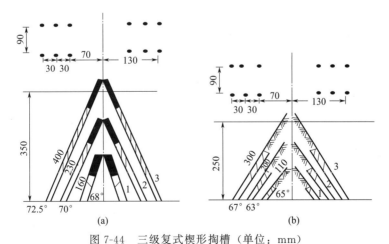

图 7-44　三级复式楔形掏槽（单位：mm）

扇形掏槽也就是将其钻眼布置成扇形，如图 7-45 所示。

大直径中空直眼掏槽的中心孔眼一般是利用重型凿岩机钻凿成较大直径的中空眼，由此逐渐扩大形成槽腔。常用的有单螺旋掏槽、双螺旋掏槽、对称掏槽等形式（图 7-46）。

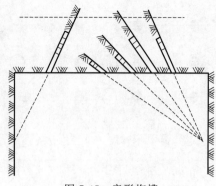

图 7-45 扇形掏槽

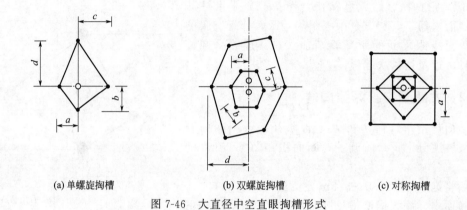

(a) 单螺旋掏槽　　(b) 双螺旋掏槽　　(c) 对称掏槽

图 7-46 大直径中空直眼掏槽形式

7.4.3 炮眼的布置原则和方法

隧道内布置炮眼时,必须保证获得良好的爆破效果,并考虑钻眼效率。在开挖面上除出现土石互层(岩石和土交替)、围岩类别不同、节理异常等特殊情况外,应按实际需要布置炮眼。一般按下述原则布置:

炮眼布置

a. 将计算出的炮眼数目均匀或大致均匀地分布到开挖面上。

b. 先布置掏槽眼,其次周边眼,最后辅助眼。掏槽眼布置在导坑中央偏下方,比其他炮眼深 10~25cm,底眼与掏槽眼同深,其他炮眼底部应在同一平面上。

c. 边眼应严格沿设计开挖轮廓线布置,布置应尽量均匀。

d. 边眼中的帮眼和顶眼的底部在坚硬岩层中应超出导坑边界 10cm 左右,在中硬岩层中应到达导坑的边界,在软岩中应在导坑边界以内 10cm,底眼不论何种情况均应超出边界 10cm。

e. 辅助眼与掏槽眼之间的距离应由最小抵抗线来确定,其深度同周边眼。

f. 当岩层层理明显时,炮眼方向应垂直于层理面,若节理发育,则炮眼位置应避开节理,以防卡钻和影响爆破效果。

7.4.4 炮眼布置的几种常见方式

隧道开挖面的炮眼,在遵守上述原则的基础上,可以有以下几种布置方式:

① 直线形布置(图 7-47)。按垂直或水平方向在掏槽眼边的直线上布置。该方式简单易掌握,同排炮眼的 W 一致,间距一致,前排爆破后为后排创造临空面。爆破效果好。

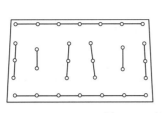
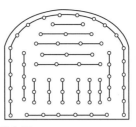

图 7-47 直线形布置

② 多边形布置（图 7-48）。围绕掏槽部位由里向外将炮眼布置成正方形、长方形、多边形等。

③ 弧形布置（图 7-49）。顺着拱部轮廓线逐圈布置炮眼。亦可将其上部布置成弧形，下部布置成直线形。

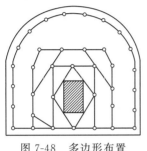
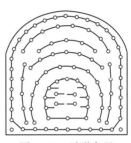

图 7-48 多边形布置　　　　图 7-49 弧形布置

④ 圆形布置。当开挖断面为圆形时，炮孔围绕断面中心逐层布置成圆形。多用于圆形隧道、泄水洞及圆形竖井的开挖中。

7.5　隧道爆破参数设计

爆破设计

7.5.1　炮眼直径设计

炮眼直径对凿岩生产率、炮眼数目、单位耗药量和洞壁的平整程度均有影响。加大炮眼直径以及相应装药量可使炸药能量相对集中，爆炸效果得以改善。但炮眼直径过大将导致凿岩速度显著下降，并影响岩石破碎质量、洞壁平整程度和围岩稳定性。

一般隧道的炮眼直径为 32~50mm。

7.5.2　炮眼数量设计

炮眼数量主要与隧道断面岩石性质和炸药性能有关。炮眼过少，石碴过大，不利于出碴；反之，则钻眼工作量大，又浪费炸药。因此，应在保证合理爆破效果的条件下，尽量减少眼数。

一般情况下，炮眼数量可按式(7-1)进行计算确定：

$$N=\frac{qs}{\alpha\gamma} \tag{7-1}$$

式中　N——炮眼数量，不包括未装药的孔眼数；

q——单位体积岩石炸药消耗量，一般可取 $q=1.1~2.9\text{kg/m}^3$，具体取值见表 7-2；

s——开挖断面积,m^2;

α——装药系数,即装药长度与炮眼全长的比值,可参考表 7-3;

γ——每米药卷的炸药质量,kg/m,2 号岩石铵梯炸药 γ 值见表 7-4。

表 7-2 爆破 1m³ 岩石用药量

工程项目		炸药类型	岩石级别			
			特坚石Ⅰ	坚石Ⅱ、Ⅲ	次坚石Ⅲ、Ⅳ	软石Ⅴ
导坑	4~6m²	硝铵炸药	2.9	2.3	1.8	1.5
		62%胶质炸药	2.1	1.7	1.8	1.1
	7~9m²	硝铵炸药	2.5	2.0	1.6	1.3
		62%胶质炸药	2.0	1.6	1.25	1.1
	10~12m²	硝铵炸药	2.25	1.8	1.5	1.2
		62%胶质炸药	1.7	1.35	1.1	0.9
扩大炮眼		硝铵炸药	1.10	0.85	0.7	0.6
周边炮眼			0.90	0.75	0.65	0.55
底部炮眼			1.4	1.2	1.1	1.0
半断面(多台阶)	拱部	硝铵炸药	1.0~1.1			
	底部		0.5~0.6			
全断面		硝铵炸药	1.4~1.6			

表 7-3 装药系数 α 值

炮眼名称	围岩级别			
	Ⅱ、Ⅲ	Ⅳ	Ⅴ	Ⅵ
掏槽眼	0.5	0.55	0.60	0.65~0.80
辅助眼	0.4	0.45	0.50	0.55~0.70
周边眼	0.4	0.45	0.55	0.60~0.75

表 7-4 2 号岩石铵梯炸药 γ 值

药卷直径/mm	32	35	38	40	44	45	50
γ/(kg/m)	0.78	0.96	1.10	1.25	1.52	1.59	1.90

炮眼数量也可以采用表 7-5 给出的经验数值。

表 7-5 炮眼数量经验参考值

围岩级别	开挖面积/m²				
	4~6	7~9	10~12	13~15	40~43
软岩(Ⅵ、Ⅴ)	10~13	15	17~19	20~24	
次坚岩(Ⅲ、Ⅳ)	11~16	16~20	18~25	23~30	
坚岩(Ⅱ、Ⅲ)	12~18	17~24	21~30	27~35	75~90
特坚岩(Ⅰ)	18~25	28~33	37~42	38~43	80~100

7.5.3 炮眼深度设计

炮眼深度是指炮眼底至开挖面的垂直距离。合理的炮眼深度有助于提高掘进速度和炮眼利用率。如图 7-50 所示。

炮眼深度一般根据下列因素确定：

a. 围岩的稳定性，避免过大的超欠挖；

b. 凿岩机的允许钻眼长度、操作技术条件和钻眼技术水平；

c. 掘进循环安排，保证充分利用作业时间。

通常情况下，最大炮眼深度取隧道断面宽度（或高度）的 0.5~0.7 倍，即 $L=(0.5 \sim 0.7)B$，当围岩条件好时，取较小值。

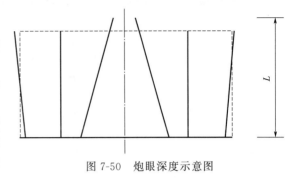

图 7-50 炮眼深度示意图

炮眼深度还可以根据每一循环所要求的进尺和炮眼的利用率利用式(7-2) 得到：

$$L=l/\eta \tag{7-2}$$

式中　L——炮眼深度，m；

　　　l——每循环所要求的进尺，m；

　　　η——炮眼实际利用率，一般要求不低于85%。

炮眼深度应与装碴运输能力相适应，使每个作业班都能完成每个循环中的工序作业，而且使掘进每米隧道消耗的时间最少，炮眼利用率最高等。

7.5.4 装药量设计

炮眼装药量的多少是影响爆破效果的重要因素。药量不足，会出现炸不开、炮眼利用率低和石碴块度过大现象。药量过多，则会破坏围岩稳定，崩坏支撑和机械设备，使抛碴过散，对装碴不利，且增加了洞内有害气体，相应地增加了排烟时间和供风量等。

合理的药量应根据所使用的炸药的性能和质量、地质条件、开挖断面尺寸、临空面数目、炮眼直径和深度及爆破质量要求来确定。目前多采用体积公式计算出一个循环的总用药量，然后根据炮眼的特性进行分配，并在实践中加以修正，直到取得较好的效果为止。用药量按下式计算：

$$Q=qV \tag{7-3}$$

式中　Q——掘进每循环所需炸药总量，kg；

　　　q——单位耗药量，kg/m³；

　　　V——1 个循环进尺所爆落的岩石总体积，m³，$V=sl\eta$；

　　　s——隧道掘进断面积，m²；

　　　l——炮眼平均深度，m；

　　　η——炮眼利用率，一般为 0.8~0.95。

7.6 周边眼控制爆破设计

7.6.1 控制爆破方式及异同点

为控制隧道爆破后的断面尺寸、减小爆破对围岩的扰动，针对周边眼，通常采用控制爆破技术。

隧道钻爆法施工中常见光面爆破和预裂爆破两种不同的控制爆破方式,尤以光面爆破最为常见。

① 光面爆破(smooth blasting)是一种控制硬质岩体开挖轮廓线,使之光滑、平整,通过一系列措施对开挖轮廓周边实施正确的钻眼和装药,并使周边眼最后起爆的爆破方法。

光面爆破具有以下几个优点:
a. 对围岩扰动小,保持围岩原有承载能力。
b. 围岩壁平整,应力均匀、防止局部落石,施工安全。
c. 减少了超挖和回填量,节省混凝土。
d. 加快施工进度。
e. 光面爆破可减轻震动和保护围岩,所以它是在松软及不均质的地质岩体中较为有效的开挖爆破方法。

② 预裂爆破(presplitting blasting)是一种控制软质岩体开挖轮廓线,使之光滑、平整,在整个爆破循环中要最先起爆周边眼,在岩体中沿着周边炮眼之间要先炸出一道裂缝,减少对保留区围岩产生的扰动和破坏。

光面爆破和预裂爆破的异同点如下:

相同点:他们都属于控制爆破,其目的是使开挖轮廓线光滑、平整。减少超欠挖,减少对围岩的扰动。

不同点:光面爆破先起爆掏槽眼,其次辅助眼,最后周边眼;而预裂爆破先起爆周边眼,其次掏槽眼,最后辅助眼。

钻爆法设计和施工中应充分考虑本工程岩体状态、周边环境等因素,选择合理的周边眼控制爆破方式,以期在保持围岩稳定、减少对周边扰动的前提下得到光滑、平整的隧道开挖轮廓线。

7.6.2 光面爆破参数设计及技术措施

光面爆破的成败取决于参数的确定是否合理。其主要参数包括:周边眼间距、光面层厚度、炮眼密集系数和装药量等。

① 周边眼间距 E。确定 E 的依据是岩石的抗拉强度、抗压强度、炮孔直径。光面爆破必须满足炮孔内的静压力不把岩体压碎还能把该爆落的部分拉下来,即为岩石的抗压强度而大于其抗拉强度。用图 7-51 进行受力分析可得:

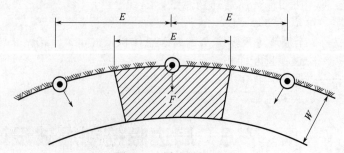

掘进参数计算

图 7-51 周边眼间距 E

$$[\sigma_p]EL \leqslant F \leqslant [\sigma_c]dL \tag{7-4}$$

$$E \leqslant ([\sigma_c]/[\sigma_p])d = K_i d \tag{7-5}$$

从上式可以看出，周边炮眼间距与岩体的抗拉、抗压强度及炮眼直径有关，孔距离系数与岩石的性质有关，一般取孔距系数 $K_i=10\sim18$，即取 $E=(10\sim18)d$；当炮眼直径为 $32\sim40\text{mm}$ 时，$E=320\sim700\text{mm}$。

一般软质或完整的岩石 E 宜取大值，隧道跨度小、坚硬和节理裂隙发育的岩石 E 宜取小值。装药量也需要相应减少。还可以在两炮眼间增加导向孔眼，导向眼到装药眼间的距离一般控制在 400mm 内。此外还要注意炸药品种对 E 值也有影响。

② 光面层厚度及炮眼密集系数。光面层即周边眼与最外一圈辅助眼之间的岩石层。光面层厚度就是周边眼的最小抵抗线 W。周边眼的密集系数 $K=E/W$，K 值大小对光面爆破效果有较大影响，必须使应力波在两相邻炮眼间的传播距离小于应力波到临空面的传播距离，即 E 要小于 W，实践表明 $K=0.8$ 较为适宜。光面层厚度 W 一般取 $50\sim80\text{cm}$。

③ 装药量。周边眼装药量通常以线装药密度表示。恰当的装药量既要保证能够破岩，又要不破坏保留岩体。施工中应根据孔距、光面层厚度、岩石性质及炸药种类等综合考虑确定装药量。在光面层单独爆落时，周边眼的线装药密度一般为 $0.15\sim0.25\text{kg/m}$，全断面一次起爆时，为减少残眼，装药密度需适当增加，一般可达 $0.30\sim0.35\text{kg/m}$。

为保证光面爆破的效果，设计和施工中应采取相应的技术措施：

a. 使用低爆速、低猛度、低密度、传爆性能好、爆炸威力大的炸药。

b. 采用不耦合装药结构：光面爆破的不耦合系数最好大于2，但药卷直径不应小于炸药的临界直径，以保证稳定传爆。当采用间隔装药时，相邻炮眼所用的药卷位置应错开，以充分利用炸药性能。

c. 严格掌握与周边眼相邻的内圈眼的爆破效果，为周边眼创造临空面。周边眼应尽量做到同时起爆。

d. 严格控制装药集中度，必要时可采取间隔装药结构。为克服眼底岩石的夹制作用，通常在眼底需要加强装药。

7.6.3 预裂爆破参数设计

如前所述，预裂爆破是由于首先起爆周边眼，在其他炮眼未爆破之前，先沿着开挖轮廓线预裂爆破出一条用以反射爆破地震应力波的裂缝而得名。它与光面爆破同属于控制爆破，其目的也一样，不一样的是起爆的顺序正好相反。

隧道预裂爆破对围岩的保护效果好，但技术难度大，经验性强。

预裂爆破更适用于稳定性较差而又要求控制爆破轮廓的软弱围岩，需要的炮眼数量多、钻孔工作量大。

隧道预裂爆破的设计理论尚不完善，多采用经验和工程类比的方法，表7-6给出了隧道预裂爆破参数，可供在工作中选用。

表 7-6 预裂爆破参数

岩石类别	炮眼间距 E/cm	至内排崩落眼间距/cm	装药集中度/(kg/m)
硬岩	$40\sim50$	40	$0.30\sim0.40$
中硬岩	$40\sim45$	40	$0.2\sim0.25$
软岩	$35\sim40$	35	$0.07\sim0.12$

相比于光面爆破，预裂爆破的孔距更近、最小抵抗线更小、装药集中度更大。

7.7 常见凿岩机具及选型

钻眼机具选择

7.7.1 凿岩机及选型

钻爆法施工中常用的钻孔凿岩机具可以根据动力来源的不同分为风（气）动式、液压式、电动式、内燃式等不同形式。

① 风（气）动式凿岩机。风（气）动式也简称为风钻，它是以压缩空气为源动力的冲击式钻眼机械，按推进方式可分为气腿式（图 7-52）、手持式、导轨式、伸缩向上式等。风动凿岩机是国内应用最广的凿岩机，但其能量利用率低，凿岩速度慢、噪声大，有被液压凿岩机取代的趋势，隧道内用的最多的是气腿式凿岩机，钻孔直径为 32～45mm，钻孔深度 5m 以下，超过 3m 时钻孔速度下降较多，国产气动式凿岩机工作气压为 0.4～0.6MPa，最大耗气量为 4.9m³/min。

图 7-52 气腿式凿岩机

气腿式凿岩机是隧道工程施工中最常见的气动凿岩机具，其特点如下：

a. 冲击式凿岩工具称为钎子，包括钎头、钎杆、钎肩和钎尾。

b. 一般钎杆、钎肩和钎尾为一个整体。钎杆断面有圆形与中空六边形两种，用得最多的是中空六边形。

c. 钎头有十字形及一字形等。其中用得最多的为一字形。一字形钎头用于钻凿坚固和韧性的岩石，与其他钻头相比，其结构简单，凿速较高，故应用最广泛，但其缺点是开眼困难，裂隙性岩石易卡钎，直径磨损较快。十字形钎头基本上能克服以上缺点，但与一字形相比，其硬合金片用量较大，制造困难。修磨比较麻烦，坚固性及钻速均差一些。

d. 在隧道施工中人工一般使用气腿式风动凿岩机，台车凿眼时则采用导轨式液压凿岩机。

e. 气腿式风动凿岩机质量一般在 30kg 以下，主机安装在气腿上，靠气腿推力钻进，可钻凿水平或倾斜的炮眼，这类凿岩机有 YT24、YT26 和 YT28 等。一般用得最多的是 YT28，主要由主机、气腿和风（水）管路等组成。各类凿岩机型号中，Y 表示岩、T 表示腿。

② 液压式凿岩机。液压式是用高压油作为动力推动活塞冲击钎子，并且有独立回转机构，与风动式凿岩机相似，但它的活塞直径小，长度较大，波形较好。

国外液压凿岩机大多功率为 20kW，用于隧道钻孔直径为 33～64mm，露天钻孔用直径则要大一些，为 64～102mm，常用具有代表性的是瑞典 Atlas Copco、芬兰 Tamrock、日本古河等公司产品。

相比于风动凿岩机，液压式凿岩机的环境保护效果较好。液压钻的噪声比人工手持风钻降低 10～15dB。液压钻也没有像风钻那样排气，工作面没有雾气，空气较清新。目前液压钻已广泛应用于隧道工程中。

为降低人工作业强度，提高机械利用率，在全断面隧道施工中，常采用液压式凿岩台车进行钻眼作业，可以大大提高工作效率。

凿岩钻车是将凿岩机构、推进装置、定位装置安装在机械底盘或钻架上进行凿岩作业的设备。国外凿岩台车向全自动化、智能化方向发展，实现远程控制、无人操作或一人操作多机。国内常用2台汤姆洛克（TOMRACK Axera T12）型三臂液压凿岩台车实施隧道全断面开挖，从台车就位到通风除尘循环时间为315min，如图7-53所示。

图7-53 凿岩钻车

配备2台三臂凿岩台车进行客专或双线大断面隧道凿岩，可分两个作业班组施工。采用凿岩台车进行钻爆施工具有以下几方面优点：

a. 人员少：每班每台台车配备3名操作人员。

b. 钻孔速度快：单孔5m深的炮孔成孔时间为3～5min。

c. 工效高：利用台车进行全断面开挖钻眼爆破单循环（进尺4.5m）时间能控制在3.5～4h，比多功能台架钻爆施工工效可提高60%～70%。凿岩台车全断面开挖达到270m/月。

d. 一机多用，提高锚杆施工质量：利用凿岩台车施钻系统锚杆眼孔，提高了锚杆的施工效率，有效地控制锚杆的角度及深度。

e. 安全环保：钻孔过程中掌子面不需要大量的操作人员及大量的风水管路，利用高压水跟进钻孔，减少掌子面的岩尘。

③ 电动式凿岩机。与主流的液压式、气动式凿岩相比较，电动凿岩机有着非常突出的优点，在节能、高效方面，电动凿岩机的电能利用率高达50%～60%，而液压凿岩机的效率一般为25%～35%，气动凿岩机仅为10%。此外电动凿岩机还具有噪声低、工作面空气新鲜、无废气污染，搬迁、维修、管理方便等优点，非常适合于我国大量存在的设备简单的地方中小矿或小断面隧道。但是目前所使用的电动凿岩机也存在很大的缺点：钻速较低，尤其是对硬岩，同样硬度的岩石，它的转速只有气动凿岩机的50%～60%，严重影响了电动凿岩机的推广使用。造成这一缺点的主要原因是目前的主流电动凿岩机直接使用交流工频电源（50Hz），不能随着工作环境（矿物硬度、钻孔孔径、深度）改变输出转矩、转速，使得工作效率较低。因此，隧道钻爆法施工中一般不采用此类钻眼机具。

④ 内燃式凿岩机。内燃式凿岩机利用内燃机原理，通过汽油的燃爆力驱使活塞冲击钢钎，凿击岩石。在施工场地没有电源、没有气源的时候，通常选用内燃式凿岩机。由于内燃式凿岩机作业时会排放大量废气污染空气，因此只能用于露天施工，如隧道洞口工程中。

7.7.2 空压机选型及设计

① 空压机类型。空气压缩机（简称空压机，见图7-54）是隧道钻爆法施工中的常见设备，其作用是为风动凿岩机提供压缩空气。

空气压缩机的种类繁多、形式多样。按动力源区分有：内燃驱动、电动机驱动；按润滑

图 7-54 空压机

方式分有：无油式和有油式；按地基基础分有：固定式和移动式；按结构形式分有：回转式、活塞式、膜片式等多种分类形式。其中，活塞式和回转式中的螺杆式、滑片式三种形式较为多见。滑片式主要以小型机为主。

活塞式空压机功率小，耗电量少，且易于调节供气量，但该类空压机组的重量大，外形尺寸大易损件多，维修工作量大。

螺杆式压缩机具有结构简单、零件少、外形紧凑、重量轻、维修量少、没有惯性力、基础小、运转可靠等优点，其缺点是造价高、噪声大，并随排气量的增大而增加，在城市中使用时必须用隔声罩或消声器等。

② 空压机选型原则。空压机的选型必须遵循以下原则：

a. 管路长时要考虑压力损失；

b. 对于工期长、用气较为集中的应选用固定式，以便于维修及管理，反之，则可采用移动式；

c. 电动式的运行成本相对较低，供电条件好时应首选电动式空压机；

d. 高原地区活塞式容积效率下降较螺杆式大；

e. 活塞式空压机中的立式和卧式已基本上淘汰，不宜使用。

③ 空压机选型中主要参数确定

a. 确定排气压力。压缩机排气压力的确定比较重要。压力越高，耗电越多。压力太低，则不能驱动风动工具。一般所需压力为管路损耗引起的压力降加上使用压力即为最下限压力。长距离管路输送压缩气的压力降计算公式如下：

$$\Delta P = \frac{l \times Q_c^{1.85} \times 450}{d^5 \times P} \tag{7-6}$$

式中 ΔP——压力降，Pa；

l——从压缩机到用气机具的管道长度，m；

Q_c——容积流量，L/s；

d——输气管径，mm；

P——管道进口压力（绝对压力），Pa。

目前，在隧道施工中常用的风动凿岩 YT28 的工作气压为 0.4～0.63MPa，设管路长度为 1000m，风管内径 150mm，绝对压力 8×10^5Pa，容积流量 $20m^3/min$，代入压力降公式计算得压力降 ΔP 为 3×10^3Pa，因此在隧道施工中所配置的空压机排气压力选用 0.7MPa 为宜。

b. 确定排气量。选择空压机的气量要与所需的排气量相匹配，并留有 20% 的余量，一般用以下方法计算。

$$Q_2 = \sum Q_0 K(1+\phi_1+\phi_2+\phi_3) \tag{7-7}$$

式中 Q_2——设计容量，m^3/h。

$\sum Q_0$——用气机具消耗量总和；

K——消耗量不平等系数（最大），取 1.2～1.4；

ϕ_1——管道损耗系数，当管道全长小于 1km 时取 0.1，小于 1.5km 时取 0.15，大于 2km 时取 0.2；

f_2——用气设备磨损增耗量系数，取 0.15～0.2；

f_3——未预见的消耗量系数，取 0.1。

c. 确定总排气量。总排气量的确定，通常的办法是以较小排量的空压机并联取得较大的排气量，随着用气量增大而逐一开机，这样不但对电网有好处，而且能节约能源。在隧道施工中，一般选用多台容积流量为 $20m^3/min$ 的压缩机并联。空压机的冷却方式分水冷和风冷两种，水冷却方式有几个缺点，如必须另外配置完备的上下水系统，耗资大、浪费大量的水资源、水冷式冷却器寿命短以及寒冷地区使用易冻坏气缸等。在选择压缩机时应谨慎。

随着海拔高度的增加，空气变得稀薄，空压机的进气压力降低，容积效率也随之降低。为了保证与海平面处相同的使用性能，在设备选型时，对内燃机或电动机的功率消耗要加以考虑，压缩机要选择较大的容积流量。如果海平面处修正系数选 1.0，一般按海拔每增加 300m，按 0.03 增加修正系数。

④ 空压机工作方式。在长隧道有轨运输施工中，随着隧道的延伸，空压机也要前移，否则因为管路损失过大将造成极大的浪费。隧道施工一般选用的 $20m^3/min$ 的活塞式空压机全是固定机（大于 $20m^3/min$ 的活塞式电动空压机由于结构原因没有移动式的），由于移动不便，需要投入较多的高压风管，建议在洞内空气质量较好的前提下采用移动式空压站（图 7-55），即空压机进洞方案，以减少投入及降低损耗。

对于无轨运输施工的隧道，由于洞内空气质量一般较差。建议采用洞外固定式空压站（图 7-56）方式，以保证用风质量，减少空压机的磨损。

图 7-55　移动式空压站

图 7-56　洞外固定式空压站

空压站内的空压机台数一般为 3～6 台，备用量应大于计算供气量的 20% 左右，但备用量不应少于 1 台。

对于 250km/h 的高铁隧道全断面施工而言（单洞双线），一般常配约 30 把风动式凿岩机，由 5～6 台常用的 $20m^3/min$ 空压机供风（1 台备用），共约 $100m^3$ 风供 30 把风钻使用。实际施工中每把 YT28 风钻平均耗气量为 $3m^3/min$，28 把共耗风量 $28×3=84m^3/min$。平均进尺约 3.5m，眼数约 160 个，钻眼耗时约为 6h。

7.8　钻爆施工

7.8.1　钻爆施工过程

钻爆施工是把钻爆设计付诸实施的重要环节，包括钻眼、装药、堵塞和爆破后可能出现的问题处理。

(1) 钻眼　钻眼作业首先应根据工程实际情况选择合理的钻眼机具及设备，并应在钻眼作业之前先标出掏槽眼和周边眼的位置，严格按照炮眼的设计位置、深度、角度和眼径进行钻眼。

(2) 装药　装药作业应严格按照设计要求采用正确的装药结构形式，并应准确定位起爆点位置。

起爆用的雷管或起爆药柱在装药中的位置称为起爆点。在炮眼爆破法中，根据起爆点在装药中的位置和数目，将起爆方式分为正向起爆、反向起爆和多点起爆。

三种起爆方式的结构如图 7-57 所示。

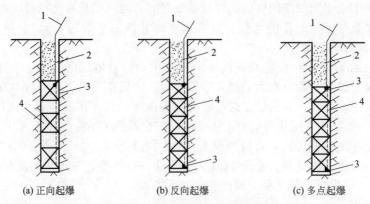

图 7-57　不同起爆方式的装药结构
1—导线；2—炮泥；3—起爆点；4—药卷

正向起爆的起爆点靠近炮眼口，爆轰波传向眼底。反向起爆的起爆点靠近炮眼底，爆轰波传向眼口。多点起爆指在同一个炮眼内设置多个位置不同的起爆点。装药前应清孔，并使用木质或竹制炮棍进行装药。在装药时还应注意保护起爆装置不受损坏。

(3) 堵塞及起爆　堵塞的目的是保证炸药充分反应，使之产生最大热量，防止炸药不完全爆轰，防止高温高压的爆轰气体过早地从炮眼或导洞中逸出，使爆炸产生的能量更多地转换成破碎岩体的机械功，提高炸药能量的有效利用率。

起爆之前必须进行炮眼的堵塞处理，禁止无堵塞起爆。堵塞材料一般为砂子和黏土混合物，其比例大致是砂子 40%～50%，黏土 50%～60%。堵塞的长度一般不小于 20cm，炮眼直径在 45cm 以上时，堵塞长度不小于 45cm。

(4) 起爆顺序及时差　除预裂爆破外，应按照由里向外的顺序逐层起爆，可用延期雷管实现。各层（卷）炮间起爆时差越小爆破效果越好。同圈眼必须同时起爆。

(5) 起爆　起爆时必须采取相应的爆破安全措施，起爆过程中应发布三次信号。

一次信号为预警信号，采用喊话或慢长哨声形式，区域内、周边人员撤离危险区，向边界派出警戒人员实施警戒。

二次信号为起爆信号，采用喊话或紧急哨声形式，必须在机具、人员撤离危险区，具备起爆条件后方可由现场负责人发出起爆信号。

三次信号为解除警戒信号，采用喊话或连续缓长哨声。爆后 15min，检查人员方可进入现场检查，确认坍塌稳定、无盲炮、无险情后，向指挥长提出正式报告，指挥长确认安全后，方可下达解除警戒信号。未发出前，警戒人员应坚守岗位，无关人员不得进入危险区。

(6) 爆后检查与处理　隧道工程爆破完成，经通风吹散炮烟及粉尘，并确保空气质量合格后，等待足够时间，检查人员方可进入工作面进行检查。检查内容主要包括是否存在危石以及盲炮等。

7.8.2 盲炮的预防与处理

盲炮又称拒爆，是因各种原因造成药包拒爆的装药和未能按设计起爆的装药或部分装药。盲炮出现的概率很高，是最常见的爆破事故之一。

(1) 盲炮产生的原因　产生盲炮的原因很多，按拒爆原因可把盲炮分为以下6类：

① 民爆物品质次或者过期变质拒爆；

② 电爆网络拒爆；

③ 导爆索网络拒爆；

④ 非电导爆管网络拒爆；

⑤ 导火索起爆网络拒爆；

⑥ 装药、堵塞作业造成的拒爆。

各类盲炮产生的具体原因见表7-7。

表 7-7　各类盲炮产生的具体原因

类型	产生原因
民爆物品质次或过期变质拒爆	a. 雷管失去感度(质次、过期)； b. 不能正常传爆(质次、过期)； c. 炸药受潮结块，感度下降； d. 密度变大，失去爆轰性能
电爆网络拒爆	a. 设计电流不够； b. 起爆器容量不够； c. 电阻过大； d. 线路接地、漏电； e. 不同厂家、批号的电雷管混接； f. 漏接
导爆索网络拒爆	a. 漏接或施工中轧断； b. 雷管反接； c. 锐角传爆或直角无过渡传爆段； d. 搭接不好或导爆索切头受潮； e. 导爆索浸油； f. 前排爆破将后排导爆索挤断； g. 导爆索断药使爆破中断
非电导爆管网络拒爆	a. 雷管连接方式不对或对接头部处理不合理； b. 连接器(三通、四通等)质量问题，有毛刺、连接过松、有杂物； c. 漏接； d. 延迟爆破时，导爆管被冲断、震裂、炸断； e. 导爆管不传爆：有水、有较长的断药段、局部拉细
导火索起爆网络拒爆	a. 导火索受潮； b. 导火索断药或出现死疙瘩； c. 连接处加工不好； d. 雷管进水； e. 漏点火
装药、堵塞作业造成的拒爆	a. 不连续装药； b. 装药过密，炸药感度降低； c. 装药、堵塞时操作不当，损坏线路； d. 水孔中，部分炸药被溶解失效； e. 管道效应造成的拒爆； f. 操作过程中接错线路

(2) 盲炮处理的一般规定

① 处理盲炮前应由爆破领导人定出警戒范围,并在该区域边界设置警戒,处理盲炮时无关人员不准许进入警戒区。

② 应派有经验的爆破员处理盲炮,硐室爆破的盲炮处理应由爆破、工程技术人员提出方案并经单位主要负责人批准。

③ 电力起爆发生盲炮时,应立即切断电源,及时将盲炮电路短路。

④ 导爆索和导爆管起爆网络发生盲炮时,应首先检查导爆管是否有破损或断裂,发现有破损或断裂的应修复后重新起爆。

⑤ 不应接出或掏出炮孔和药壶中的起爆药包。

⑥ 盲炮处理后,应仔细检查爆堆,将残余的爆破器材收集起来销毁,在不能确认爆堆无残留的爆破器材之前,应采取预防措施。

⑦ 盲炮处理后应由处理者填写登记卡片或提交报告,说明产生盲炮的原因、处理的方法和结果、预防措施。

(3) 各爆破中盲炮的处理方法

① 裸露药包爆破的盲炮处理

a. 处理裸露爆破的盲炮,可去掉部分封泥,安置新的起爆药包,加上封泥起爆;如发现炸药受潮变质,则应将变质炸药取出销毁,重新敷药起爆。

b. 处理水下裸露爆破和破冰爆破的盲炮,可在盲炮附近另投入裸露药包诱爆,也可将药包回收销毁。

② 浅孔爆破的盲炮处理

a. 经检查认定起爆网络完好时,可重新起爆。

b. 可打平行孔装药爆破,平行孔距盲炮不应小于 0.3m,对于浅孔药壶法,平行孔距盲炮药壶边缘不应小于 0.5m。为确定平行炮孔的方向,可以盲炮孔口掏出部分填塞物。

c. 可用木、竹或其他不产生火花的材料制成的工具,轻轻地将炮孔内填塞物掏出,用药包诱爆。

d. 可在安全地点外用远距离操纵的风水喷管吹出盲炮填塞物及炸药,但应采取措施回收雷管。

e. 处理非抗水硝铵炸药的盲炮,可将填塞物掏出,再向孔内注水,使其失效,但应加收雷管。

f. 盲炮应在当班处理,当班不能处理或未处理完毕,应将盲炮情况(盲炮数目、炮孔方向、装药数量和起爆药包位置,处理方法和处理意见)在现场交接清楚,由下一班继续处理。

③ 深孔爆破的盲炮处理

a. 爆破网络未受破坏,且最小抵抗线无变化者,可重新连线起爆;最小抵抗线有变化者,应验算安全距离,并加大警戒范围后,再连线起爆。

b. 可在距盲炮孔口不少于 10 倍炮孔直径处另打平行孔装药起爆。爆破参数由爆破工程技术人员确定并经爆破领导人批准。

c. 所用炸药为非抗水硝铵类炸药,且孔壁完好时,可取出部分填塞物向孔内灌水使之失效,然后做进一步处理。

④ 硐室爆破的盲炮处理

a. 如能找出起爆网络的电线、导爆索或导爆管,经检查正常仍能起爆者,应重新测量最小抵抗线,重划警戒范围,连线起爆。

b. 可沿竖井或平硐清除填塞物并重新敷设网络连线起爆,或取出炸药和起爆体。

（4）盲炮的预防　预防盲炮产生的措施如下：
① 爆破器材要妥善保管，严格检查，禁止使用技术性能不符合要求的爆破器材。
② 同一串联支路上使用的电雷管，其电阻差不应大于 0.8Ω，重要工程不超过 0.3Ω。
③ 不同燃速的导火索应分批使用。
④ 提高爆破设计质量，对于重要爆破，必要时须进行网络模拟试验。
⑤ 改善爆破操作技术，保证施工质量。
⑥ 在有水的工作面或水下爆破时，应采取可靠的防水措施，避免爆破器材受潮。

思考题

1. 炸药性能指标有哪些？各指标是如何评价爆炸效果的？
2. 工程中常见的炸药类型有哪些？各有何优缺点？
3. 爆破施工中常见的装药结构形式有哪些？
4. 常见的起爆方法有哪些？简述不同起爆方法的适用条件。
5. 简述炮眼布置的几种形式。
6. 简述盲炮的处理方法。

学习情境8 装碴及运输

【情境描述】

隧道装碴及运输作业是为了在隧道开挖后，把开挖的石碴运出洞外，并且把支护材料运进洞内，其工作内容主要包含选择装碴运输作业形式、选择装碴运输机具、计算装碴量及装碴效率和轨道布置及运输组织等。隧道装碴及运输作业的施工组织将直接影响工程建设成本及施工效率。

通过本情境的学习，学生能够依据工程实际施工条件确定合理的装碴运输形式，并且对隧道装碴及运输作业的各个工作内容进行合理组织，以便提高施工效率，降低工程成本。

【教学目标】

1. 能力目标
① 能选择装碴运输作业形式。
② 能选择装碴运输机具。
③ 计算装碴量及装碴效率。
④ 轨道布置及运输组织。

2. 知识目标
① 了解装碴运输作业形式。
② 了解常见的装碴运输机具。
③ 掌握轨道布置及运输组织。

【案例引入】

某隧道斜井有轨运输出碴方案及轨道布置。

8.1 选择装碴运输作业形式

装渣

隧道开挖后，要把开挖的石碴运出洞外，还要把支护材料运进洞内，这种作业叫装碴运输。

装碴运输作业按其采用的装碴运输机具和设备的不同可分为有轨装碴和有轨运输、无轨装碴和无轨运输以及无轨装碴和有轨运输三类。

有轨装碴和有轨运输需要为装碴机械和运碴车辆铺设轨道，装碴和运输作业均由机械在轨道上完成，如图8-1所示。

无轨装碴和无轨运输一般采用轮式机械作业，虽然不需要铺设轨道，在洞内走行相对比较灵活，但排放的尾气会造成空气污染，恶化作业环境。因此，若选择此形式进行装碴运输作业，必须保证足够的通风条件，并采取相应措施保证施工环境安全（图8-2）。

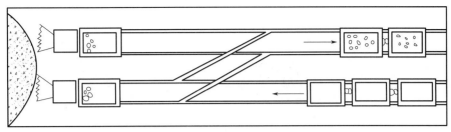

图 8-1　有轨装碴-有轨运输

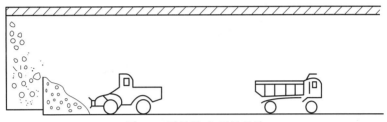

图 8-2　无轨装碴-无轨运输

无轨装碴和有轨运输是指装碴作业采用轮式装岩机，运输作业采用有轨运输车辆如斗车或矿车等进行作业的形式（图8-3）。

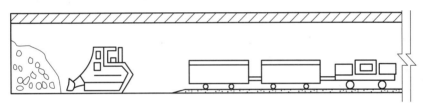

图 8-3　无轨装碴-有轨运输

8.2　选择装碴运输机具

隧道内爆下的石碴要装入车辆内（或汽车斗厢内），然后用牵引机车拖出洞外卸掉。因此，装运机具有装碴机械、牵引机车、运输车辆等。

（1）装碴机械　装碴机械分为有轨装岩机和无轨装岩机两种，应根据装碴运输形式进行合理选择。

① 有轨装岩机。有轨装岩机又称轨行式装岩机，主要有翻斗式和耙斗式两种形式。

翻斗式装岩机又称铲斗后卸式装岩机（简称装岩机），后卸式不带转载设备的称为装岩机，带转载设备的称为装载机，如图8-4和图8-5所示。

耙斗式装岩机简称扒碴机（图8-6），它是通过绞车的两个滚筒分别牵引主绳，尾绳使耙斗做往复运动把岩石扒进料槽，至卸料槽的卸料口卸入矿车或箕斗内，从而实现装岩作业。

② 无轨装岩机。无轨装岩机一般称装载机，按行走部分分为履带式和轮胎式两种。

常见的履带式无轨装岩机有立爪式装载机和蟹爪式装载机两种。

立爪式装载机（图8-7）是在蟹爪装载机基础上发展的主要由耙取、转载、运输行走、控制系统（电或液压）组成的装载机械。工作机构为一对立爪，可上下、前后、两侧移动，将岩（矿）石耙到运输机上，再转载到矿车（梭车）内，然后经运输车把岩（矿）石运往废石场。其结构简单、动作灵活，多用于平巷、隧道掘进及采场装载，适于中小断面巷道。

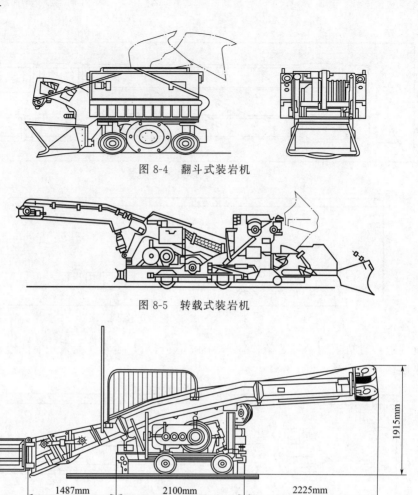

图 8-4 翻斗式装岩机

图 8-5 转载式装岩机

图 8-6 扒碴机

蟹爪式装载机（图 8-8）是工作机构为一对形似蟹爪，由一对曲轴带动，以耙取岩（矿）石的装载机械。装岩时整机前进，两爪插入岩堆并分别交错地耙取岩（矿）石直接装入转载运输机，岩（矿）石靠自重卸入运输矿车内。全机由主要动力机（电或液压）控制，能持续地装载作业。

图 8-7 立爪式装载机

图 8-8 蟹爪式装载机

轮胎式装岩机也即装载机（图 8-9），需配合自卸汽车进行装碴和运输。

（2）牵引机车　有轨运输时，要用牵引机车将铲装在斗车内的石碴拖出洞外。因此，牵引机车是轨行式隧道内牵引车辆的动力，在同一洞口，应尽可能选配同型号的牵引机车，以便使用、管理和维修。

牵引机车（图 8-10）一般分为电瓶车和内燃机车两种，最常用的是电瓶车。

图 8-9　装载机

图 8-10　牵引机车

（3）运输车辆　运输车辆分有轨运输和无轨运输两种不同类别。

① 有轨运输车辆。有轨运输车辆有斗车、梭式矿车和槽式矿车等形式。

斗车种类很多，按其断面形状分为 V 形、U 形、箱形及箕斗形等。按其卸碴方法分为侧倾、前倾及三方向倾等。

梭式矿车（图 8-11）是放在两个转向架上的大斗车，车底设有链板式或刮板式输送带，石碴从前端接入，依靠传送机传递到后端，石碴就可布满整个矿车的底部。这种矿车可单个使用，也可以成列使用。

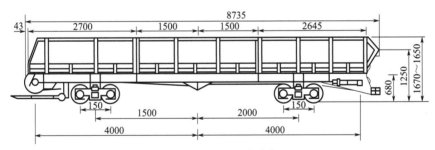

图 8-11　梭式矿车（尺寸单位：mm）

槽式列车（图 8-12）是由一个接碴车、若干个仅有两侧侧板而没有前后挡板的斗车单元和一个卸碴车串联组成的长槽形列车，在其底板处安装有贯通整个列车的风动链板式输送带。

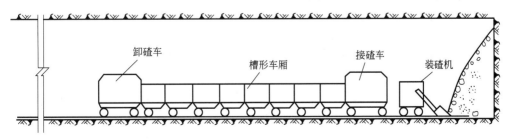

图 8-12　槽式列车

② 无轨运输一般用自卸汽车（也称运碴车）运输。

8.3 计算装碴量及装碴效率

装碴作业是隧道掘进循环中占用时间最多，又对其他作业干扰较大的一项作业。

根据碴量选择合适的装岩机，还要尽量缩短装碴作业线长度，并合理调车，减少辅助作业时间，保证作业安全，以实现快装、快运、快卸。

装碴数量可按下式确定：

$$Z = K\Delta ds \tag{8-1}$$

式中 Z——石碴数量，m^3；

K——土石松胀系数，指开挖后体积增大的系数；

Δ——超挖系数，一般用 1.15～1.25；

d——一个循环的开挖进尺，m；

s——开挖断面积，m^2。

需要的装碴生产率，按坑道掘进月进度计划要求的平均装碴生产率计算，其计算式为：

$$A_b = \frac{K\Delta DS}{720R\lambda} \tag{8-2}$$

式中 A_b——需要的装碴生产率，m^3/h；

D——坑道月计划进度，m/30d；

S——坑道断面积，m^2；

R——掘进循环率；

λ——装碴占掘进时间的百分比。

8.4 轨道布置及运输组织

运输是指运出石碴、运进临时支护和衬砌材料等工作。

本节重点讲述有轨运输轨道铺设的要求、运输轨道布置和运输组织调度等方面的内容。

(1) 有轨运输

① 轨道铺设。有轨运输轨道铺设要求如下。

a. 坡度：洞内轨道坡度与隧道设计坡度相同，洞外可不同，但最大不得超过 2%。

b. 平面曲线半径：洞内应不小于机车或车辆轴距的 7 倍，洞外应不小于 10 倍。

c. 线间距：双道的线间距应保持两列车净间距大于 20cm，在错车线上应大于 40cm。

d. 道岔标准：不得小于 6 号（辙叉角 α 余切值为道岔号）。

e. 钢轨类型：宜用不小于 38kg/m 的钢轨。

f. 道床：可利用不易风化的隧道石碴作为道碴。道床厚度不应小于 15cm。

g. 轨距及轨缝允许误差：轨距一般为 600mm 或 750mm，曲线地段应按规定加宽和超高，必要时加设轨距拉杆；轨缝不大于 5mm，相邻轨头高低差应小于 2mm，左右错开应小于 2mm，轨缝应位于两枕木之间。

h. 车辆至坑道壁或支撑边缘的净距应不小于 20cm，单道旁的人行道宽不应小于 70cm。

② 洞内轨道布置。洞内轨道布置应根据隧道长度、工期要求及地质条件等合理选择单车道或双车道。单车道多用于地质较差的短隧道中，运输能力较低。单车道上要求每隔 20～30m 设置临时错车岔线，以容纳 1～2 辆斗车，如图 8-13 所示。

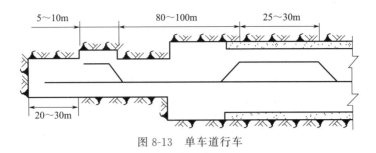

图 8-13　单车道行车

轨道运输一般铺设双车道，列车出入各占一股道，互不干扰，调车灵活，车辆周转快，轨道随掘进延伸，一次铺成。双车道上每隔 100～200m 设一渡线，每隔 2～3 个渡线，铺设一反向渡线，如图 8-14 所示。

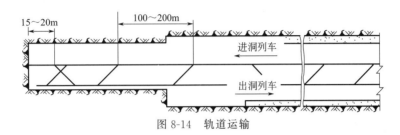

图 8-14　轨道运输

平行导坑内轨道一般为单道，每隔 2～3 个横通道设一会让车及列车编组所用的车站。横通道内一般铺设单道，正洞的施工地段，一般铺设双道，如图 8-15 所示。

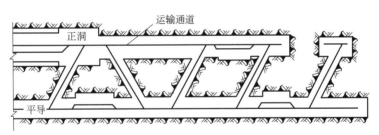

图 8-15　平行导坑运输

③ 运输组织。运输组织工作有两个重要环节：一个是编好列车运行图，以加强运输工作的组织计划性；另一个是要建立健全调度制度，以加强日常的运输管理。

列车运行图（图 8-16）是根据隧道的施工方法、各工序的进度、轨道布置、机车车辆配备及运距等情况，来确定列车数量，列车在工作面装车和调车、编组、运行、错车、卸车、列车解体编组等所需的时间。

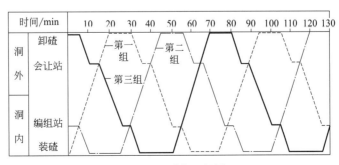

图 8-16　列车运行图

运输调度制度，就是要建立健全调度指挥系统，以进行运输工作中的日常指挥和解决出现的问题。如及时调配车辆，及时消除运输障碍，以及运行图被打乱时统一指挥列车运行等。

（2）无轨运输　无轨运输的主要优点是免除轨道铺设、减少装运设备、简化运输管理组织与调度、减少干扰、使用方便、进度快、效率高。

无轨运输方式缺点主要有以下几个方面：

① 无轨运输多为内燃机械，废气中含有一氧化碳及氮氧化合物，对人体有害；

② 装载机和自卸汽车多采用轮胎式，轮胎磨损很严重，轮胎耗费占机械维修费比重很大；

③ 特别注意洞内排水，否则易破坏隧道底面并影响运输效率，且会给今后的铁路轨道构造造成很大影响。

无轨运输有其经济距离，一般认为不超过 1km。若运距较长，则以采用无轨装碴与有轨运输相配合为好。

思考题

1. 装碴运输作业形式有哪些？各有何特点？
2. 装碴运输机具的种类有哪些？
3. 轨道布置形式有哪几种？各自有何优缺点？

学习情境9　施作初期支护

【情境描述】

如前所述，初期支护工作内容主要包含架设钢架、挂钢筋网、施作锚杆、喷射混凝土等工序。本情境重点对这四个工序进行介绍。

通过本情境的学习，使学生熟练掌握初期支护各工序的施工过程，在实际工作过程中，具备组织钢架架设、挂钢筋网、施作锚杆以及喷射混凝土等施工。

【教学目标】

1. 能力目标

① 组织钢拱架架设作业。
② 组织钢筋网架设作业。
③ 组织锚杆施作作业。
④ 组织喷射混凝土作业。

2. 知识目标

① 掌握钢拱架架设施工工艺。
② 掌握钢筋网挂设施工工艺。
③ 掌握锚杆施作工艺。
④ 掌握喷射混凝土工艺。

【案例引入】

某隧道洞室初期支护施工方案。

9.1　架设钢架

(1) 施工工艺　架设钢架的施工工艺流程如图9-1所示。

各道工序的施工要求如下：

① 开挖面超欠挖处理。检查开挖轮廓面，欠挖采用补炮或风枪凿除超挖部分，开挖至设计断面。

② 初喷混凝土。初喷混凝土在开挖后及时进行，厚度一般为4cm。

③ 测定钢架位置。采用全站仪准确测定拱顶中心、拱腰、边墙拱脚位置，并用红油漆分别标出安装高程及位置，保证钢架安装准确，净空尺寸满足设计要求。

④ 清除拱脚虚碴。钢架安装前清除虚碴及杂物，拱脚高程不足时，采用槽钢垫至设计高程，保证拱脚不悬空。

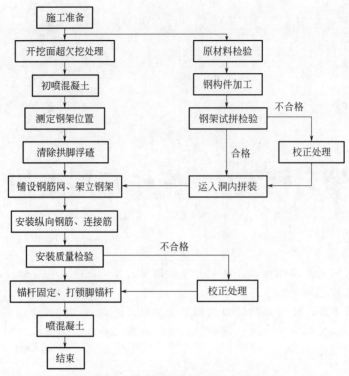

图 9-1 架设钢架的施工工艺流程

⑤ 钢架安装。钢架安装在掌子面开挖初喷完成后立即进行。

根据测设的位置，各节钢架在掌子面以螺栓连接，连接板要密贴。为保证各节钢架在全环封闭之前置于稳固的地基上。锁脚锚管一般采用壁厚为5mm的φ42mm无缝钢管，Ⅲ级围岩锁脚锚管每榀每侧两根，单根长度为4m；Ⅳ级围岩上台阶、中台阶锁脚锚管每榀每侧四根，单根长度为4m，下台阶锁脚锚管每榀每侧两根，单根长度为4m；Ⅴ级围岩上台阶、中台阶锁脚锚管每榀每侧4根，单根长度为6m，下台阶锁脚锚管每榀每侧两根，单根长度为4m。底部开挖完成后，底部初期支护及时跟进，将钢架全环封闭。钢架基脚处设槽钢以增加基底承载力。

钢架落底接长在单边交错进行，每次单边接长钢架1~2榀。在软弱地层可同时落底接长和仰拱相连并及时喷射混凝土。接长钢架和上部钢架通过垫板用螺栓牢固准确连接。

(2) 质量控制　架设钢拱架的质量控制项目包括钢架垂直度、钢架间距、拱架是否悬空、连接螺栓及连接板的连接是否可靠等（图 9-2）。架设钢架的质量控制要点如下：

图 9-2 质量控制项目

① 钢架安装间距应符合设计要求；
② 钢架垂直度符合要求；
③ 连接螺栓要上旋拧紧，钢架连接板要密贴；
④ 拱脚不得置于虚碴之上；
⑤ 锁脚锚管打设角度应符合设计要求。

9.2 挂钢筋网

挂钢筋网片施工工艺流程如图 9-3 所示。
(1) 钢筋网片加工及存放

① 钢筋网片加工。钢筋网片在钢筋加工场内集中加工。先用钢筋调直机把钢筋调直，再截成与网片尺寸相同的钢筋条，钢筋网片尺寸根据拱架间距和网片之间搭接长度综合考虑确定，网片加工采用所有连接点点焊焊接。

钢筋焊接前要先将钢筋表面的油渍、漆污及铁锈等清除干净；加工完毕后的钢筋网片平整，钢筋表面无削弱钢筋截面的伤痕。

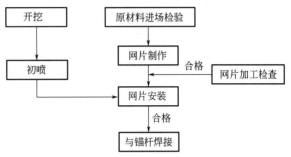

图 9-3 挂钢筋网片施工工艺流程

② 钢筋网片存放。制作成型的钢筋网片必须轻抬轻放，避免摔地产生变形。钢筋网片成品堆放在指定的成品堆放场地上，垫高不小于 30cm。存放和运输过程中要避免潮湿的环境，防止锈蚀、污染和变形。

(2) 钢筋网片安装

① 钢筋网片随初喷面的起伏铺设，绑扎固定于先期施工的系统锚杆之上，再把钢筋片焊接成网，网片搭接长度为 1~2 个网格，网片之间采用点焊焊接。

② 钢筋网在初喷混凝土 4cm 以后铺挂，且保护层厚度不得小于 3cm。

③ 钢筋网随初喷面的起伏铺设，与受喷面的间隙一般不大于 3cm，与锚杆或其他固定装置连接牢固。

④ 开始喷射混凝土时，减小喷头至受喷面的距离，并调整喷射角度，钢筋网保护层厚度不得小于 3cm。

⑤ 喷射中如有脱落的石块或混凝土块被钢筋网卡住时，及时清除后再喷射混凝土。

⑥ 钢筋网片预留长度至少为 1~2 个网格。

(3) 质量控制

① 钢筋网的网格间距符合设计要求，网格尺寸允许偏差为 ±10mm。

检验数量：每循环检验一次，随机抽样 5 片。
检验方法：尺量。

② 钢筋网搭接长度为 1~2 个网孔，允许偏差为 ±50mm。

检验数量：每循环检验一次，随机抽样 5 片。
检验方法：尺量。

③ 钢筋冷拉调直后使用，钢筋表面不得有裂纹、油污、颗粒状或片状锈蚀。

检验数量：全部检验。
检验方法：观察。

9.3 施作锚杆

(1) 施工流程 砂浆锚杆施工流程如图9-4所示。

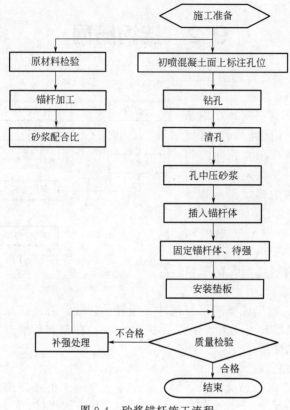

图9-4 砂浆锚杆施工流程

组合中空锚杆施工流程如图9-5所示。

(2) 技术要求

① 锚杆钻孔应符合下列要求：

a. 钻孔前应先通过施工测量定出孔位，其允许偏差为±15cm；

b. 钻杆应保持直线，与其所在部位的围岩主要结构面垂直；

c. 杆体应与钻孔深度及直径相匹配。

② 锚杆安装应符合下列要求：

a. $\phi22mm$ 组合中空锚杆应检查锚杆体中孔和钻头的水孔是否畅通；

b. $\phi22mm$ 砂浆锚杆孔内灌注砂浆应饱满密实，杆体插入锚杆孔时，应保持位置居中；

c. 所有锚杆均设置Q345钢垫板，垫板尺寸为150mm×150mm×6mm；

d. 锚垫板应在砂浆体的强度达到10MPa后安装，垫板应用螺帽上紧并与喷层面紧贴，未接触部位必须楔紧；

e. 锚杆安设后不得随意敲击，填充砂浆终凝前其端部不得悬挂重物；

f. 锚杆的长度、砂浆饱满度等采用无损检测。

(3) 施工要求

① 锚杆施工前的准备。根据现场施工里程和施工图确定所用检查锚杆类型、规格，同

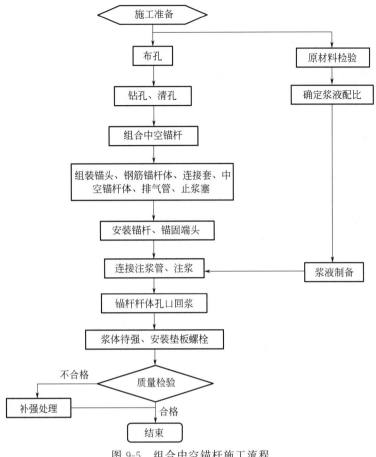

图 9-5 组合中空锚杆施工流程

时根据锚杆类型、规格准备钻孔机具。

② 锚杆布置。中空锚杆用于隧道拱部,砂浆锚杆用于隧道边墙。

③ $\phi 22$mm 砂浆锚杆制作。

a. 锚杆构件在钢筋加工厂统一加工,锚杆选用 $\phi 22$mm 螺纹钢筋制作,尾部滚丝 6cm,要求锚杆杆体必须调直、无缺损、无锈、无杂物。

b. 锚杆根据洞内围岩级别加工成 3m、3.5m、4m 不同长度,分类存放,便于取用。

c. 锚杆垫板采用厚 6mm 的钢板制成,规格 150mm×150mm,中间钻孔,孔径 $\phi 25$mm,垫板由构件加工厂统一加工。螺帽采用 M20mm×2.5mm。

d. 杆体外观要求直径要均匀、一致,无严重锈蚀、弯折。

e. 加工后的锚杆的杆体尺寸应符合设计要求,车丝部分无偏心,焊缝表面不得有裂纹、焊瘤等缺陷。

④ 钻孔。钻孔常采用 YT-28 气腿式凿岩机或其他专用钻眼设备,孔位布置严格按设计要求(梅花形布置)布设。钻孔应圆而直,孔深应大于锚杆长度的 10cm。孔位布置如图 9-6 所示。

⑤ 砂浆锚杆灌浆。锚杆孔内灌浆前先用高压风对锚杆孔进行清孔,保证孔内无石屑、杂质。砂浆采用 JQ350 搅拌机拌制,灌浆采用 TLQS-200 砂浆注浆机。浆液采用配合比为水泥∶砂∶水=1∶1.1∶0.44 的 M20 水泥砂浆。水泥选用 P.O42.5 水泥;砂选用中细砂,粒径不大于 2.5mm,使用前过筛;施工用水的水质应符合工程用水标准。砂浆应拌

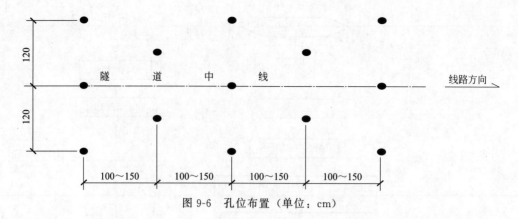

图 9-6　孔位布置（单位：cm）

合均匀，随拌随用，一次拌合的砂浆应在初凝前用完。锚杆孔内灌注砂浆应饱满密实。灌浆开始或中途停止超过 30min 时，应用水润滑注浆罐及其管路。

灌浆时将内径 φ20mm 注浆管插至距孔底 50～100mm 处，随砂浆的注入缓慢匀速拔出，杆体插入后若孔口无砂浆溢出，应进行补注。灌浆压力不得大于 0.4MPa。

⑥ 砂浆锚杆安装。

a. 安装锚杆时，确认孔内浆体饱满后，将锚杆体缓慢均匀推入，保证浆体完全包裹锚杆且保持位置居中。

b. 待砂浆强度达到 10MPa 后，安设锚杆垫板和螺帽。

c. 锚杆安设后不得随意敲击，填充砂浆终凝前其端部不得悬挂重物。

⑦ φ22mm 组合中空注浆锚杆。中空注浆锚杆用于拱部初期支护。本标段隧道正洞拱部（拱顶 140°范围）均采用中空注浆锚杆。

⑧ 组合中空锚杆安装。

a. 先清理塑料锚头、锚杆孔中异物，然后按照要求组装 φ22mm 组合中空锚杆。

b. 安装：将组装好的中空锚杆和止浆塞插入孔中，保持锚杆的外露长度为 10cm。

c. 止浆塞要完全塞入锚杆孔中，防止注浆过程中漏浆。

d. 待砂浆强度达到 10MPa 后，安设锚杆垫板和螺帽。

⑨ 组合中空锚杆压浆。

a. 注浆采用 JQ350 搅拌机拌制，灌浆采用 TLQS-200 砂浆注浆机。浆液采用配合比为水泥∶砂∶水＝1∶1.1∶0.44 的 M20 水泥砂浆。水泥选用 P.O42.5 水泥；砂选用中细砂，粒径不大于 2.5mm，使用前过筛；施工用水的水质应符合工程用水标准。

b. 为了保证注浆不停顿地进行，注浆前应认真检查注浆机的状况，水、电、管道连接情况是否良好；制浆的原材料是否备齐，质量是否合格等。

c. 将注浆管接头与锚杆外露部分连接，上紧螺栓，打开阀门注浆。

d. 应注意，每根锚杆必须"一气呵成"；一根锚杆完成后，应迅速卸下注浆软管和锚杆接头，清洗后移至下一根锚杆使用。若停泵时间较长，则在下根锚杆注浆前要放掉注浆管内残留的灰浆；注浆过程中，每次移位前应及时清洗接头，以保证注浆连续进行。

e. 要控制注浆过程中压力表读数在 0.2～0.4MPa 之间，达到 0.2MPa 开始注浆。

f. 注浆过程要密切关注排气管情况，当排气管均匀冒浆时注浆结束，关闭阀门、停机，进行下一个锚杆注浆。

⑩ 锁脚锚管。

a. 锁脚锚管钻孔时，先用短钻杆后用长钻杆，以保证钻孔深度可以达到设计值。施钻时，通过套具确保钻杆与工字钢架成 45°角。

b. 施做锁脚锚管孔时，应使钻杆始终位于套具钢管内。
c. 左右两侧锁脚锚管孔施做时应保持平行。
d. 锚管孔的深度应大于锚管长度10cm。
e. 钻孔应圆而直。钻孔完成后，孔内必须用高压风进行清孔。

9.4 喷射混凝土

喷射混凝土是利用压缩空气，将按一定配比的混凝土拌合料通过管道输送并高速喷射到受喷面上凝结硬化，从而形成混凝土支护层。近年来，喷射混凝土技术以其简单的工艺、独特的效应、经济的造价和快捷的施工速度，在建筑，铁、公路隧道施工，矿山井巷建设，边坡加固等领域广泛应用。

9.4.1 喷射混凝土类型

隧道喷射混凝土根据工艺流程一般分干喷、潮喷、湿喷和混合喷四种。主要区别是各工艺的投料程序不同，特别是加水和速凝剂的时机不同。

干喷是将骨料、水泥和速凝剂按一定比例干拌均匀，然后装入喷射机，用压缩空气使干集料在软管内呈悬浮状态压送到喷枪，再在喷嘴处与高压水混合，以较高速度喷射到岩面上。干喷使用的机械结构较简单，机械清洗和故障处理容易。但其缺点是容易产生较大的粉尘，回弹量大，加水是由喷嘴处的阀门控制的，水灰比的控制比较难而且与操作手的熟练程度有关。

潮喷是将骨料预加少量水，使之呈潮湿状，再加水泥拌合，从而降低上料、拌合和喷射时的粉尘。但大量的水仍是在喷头处加入和喷出的，其喷射工艺流程和使用机械同干喷工艺。目前施工现场较多使用的是潮喷工艺。

湿喷是将骨料、水泥和水按设计比例拌合均匀，用湿式喷射机压送到喷头处，再在喷头上添加速凝剂后喷出。湿喷混凝土质量容易控制，喷射过程中的粉尘和回弹量很少，是应当发展应用的喷射工艺，但对喷射机械要求高，机械清洗和故障处理较麻烦。对于喷层较厚的软岩和渗水隧道，则不易使用湿喷。

混合喷射又称水泥裹砂造壳喷射法，它是将一部分砂加第一次水拌湿，再投入全部水泥强制搅拌造壳；然后加第二次水和减水剂拌合成SCE砂浆；将另一部分砂和石、速凝剂强制搅拌均匀。然后分别用砂浆泵和干式喷射机压送到混合管混合后喷出。混合喷射是分次投料搅拌工艺与喷射工艺的结合，其关键是水泥裹砂（或砂、石）造壳技术。混合喷射工艺使用的主要机械设备与干喷工艺基本相同，但混凝土的质量较干喷混凝土质量好，且粉尘和回弹率有大幅度降低。但使用机械数量较多，工艺较复杂，机械清洗和故障处理很麻烦。因此混合喷射工艺一般只用在喷射混凝土量大和大断面隧道工程中。

由于喷射工艺的不同，喷射混凝土强度不同，干喷和潮喷混凝土强度较低，一般只能达到C20，而混合喷射和湿喷则可达到C30～C35。

湿喷和干喷是隧道初期支护喷射混凝土最常见的两种形式，现分别对其施工工艺进行介绍。

9.4.2 湿喷工艺

（1）施工准备
① 喷射前应检查开挖断面尺寸，清除开挖面拱部的松动岩块及拱脚与墙脚处的岩屑灰

尘等杂物，存在欠挖的进行凿除处理。一般岩面可用高压水冲洗受喷岩面的浮尘、岩屑，当岩面遇水容易潮解、泥化时，宜采用高压风吹净岩面。围岩较差的岩面按设计要求挂设钢筋网（网格20cm×20cm或25cm×25cm、$\phi 6 \sim 8mm$），用锚钉固定，使其密贴受喷面，以提高喷射混凝土的附着力。

② 设置控制喷射混凝土厚度的标志，采用埋设钢筋头做标志，在每个作业循环选一个断面，从拱顶起，每间隔2m布设一个标志点。

③ 检查机具设备和风、水、电等管线路，调试湿喷机试运转。

a. 选用的空压机应满足喷射机工作风压和耗风量的要求。

b. 输料管应能承受输出混合料和高压风的压力，并应有良好的耐磨性能。

c. 保证作业区内具有良好通风和照明条件。

d. 喷射作业的环境温度不得低于5℃。

e. 喷射作业人员必须佩戴防尘用具。

④ 若遇受喷面有涌水、渗水或潮湿的岩面，喷射前应按不同情况进行处理。

a. 大股涌水宜采用注浆堵水后再喷射混凝土。隧道开挖后，大股涌水应先进行注浆堵水，一般顺涌水出露点打孔，压注速凝浆液（水泥-水玻璃浆液）。

b. 小股水或裂隙渗漏水采用导管引排后，待受喷面上无流淌水后再喷混凝土。

c. 有渗水和大面积潮湿的岩面与混凝土不易黏结，为了增加黏结性，初喷在岩面上的混凝土可适当增加水泥用量；也可在混凝土中掺入高效减水剂或添加各种增黏剂。

⑤ 喷混凝土作业前，应认真清除作业面拱脚或墙脚的虚碴和回弹物料，以防止拱墙脚因喷混凝土强度不足出现失稳现象。

（2）施工工艺

① 混合料搅拌、运输。喷射混凝土采用HZS120全自动计量配料强制式搅拌机搅拌，搅拌时间不得少于2min。采用10m³混凝土罐车运输，随拌随运。当工作面量大时，增加运输车辆交替运料，满足湿喷混合料的供应。在运输过程中，运输罐车混凝土罐要转速均匀，防止混凝土产生离析、水泥浆流失、坍落度变化以及初凝等现象。

② 喷射混凝土。喷射操作程序应为：打开速凝剂辅助风→缓慢打开主风阀→启动速凝剂计量泵、主电机、振动器→向料斗加混凝土。

图9-7 喷射混凝土

喷射混凝土作业应采用分段、分片、分层依次进行，喷射顺序应自下而上，分段长度不宜大于6m。喷射时先将低洼处大致喷平，再自下而上顺序分层、往复喷射。如图9-7所示。

a. 喷射混凝土分段施工时，上次喷混凝土应预留斜面，斜面宽度为200～300mm，斜面上需用压力水冲洗润湿后再行喷射混凝土。

b. 分片喷射要自下而上进行并先喷钢架与壁面间混凝土，再喷两钢架之间混凝土。边墙喷混凝土应从墙脚开始向上喷射，使回弹不致裹入最后喷层。

c. 分层喷射时，后一层喷射应在前一层混凝土终凝后进行，若终凝1h后再进行喷射时，应先用风水清洗喷层表面。一次喷混凝土的厚度以喷射混凝土不滑移不坠落为准，既不能因厚度太大而影响喷混凝土的黏结力和凝聚力，也不能太薄而增加回弹量。边墙一次喷射混凝土厚度不得超过15cm,拱部不得超过10cm。

喷射速度要适当,以利于混凝土的压实。风压过大,喷射速度增大,回弹增加;风压过小,喷射速度过小,压实力小,影响喷混凝土强度。因此在开机后要注意观察风压,起始风压达到0.5MPa后,才能开始操作,并据喷嘴出料情况调整风压。一般工作风压:边墙0.3~0.5MPa,拱部0.4~0.65MPa。

喷射时使喷嘴与受喷面间保持适当距离,喷射角度尽可能接近90°,以使获得最大压实和最小回弹。喷嘴与受喷面间距宜为1.6~1.8m;喷嘴应连续、缓慢做横向环行移动,一圈压半圈,喷射手所画的环形圈,横向40~60cm,高15~20cm;若受喷面被钢架、钢筋网覆盖时,可将喷嘴稍加偏斜,但不宜小于70°。如果喷嘴与受喷面的角度大小,会形成混凝土物料在受喷面上的滚动,产生出凹凸不平的波形喷面,增加回弹量,影响喷混凝土的质量。喷射混凝土时先喷射钢架背后与围岩间的空隙,喷射密实后,再喷射钢架与钢架间的混凝土,钢架与喷混凝土形成一体,钢架应全部被喷射混凝土覆盖,保护层厚度为3cm。

③ 养护。喷射混凝土终凝2h后,应进行养护。养护方式采用晒水养护,养护时间不小于14d。14d内喷射混凝土表面须保持湿润,以防止干裂,影响质量。当温度低于5℃时停止晒水养护。

(3) 质量控制

① 严格按照设计要求和相关技术规范及验收标准的质量要求按每次施工循环进行检查。

② 配齐各级质量管理人员,设有专职质检工程师、专职质检员、作业班组工班长,保证施工作业始终在质检人员的严格监督下进行。质检人员有质量否决权,发现违背施工程序、不按设计图、规范及技术交底施工及使用材料半成品及设备不符合质量要求者,有权制止或越级上报,必要时下停工令,限期整改并有权进行处罚。

③ 持岗前培训及持证上岗制度,坚持"三检、四按、五不准、六做到"。三检:自检、互检、监理检查。四按:按图纸、按规范、按工艺、按标准。五不准:资料不全不准开工、材料不合格不准进场、测量不闭合不准施工、上道工序不合格不准进行下道工序、达不到质量标准不准交工验收。六做到:方案做到合理、技术资料做到齐全、质量检验做到可靠、施工试验做到真实、测量数据做到准确、施工方法做到正确。

④ 混凝土施工应符合下列要求。

a. 初喷混凝土应在开挖后及时进行,厚度不少于4cm;初喷时应先填平岩面较大凹洼处。复喷混凝土应在钢筋网及钢架安装后及时进行,未设钢筋网及钢架时应及时复喷至设计厚度。

b. 初喷混凝土喷射时应先填平岩面较大凹洼处,初喷混凝土面应大致圆顺。

c. 复喷混凝应在钢筋网及钢架安装后及时进行,未设钢筋网及钢架时应及时复喷至设计厚度。

d. 喷射机应具有良好的密封性能,输料连续、均匀,宜选择喷射混凝土台车。

e. 喷射作业应分段、自下而上连续进行;喷射角度应与受喷面垂直,喷嘴与受喷面的距离宜为0.6~1.8m。

f. 喷射作业应变换喷嘴喷射角度和受喷面的距离,将钢架、钢筋网背后喷填密实,必要时应在钢架和初期支护后注浆充填。

g. 后一层喷射应在前一层混凝土终凝后进行。若终凝1h后再喷射,应先用风水枪清洗基面。

h. 在喷边墙下部及仰拱前,需将上部断面喷射时的回弹物清理干净,防止将回弹物卷入下部喷层中降低支护能力。

i. 喷射作业紧跟开挖作业面时,下一循环爆破应在喷混凝土终凝 3h 后进行。

(4) 质量检验

① 喷射混凝土的早期(1d)强度必须符合设计要求,喷射混凝土 24h 强度应不小于 10MPa。

检验数量:施工单位、监理单位每级连续围岩进行一次工艺性试验。

检验方法:施工单位采用贯入法或拔出法或无底试模检测。监理单位见证检测。

② 喷射混凝土的强度必须不小于设计要求,用于检查喷射混凝土强度的试件,采用大板切割法制取,标准养护试件的试验龄期为 28d。

检验数量:施工单位每一作业循环检验一次,每个循环至少在拱部和边墙各留置一组检验试件;监理单位全部检查。

检验方法:施工单位进行混凝土强度试验。监理单位检查混凝土强度试验报告并进行见证取样检测或平行检验。

③ 喷射混凝土的厚度和表面平整度符合下列要求。

a. 平均厚度大于设计厚度(根据设计图纸和围岩类别划分)。

b. 检查点数的 80% 及以上大于设计厚度。

c. 最小厚度不得小于设计厚度的 2/3。

d. 表面平整度的允许偏差为 100mm。

检验数量:每一作业循环检查一个断面,每个断面应从拱顶起,每间隔 2m 布设一个检查点检查喷射混凝土的厚度。监理单位见证检查或按施工单位检查断面的 20% 抽查。

检验方法:施工单位、监理单位检查控制喷层厚度的标志、凿孔测量厚度,用自动断面仪或摄影仪等仪器测量断面轮廓检查表面平整度。

④ 喷射混凝土厚度的检查点数 90% 及以上应大于设计厚度。

检验数量:全断面开挖时,施工单位每一作业循环检查一次,分部开挖时,施工单位每 3～5m 检查一次。每个断面应从拱顶起,每间隔 2m 布设一个检查点检查喷射混凝土的厚度。监理单位见证检验或按施工单位检查断面数量的 20% 抽验。

检验方法:采用埋钉法、凿孔法检查喷层厚度或无损检测测量厚度。监理单位见证检验。

⑤ 喷射混凝土的水泥用量不宜小于 $400kg/m^3$,喷射混凝土拌合物的坍落度宜为 80～130mm。喷射混凝土的配合比设计应根据原材料性能、混凝土的技术条件和设计要求通过实验选定,并应符合下列规定:

a. 胶骨比宜为 (1:4)～(1:5)。

b. 水灰比宜为 0.40～0.50。

c. 砂率宜为 45%～60%。

检验数量:施工单位对同强度等级、同性能喷射混凝土进行一次混凝土配合比设计,施工过程中,如水泥、外加剂等主要原材料的品种和规格发生变化,应重新进行配合比设计;监理单位全部检查。

检验方法:施工单位进行配合比选定试验;监理单位检查配合比。

⑥ 喷射混凝土表面应密实、平整,无裂缝、脱落、漏喷、漏筋、空鼓和渗漏水,锚杆头钢筋无外露。

检验数量:施工单位、监理单位全部检查。

检验方法:观察、敲击。

9.4.3 干喷工艺

(1) 施工工艺及流程 采用"干喷法"工艺施工时,喷混凝土与开挖、锚杆施工跟进平行交叉作业，除特殊地质段先喷后锚的程序外，其他部位均按先锚后喷的程序进行施工。如图 9-8 所示为干喷。

干喷法施工流程如图 9-9 所示。

图 9-8 干喷

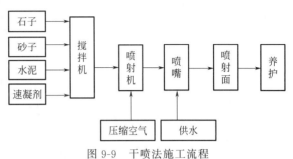

图 9-9 干喷法施工流程

(2) 喷混凝土施工工艺措施　各工序作业首先要认真遵照设计文件和施工规范要求进行。结合以往施工经验，各工序作业要点如下。

① 现场试验。结合以往施工经验，通过室内试验即可优化选择出既满足施工需要，又符合设计要求的喷射混凝土生产工艺参数和配合比。其方法步骤如下：

a. 通过室内试验筛选 2～3 组配合比，并编写试验大纲报批用于生产性试验；

b. 选择场地（或监理指定），按围岩类别和部位不同选 6～9 个有代表性的部位进行生产性试验；

c. 按设计和试验大纲要求，采用筛选出的配合比分别进行喷射作业，喷射范围暂定 10m（或一个单位体积），按规范要求在喷射岩面设足够的木模或无底钢模（检测抗压、抗拉、抗渗、与岩面黏结强度等），同时按试验规范分别取样做标准试块，按相同条件进行养护；

d. 将符合设计要求的试件的物理特性进行对比（含爆破影响程度）；

e. 整理分析试验记录，综合回弹量、强度保证率以及施工工效等因素选择合适的配合比和施工工艺参数，报送设计监理单位审批。

② 准备工作。埋设好喷厚控制标志，作业区有足够的通风照明，喷前要检查所有机械设备和管线，确保施工正常。对渗水面做好处理措施，备好处理材料，联系好仓面取样准备。

③ 拌合及运输。拌合配料严格按试验确定的配合比精确配制搅拌，搅拌时间要足够，拌合料运输、存放要防雨、防污染，入机前严格过筛，其运输、存放时间应符合有关技术指标。钢纤维混凝土配料、搅拌要均匀。运输采用混凝土搅拌运输车运输。

拌合用水泥选用符合国家标准的普通硅酸盐水泥，其标号不低于 P.O32.5。

a. 骨料：拌合用细骨料应采用坚硬耐久的粗、中砂，细度模数宜大于 2.5，含水率控制在 5%～7%；粗骨料采用坚硬耐久的卵石或碎石，粒径不超过 15mm；不得使用含有活性二氧化硅的骨料。

b. 水：拌合用水应符合相关规定。

c. 外加剂：速凝剂的质量应符合 DL/T5100 的有关规定及施工图纸要求并有生产厂家的质量证明书，初凝时间不得大于 5min，终凝时间不得大于 10min，选用外加剂须经监理人批准。

混合料搅拌应遵循以下规定：

采用容量小于 400L 的强制式搅拌机拌料时，搅拌时间不得少于 1min；采用自落式搅拌机拌料时，搅拌时间不得少于 2min；混合料有外加剂时，搅拌时间应适当延长；钢纤维喷混凝土采用钢纤维播料机向混合料添加钢纤维，搅拌时间不少于 3min。

④ 清洗岩面。清除开挖面的浮石、墙脚的石碴和堆积物；处理好光滑开挖面；安设工作平台；用高压风水枪冲洗喷面，对遇水易潮解的泥化岩层，采用压风清扫岩面；埋设控制喷射混凝土厚度的标志；在受喷面滴水部位埋设导管排水，导水效果不好的含水层可设盲沟排水，对淋水处可设截水圈排水。仓面验收以后，开喷以前对有微渗水岩面要进行风吹干燥。

土质边坡除需将边坡和坡脚的松动块石、浮碴清理干净，还应对坡面进行整平压实，然后自坡底开始自下而上分段分片依次进行喷射。严禁在松散土面上喷射混凝土。

⑤ 钢筋网。坡面防护：喷 C20 混凝土、钢筋网、锚杆、排水孔。

钢筋网由屈服强度为 240MPa 的光面钢筋（Ⅰ级钢筋）加工而成。先喷 3～5cm 厚的混凝土，再尽量紧贴岩面挂钢筋网，对有凹陷较大部位，可加设膨胀螺杆拉紧钢丝网，再挂铺钢筋网，并与锚杆和附加插筋（或膨胀螺栓）连接牢固，最后分 2～4 次施喷达到设计厚度。

⑥ 喷射要点。喷射混凝土作业分段、分片依次进行，喷射顺序自下而上，避免回弹料覆盖未喷面。分层喷射时，后一层在前一层混凝土终凝后进行，若终凝 1h 以后再行喷射，应先用高压风水枪冲洗喷层面。喷射作业紧跟开挖工作面，混凝土终凝至下一循环放炮时间不得少于 3h。

喷射作业严格执行喷射机的操作规程：应连续向喷射机供料；保持喷射机工作风压稳定；完成或因故中断喷射作业时，应将喷射机和输料管内的积料清除干净，防止管道堵塞。

为了减少回弹量，提高喷射质量，喷头应保持良好的工作状态。调整好风压，保持喷头与受喷面垂直，喷距控制在 0.6～1.2m 范围，采取正确的螺旋形轨迹喷射施工工艺。刚喷射完的部分要进行喷厚检查（通过埋设点、针探、高精度断面仪检测），不满足厚度要求的，及时进行复喷处理。挂网处要喷至无明显网条为止。

思考题

1. 架设钢架的质量控制要点有哪些？
2. 简述干喷和湿喷工艺的区别以及各自优缺点。
3. 简述湿喷工艺中喷射混凝土作业要点。
4. 干喷作业对拌合料的要求有哪些？

学习情境10 隧道防排水施工

【情境描述】

隧道防排水设施是隧道工程中重要的组成部分，其施工质量的好坏直接影响到隧道的使用功能。通常，隧道防排水施工可按图 10-1 流程进行。

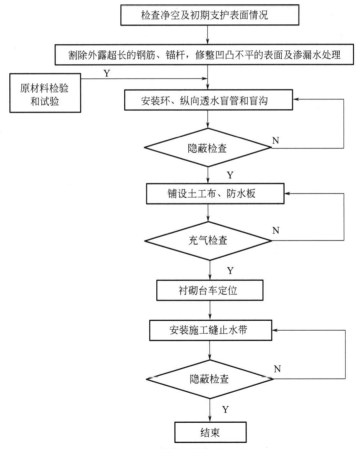

图 10-1 隧道防排水施工流程

通过本情境的学习，使学生了解隧道防排水施工的准备工作内容，熟悉隧道防排水体系的基本构造，重点掌握排水盲管、防水板以及施工缝和变形缝防水的具体做法，为组织防排水施工打下坚实基础。

【教学目标】
1. 能力目标
① 组织防排水施工前的准备工作。
② 组织排水盲管安装施工。
③ 组织施工缝、变形缝防水施工。
2. 知识目标
① 掌握防排水施工前的基面要求及处理方法。
② 掌握环向排水管、纵向排水管及横向排水管的施工方法。
③ 掌握防水板铺设工艺。
④ 掌握施工缝、变形缝处防水做法。
【案例引入】
某隧道防排水施工作业指导书。

10.1 施工准备

隧道防排水施工之前的准备工作主要有以下几点：

（1）洞外准备　检验防水板质量，用铅笔画焊接线及拱顶分中线，按每循环设计长度截取，对称卷起备用。

（2）洞内准备　施工作业平台准备：施工时采用两个作业台架，一个用于基面处理，挂设土工布，一个用于挂防水板，基面处理超前防水板两个循环。

（3）断面量测　测量断面，对隧道净空进行量测检查，对个别欠挖部位进行处理，以满足净空要求；同时准确测放拱顶分中线。

（4）初期支护要求及基面处理　由于初期支护为喷锚网喷支护结构，具有表面粗糙、凹凸不平、锚杆头外露等缺点，如不处理必将影响防水层的施工质量，为此要求：

a. 监控量测资料显示，拱顶下沉、周边收敛趋于稳定后方可施工。

b. 初期支护渗水部位进行局部注浆，并达到止水要求。

c. 将喷射混凝土表面洼处用初期支护喷混凝土同等级喷射找平，表面平整度允许偏差为 5cm。

d. 喷锚混凝土表面不得有外露的钢筋头和凸出的钢管件等尖的突出物，如有露出，必须先齐根切除再用水泥砂浆将切除的表面抹成圆弧面，以防扎破防水层。

e. 喷锚混凝土在做防水层施工时，一定要达到设计强度。

f. 在进行防水层施工前，将喷混凝土表面出水处先凿开埋透水管，用砂浆抹平后，再在外面铺设排水管。

g. 在铺设防水层时沿混凝土表面的凹凸顺势进行剪裁铺设，使防水层贴紧喷锚混凝土表面，以防二衬混凝土施工时将其拉破、拉裂。

基面处理的常见做法为：

① 处理基面渗漏水，采用注浆堵水或埋设排水管直接排水到边沟，保持基面无明显漏水。

② 对初期支护混凝土表面外露的锚杆头、钢筋尖头等硬物割除，其处理方法如下：

a. 对钢筋网片等凸出部分先切断后，用铁锤铆平，抹砂浆素灰（图 10-2）。

b. 对有凸出的管道时切断，用砂浆抹平（图 10-3）。

c. 对锚杆有凸出部位时，螺头顶预留 5mm 切断，再用塑料帽套起来（图 10-4）。

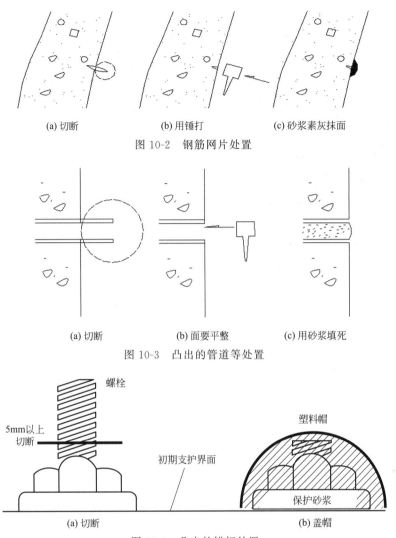

(a) 切断　　　(b) 用锤打　　　(c) 砂浆素灰抹面

图 10-2　钢筋网片处置

(a) 切断　　　(b) 面要平整　　　(c) 用砂浆填死

图 10-3　凸出的管道等处置

(a) 切断　　　(b) 盖帽

图 10-4　凸出的锚杆处置

③ 对初期支护混凝土表面凹凸不平进行处理，使混凝土表面平顺，凹凸面满足 $D/L = 1/6 \sim 1/10$（D 为两凹凸面间凹进深度，L 为两凹凸面间距离）。

10.2　排水盲管施工

排水盲管一般包括环向排水半管、纵向排水管、横向泄水管，三者采用变径三通连为一体，形成完整的排水系统。其中纵向排水盲管在整个隧道排水系统中是一个中间环节，起着承上启下的作用，是关键环节。

环向、纵向排水管施工主要有钻定位孔、锚栓安装、盲管铺设、安装等环节，其施工流程见图 10-5。

图 10-5　环向、纵向排水管施工流程

10.2.1 环向排水半管施工

环向排水半圆管（图 10-6）沿纵向设置的间距根据设计要求进行布置，根据洞内渗、漏水的实际情况，在初期支护（喷射混凝土层）完成之前视情况埋设排水半管或线形排水板，形成暗埋、永久式排水通道系统，将水引入隧道纵向排水管排出洞外，在地下水较大的地段应加密设置排水盲管。

排水管布置要求如下：

① 对集中出水点，沿水源方向钻孔，然后将单根引水管插入其中，并用速凝砂浆将周围封堵，以使地下水从管中集中引出。

② 当隧道开挖后在围岩表面有线流或股流时，均设排水半管或线形排水板，在排水管周围喷射厚度为 1~2cm 水泥砂浆后，再进行喷射混凝土作业。

图 10-6 环向排水半圆管图

③ 在无渗漏水地段有必要时，每隔一定间距，在其喷层表面上、下打设排水孔，安装排水半管或线形排水板，使隧道在使用期内因地下水的迁移变化而产生的渗漏水能顺利排出洞外。

10.2.2 纵向排水管施工

纵向排水管施工要求如下：

① 按照精细化施工要求，纵向排水管安装前必须先施工纵向基座；

② 基座施工前进行测量放样，根据路面设计高程准确计算纵向排水管中心高程和初支表面的相对位置，在初支表面弹线标识；

③ 基座浇筑模板采用钢模或 2cm 厚竹胶板，钢管或 $\phi 22mm$ 螺纹钢筋支撑；

④ 基座浇筑到顶部时，采用波纹管为模型，压制出半圆轮廓槽；

⑤ 基座完成后，用防水板反向包裹纵向排水管，放置在半圆轮廓槽内，并覆盖碎石过滤层；

⑥ 用 U 形钢筋卡固定排水管，用布条堵塞管口以防混凝土灌注时移位和堵管；

⑦ 对环、纵向排水盲管采用三通相连。

10.2.3 横向排水管施工

横向排水盲管是连接纵向排水管与中央排水管（沟）的水力通道，通常采用硬质塑料管，其设置应符合设计及规范要求，施工中先在纵向排水管上预留拼接孔，然后在仰拱及填充混凝土施工前接长至中心排水管（沟）。

隧道纵向每隔 50m 设置一道 $\phi 160mm$ 横向双壁波纹管（无孔）将墙背纵向排水管中的水引排至隧道中心排水沟内，且横坡为 2%。

横向排水管施工控制要点如下：

① 画线时注意排水管尽可能走基面的低凹处和有出水点的地方。

② 排水管用无纺布等渗水材料包裹，防止杂物进入堵塞管道。

③ 纵向排水管用防水卷材半裹，使从上部流下之水在纵向排水盲管位置尽量流入管内。

④ 隧道同一断面只能铺设一道排水半管，避免造成初期支护出现薄弱断面或薄弱带。

⑤ 初期支护中埋设排水半管时，喷射混凝土应分为 2~3 层，施工中必须严格控制各喷

层厚度，保证排水半管埋设数量，避免凿槽或返工。各层排水半管铺设或各喷层的间歇时间，必须在前一层喷射混凝土终凝后进行。

10.2.4 排水管安装质量检查

排水管安装质量要求如下：

① 纵向排水管尽量与岩壁密贴，与支护的间距不得大于 5cm、排水管与支护脱开的最大长度不得大于 10cm。

② 施工中三通管留设位置准确，接头应牢固。

③ 盲管无泥沙、喷混凝土料或杂物堵塞，泄水孔通畅。

10.3 防水板施工

在基面严格按照规定要求处理完成后，进行防水板铺设，防水板铺设包括铺设准备、垫层铺设、防水板固定、防水板焊接等环节。

防水板施工工艺流程如图 10-7 所示。

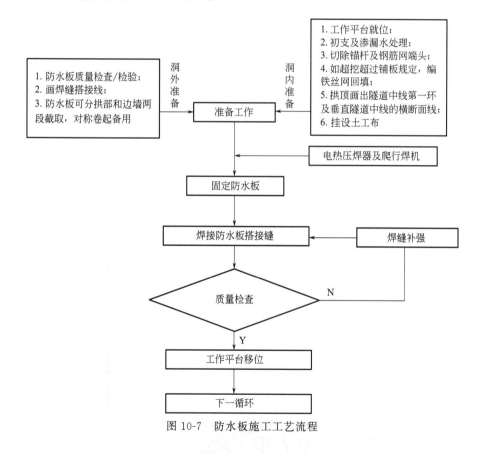

图 10-7 防水板施工工艺流程

10.3.1 铺设前的准备

洞外检查、检验垫层材料及防水板质量，对检查合格的防水板，用特种铅笔画焊接线及拱顶分中线，并按每循环设计长度截取，对称卷起备用；洞内在铺设基面标出拱顶中线，画出隧道中线第一环及垂直隧道中线的横断面线。

防水板宜选用高分子材料，幅宽一般为2~4m，厚度不得小于1.2mm，且应符合设计要求，耐刺穿性好、柔性好、耐久性好。塑料防水板的物理力学性能应符合表10-1的要求。

表10-1 塑料防水板主要物理力学性能

项目	拉伸强度/MPa	断裂延伸率/%	热处理时变化率/%	低温弯折性	抗渗性
指标	≥12	≥200	≤2.5	−20℃无裂纹	0.2MPa,24h不透水

10.3.2 台车就位

防水板铺设宜采用专用台车铺设（图10-8），台车应具备以下要求：

① 防水板专用台车应与模板台车的行走轨道为同一轨道；
② 台车前端应设有初期支护表面及衬砌内轮廓检查刚架，并有整体移动（上下、左右）的微调机构；
③ 台车上应配备能达到隧道周边任一部位的作业平台；
④ 台车上应配备辐射状的防水板支撑系统；
⑤ 台车上应配备提升（成卷）防水板的卷扬机和铺放防水板的设施。

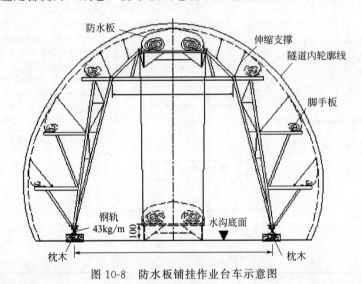

图10-8 防水板铺挂作业台车示意图

10.3.3 铺设土工布

土工布铺设构造详见图10-9。

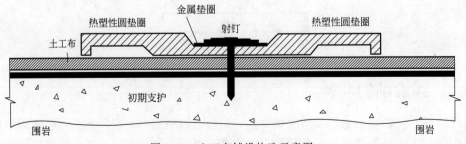

图10-9 土工布铺设构造示意图

土工布铺设施工要求如下：

① 将垫衬横向中线同隧道中线对齐。

② 由拱顶向两侧边墙铺设。

③ 采用与防水板同材质的 $\phi 80mm$ 专用塑料垫圈压在垫衬上，使用射钉或胀管螺钉锚固（图10-10）。

④ 锚固点应垂直基面并不得超出垫圈平面，锚固点梅花形布置。锚固点间距，拱部为0.5~0.8m，边墙为0.8~1m，底部1~1.5m，凹凸处应适当增加锚固点。

⑤ 垫衬缝搭接宽度不小于5cm。

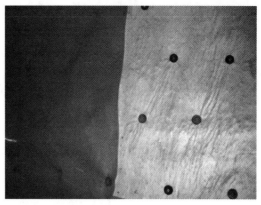

图10-10　防水板铺设实物

10.3.4　铺设防水板

防水板铺设要求如下：

① 防水板铺设应超前二次衬砌施工9~20m，并设临时挡板防止机械损伤和电火花灼伤，同时与开挖掌子面应保持一定的安全距离。

② 铺设前进行精确放样，弹出标准线进行试铺后确定防水板一环的尺寸，尽量减少接头。

③ 采用从下向上的顺序铺设，下部防水板应压住上部防水板，松紧应适度并留有余量（实铺长度与弧长的比值为10∶8），保证防水板全部面积均能抵到围岩。

④ 分段铺设防水板的边缘部位预留至少10cm的搭接余量并且对预留部分边缘部位进行有效的保护。

⑤ 对于避险车道加宽处防水板的铺设，如模筑混凝土外观成形不好，使其外观平顺后，方可铺设防水板。对于热合器不易焊接的部位用热风枪手工焊接，并确保其质量。

⑥ 两幅防水板的搭接宽度不应小于100mm。

10.3.5　固定防水板

固定防水板的施工要求如下：

① 对于设计为分离式的防水板，可用热风焊枪或热合器，使防水板融化并与塑料垫圈黏结牢固。

② 对于设计为复合式的防水板，则按设计要求在铺设基面打设膨胀锚栓或射钉，采用悬吊法固定。

③ 在凹凸较大的基面上，在断面变化处增加固定点，保证其与混凝土表面密贴。

10.3.6　防水板焊接

防水板焊接施工（图10-11）要求如下：

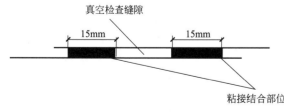

图10-11　防水板焊接示意图

① 焊接时，接缝处必须擦洗干净，且焊缝接头应平整，不得有气泡褶皱及空隙。

② 防水板之间的搭接缝应采用双焊缝、调温、调速热楔式功能的自动爬行式热合机热熔焊接，细部处理或修补采用手持焊枪。

③ 开始焊接前，应用小块塑料片上试焊，以掌握焊接温度和焊接速度。

④ 单条焊缝的有效焊接宽度不应小于 25mm。

⑤ 防水板纵向搭接与环向搭接处，除按正常施工外，应再覆盖一层同类材料的防水板材，用热焊焊接。

⑥ 在焊缝搭接的部位焊缝必须错开，不允许有三层以上的接缝重叠（图 10-12）。焊缝搭接处必须用刀刮成缓角后拼接，使其不出现错台；焊缝若有漏焊、假焊应予补焊；若有烤焦、焊穿处以及外露的固定点，必须用塑料片焊接覆盖。

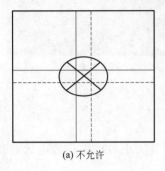 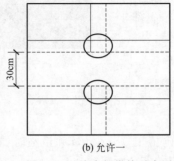 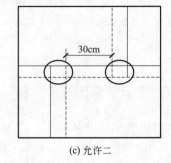

(a) 不允许　　　　　　　(b) 允许一　　　　　　　(c) 允许二

图 10-12　防水板搭接示意图

10.3.7　施工注意事项

防水板施工需注意以下几点：

① 防水板应存放在室内，库房应整洁、干燥、无火源、自然通风要好，并应远离高温热源及油脂等污物；

② 任何材料、工具在铺设时应尽量远离已铺好的地段堆放；

③ 安装孔位要严格控制方向和排列距离，避免安装时搭接困难；

④ 挡头板的支撑物在接触到塑料防水板处必须加设橡皮垫层；

⑤ 绑扎钢筋和安装模板及衬砌台车就位时，在钢筋保护层垫块外包土工布防止碰撞和刮破塑料板；

⑥ 浇筑混凝土时，应防止碰击塑料板，二次衬砌中埋设的管料与防水板间距不小于 5cm，以防止防水板破损，浇筑时应有专人观察，发现损伤应立即修补。

10.3.8　质量检查

(1) 防水层质量检查方法　防水层质量检查方法见表 10-2。

表 10-2　防水层质量检查方法

检查方法	检查内容	适用范围
直观检查	a. 用手托起防水层，看其是否与喷射混凝土层密贴； b. 看防水层是否有被划破、扯破、扎破等破损现象； c. 看焊缝宽度是否符合要求，有无漏焊、烤焦等现象； d. 外露的锚固点是否有塑料片覆盖	一般防水段要求
焊缝检查	每铺设 20～30m 延长，剪开焊缝 2～3 处，每处 0.5m 看是否有假焊、漏焊现象	特殊需处理防水段

(2) 充气检查　检查采取随机抽样的原则，环向焊缝每衬砌循环抽试 2 条，纵向焊缝每衬砌循环抽试 1 条。

防水板的搭接缝焊接质量检查应按充气法检查，将5号注射针与压力表相接，用打气筒进行充气，当压力表达到0.25MPa时停止充气，保持15min，压力下降在10%以内，说明焊缝合格；如压力下降过快，说明焊缝不严。用肥皂水涂在焊缝上，有气泡的地方重新补焊，直到不漏气为止。

10.4 施工缝、变形缝防水施工

10.4.1 外贴式止水带施工

外贴式止水带施工包括定位、基面处理、止水带固定等几个环节。

① 定位。外贴式止水带一般用于整体式衬砌施工缝处，设置在衬砌结构施工缝、变形缝的外侧，施工时按设计要求先在需要安装止水带的位置放出安装线。

② 基面处理。对于直接设置在岩壁或初期支护找平层的外贴式止水带，设置的部位须预先用氯丁胶乳砂浆进行抹平处理，防水砂浆抹面的宽度应大于外止水带宽度20cm以上。对于有防水板设计的，则须将对接缝处擦洗干净。

③ 止水带固定。施工缝处设计有防水板的，如止水带材质与防水板相同，则采用双焊缝热焊机将止水带固定在防水板上，对于设计为橡胶止水带的，则采用粘接法将其与防水板连接；施工缝处设计没有防水板的，止水带采用粘接法固定在岩壁或初期支护找平层上。

10.4.2 中埋式止水带施工

中埋式止水带施工包括钻钢筋孔、固定钢筋卡、固定止水带等环节。施工工艺流程如图10-13所示。

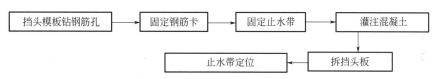

图10-13 中埋式止水带施工工艺流程

中埋式止水带施工方法及步骤见图10-14。

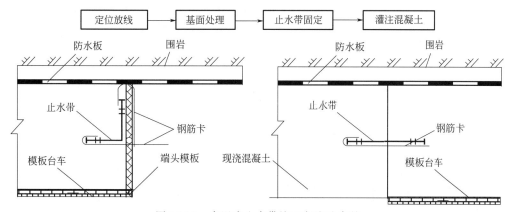

图10-14 中埋式止水带施工方法及步骤

沿衬砌轴线每隔0.5～1.0m钻一φ12mm的钢筋孔。将制成的钢筋卡穿过挡头模板，内侧卡紧止水带一半，另一半止水带平靠在挡头板上，待混凝土凝固后拆除挡头板，将止水带拉直，然后弯钢筋卡紧止水带。

10.4.3 止水带施工控制要点

止水带施工应注意以下几点：

① 止水带埋设位置应准确，其中间空心圆环应与变形缝重合。

② 中埋式止水带应固定在挡头模板上，先安装一端，浇筑混凝土时另一端应用箱型模板保护，固定时只能在止水带的允许部位上穿孔打洞，不得损坏止水带本体部分。

③ 固定止水带时，应防止止水带偏移，以免单侧缩短，影响止水效果。

④ 止水带定位时，应使其在界面部位保持平展，不得使橡胶止水带翻滚、扭结，如发现有扭结不展现象应及时进行调整。

⑤ 止水带的长度应根据施工要求事先向生产厂家定制（一环长），尽量避免接头。如确需接头，应满足图10-15所示要求。

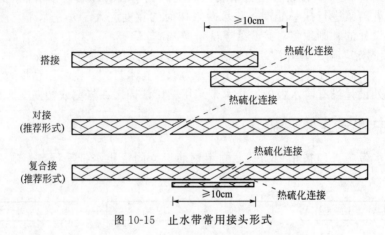

图10-15　止水带常用接头形式

⑥ 橡胶止水带接头必须粘接良好，不应采用不加处理的搭接。

⑦ 止水带粘接前应做好接头表面的清刷与打毛，接头处选在衬砌结构应力较小的部位，粘接可采用热硫化连接的方法，搭接长度不得小于10cm。每环的接头处不宜多于一处，且不得设在结构转角处。冷接法应采用专用黏结剂，冷接法搭接长度不得小于20cm。

⑧ 设置止水带接头时，应尽量避开容易形成壁后积水的部位，宜留设在起拱线上下。

⑨ 在浇捣靠近止水带附近的混凝土时，应严格控制浇捣的冲击力，避免力量过大而刺破橡胶止水带，同时还必须充分振捣，保证混凝土与橡胶止水带的紧密结合，施工中如发现有破裂现象应及时修补。

⑩ 衬砌脱模后，若检查发现施工中有走模现象，致使止水带过分偏离中心，则应适当凿除或填补部分混凝土，对止水带进行纠偏。

10.4.4 止水带施工控制

(1) 止水带安装检查

① 止水带安装的横向位置，用钢卷尺量测内模到止水带的距离，与设计位置相比，偏差不应超过5cm。

② 止水带安装的纵向位置，通常止水带以施工缝或伸缩缝为中心两边对称，用钢卷尺检查，要求止水带偏离中心不能超过3cm。

③ 用角尺检查止水带与衬砌端头模板是否正交，否则会降低止水带的有效长度。

（2）止水带接头的检查

① 检查接头处上下止水带的压茬方向，此方向应以排水畅通、将水外引为正确方向，即上部止水带靠近围岩，下部止水带靠近隧道衬砌。

② 接头强度检查：用手轻撕接头。

③ 观察接头强度和表面打毛情况，接头外观应平整光洁。抗拉伸强度不低于母材的80%；不合格时重新焊接或粘接。

10.4.5　遇水膨胀橡胶止水条施工

遇水膨胀橡胶止水条施工要点如下。

① 选用的遇水膨胀橡胶止水条应具有缓胀性能，其 7d 的膨胀率不大于最终膨胀率的 60%。

② 遇水膨胀止水条应牢固地安装在缝表面或预留槽内。先将预留槽清洗干净，然后涂一层胶黏剂，将止水条嵌入槽内，并用钢钉固定。止水条连接应采用搭接，搭接长度大于 50mm，搭接头要用水泥钉钉牢。止水条应沿施工缝回路形成闭合回路，不得有断点。

③ 止水条安装位置、接头连接应符合设计要求。

④ 止水条表面没有开裂、缺胶等缺陷，无受潮提前膨胀现象。

⑤ 止水条与槽底密贴，没有空隙。

思考题

1. 基面处理的常见做法有哪些？
2. 土工布铺设要求有哪些？
3. 简述防水板铺设要求。
4. 防水板焊接要求有哪些？

学习情境11 施作二次衬砌

【情境描述】

隧道二次衬砌是为了保证隧道在服务年限中的稳定、耐久,以及作为安全储备的工程措施。按照现代支护理论和新奥法施工原则,作为安全储备的二次支护是在围岩或围岩加初期支护稳定后及时施作的,此时隧道已成型,因此二次支护多采用顺作法,即由下向上、先墙后拱顺序连续灌注。在隧道纵向需要分段支护,分段长度为9~12m。

二次衬砌多采用模筑混凝土作为衬砌结构。由于时间因素的影响,二次衬砌和仰拱的施作时机,直接关系到衬砌结构的安全。过早施作会使二次衬砌承受较大的围岩压力,过晚施作会不利于初期支护的稳定。因此,在施工中通过监控量测掌握围岩与支护结构的变化规律,及时调整支护与衬砌设计参数,并确定二次衬砌和仰拱的施作时间,使衬砌结构安全可靠。

二次衬砌施工工艺流程如图11-1所示。

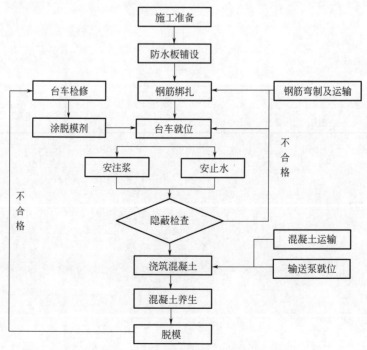

图11-1 二次衬砌施工工艺流程

通过本情境的学习,使学生掌握隧道二次衬砌施工过程中各道工序的做法,在实际工作过程中,能具备编制各施工环节作业指导书等技术文件的能力。

【教学目标】

1. 能力目标

① 能组织二次衬砌模板台车施工。

② 能组织二次衬砌钢筋工程施工及质量检查、验收工作。

③ 能组织二次衬砌混凝土工程施工作业。

④ 能组织二次衬砌仰拱及拱墙施作。

2. 知识目标

① 掌握二次衬砌模板类型及选择方法。

② 掌握整体移动式模板的施工工艺。

③ 掌握钢筋工程和混凝土工程的施工要求。

【案例引入】

某隧道工程二次衬砌专项施工方案。

11.1 施工要求及注意事项

二次衬砌施工要求如下。

① 二次衬砌混凝土施工在隧道基本达到稳定,围岩涌水、渗水已做好截、堵、导排处理的情况下进行。

② 二次衬砌施工的顺序是仰拱超前,墙、拱整体浇筑。标准断面应采用移动式模板台车,墙、拱整体浇筑。边墙基础高度的设置(水平施工缝)应避开剪应力最大的截面。

③ 断面尺寸符合设计,并做好相应的隐蔽工程验收工作。

④ 有足够混凝土备料,确保一次浇筑成形。

⑤ 模板台车:衬砌端模板一定要安装平整、严密、牢固,防止在浇筑过程中有模板挤出、松动、漏浆现象发生,并确保拆模后端面平整。

⑥ 灌注前,应清除防水层表面灰粉并洒水润湿。

⑦ 混凝土的入模温度应视洞内温度而调整,应控制在25℃以下。施工过程中要估计混凝土温度与拉应力的变化,提出混凝土温度的控制值,并在施工养护过程中实际测定关键截面的中部点温度和离表面约5cm深处的表层温度(包括仰拱和底板),实行严格的温度控制。衬砌结构任一截面在任一时间内的内部最高温度与表层温度之差一般不大于20℃,新浇筑混凝土与上一区段衬砌混凝土或围岩之间的温差不大于20℃,洒于混凝土表面的养护水温度低于混凝土表面温度的差值不大于15℃,混凝土的降温速率最大不宜超过3℃/d。

⑧ 一般情况下混凝土强度应达到8.0MPa以上;初期支护未稳定,二次衬砌提前施作时混凝土强度应达到设计强度的70%以上,方能拆模。

⑨ 当浇筑环境相对湿度小于90%时,应洒水养护。养护时间根据相对湿度确定,相对湿度小于60%时,养护时间不少于14d,否则不小于7d。洒水次数以混凝土表面保持充分潮湿状态为佳。同时还应保证混凝土表面湿度与内部湿度和所接触的大气湿度、所接触的围岩湿度以及已浇筑区段的衬砌混凝土湿度不出现过大的差异。

⑩ 为避免二次衬砌混凝土浇筑时损伤防水板,施工中应采取以下措施:

a. 避免混凝土直接碰到防水板,必要时在混凝土输送泵出口处设置防护板,防止混凝土直接冲击防水板。

b. 捣固时，避免让捣固器与防水板接触；插入式振动棒需变换其在混凝土中的位置时，应竖向缓慢拔出，不得在混凝土浇筑仓内平拖。

c. 采用钢筋混凝土衬砌时，要对钢筋头部进行防护，避免损伤防水板，钢筋焊接作业时，防水板要用阻燃材料进行覆盖，避免焊火花损伤防水板。

d. 对受到损伤的防水板，要在损伤处进行标识，及时进行修补。

11.2 选择模板类型

11.2.1 常见二次衬砌模板类型

二次衬砌施工中，常用的模板有整体移动式模板台车、穿越式（分体移动）模板台车、拼装式拱架模板。

（1）整体移动式模板台车　整体移动式模板台车（图 11-2）主要适用于全断面一次开挖成形或大断面开挖成形的隧道衬砌施工中。

整体移动式模板台车的生产能力大，可配合混凝土输送泵联合作业，是较先进的模板设备，但其尺寸大小比较固定，可调范围较小，影响其适用性，且一次性设备投资较大。我国有些施工单位自制较为简单的模板台车，效果也很好。

（2）穿越式（分体移动）模板台车　是将走行机构与整体模板分离，因此一套走行机构可以解决几套模板的移动问题，既提高了走行机构的利用率，又可以多段初砌同时施作。

（3）拼装式拱架模板　拼装式拱架模板（图 11-3）既适用于顺作，也适用于逆作，但拼装、拆模较费时费工。

图 11-2　整体移动式模板台车

图 11-3　拼装式拱架模板

拼装式拱架模板的拱架可采用型钢制作或现场用钢筋加工成桁架式拱架。为便于安装和运输，常将整榀拱架分解为 2～4 节，进行现场组装，为减少安装和拆卸工作量，可以做成简易移动式拱架，即将几榀拱架连成整体，并安设简易滑移轨道。

拼装式拱架模板的一次模筑长度，应与围岩地质条件、施工进度要求、混凝土生产能力以及开挖后围岩的动态等情况相适应。

拼装式拱架模板的灵活性大、适应性强，尤其适用于曲线地段。生产能力较模板台车低。

以上三种二衬模板中，整体移动式模板台车最为常见，现对其施工工艺进行重点介绍。

11.2.2 整体移动式模板台车的施工工艺

二次衬砌模筑混凝土采用液压整体移动式钢模台车施作时，其施工布置及设备安装如图 11-4 所示。

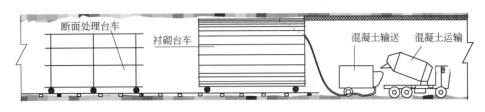

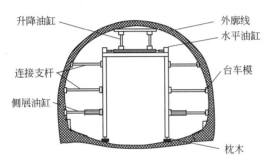

图 11-4　液压整体移动式钢模台车施工示意图

① 台车拼装后的调试处置　台车模架、模板局部变形、加工尺寸偏差等是造成衬砌错台等衬砌外观质量问题的主要原因。衬砌台车现场拼装完成后，必须在轨道上往返走行 3~5 次后，再拧紧固螺栓，并对部分连接部位加强焊接以提高台车的整体刚度。检查台车尺寸部位是否准确，掌握加工偏差大小情况，必要时进行整修。衬砌前对模板表面采用抛光机进行彻底打磨，清除锈斑，涂油防锈。

② 台车就位　台车轨道布设控制标准：调整轨道中心及标高，采用铁路 P38 钢轨，方木作枕木，底面直接置于已铺底或仰拱填充的混凝土地面上，保证台车平稳。轨道平面位置和高程偏差控制均在 ±1cm 以内，使模板中心线尽量同台车大梁中心重合，使台车在混凝土灌注过程中处于良好的受力状态。

定位采用五点定位法，即以衬砌圆心为原点建立平面坐标系，通过控制拱部模板中心点、拱部模板同墙部模板的两个铰接点、两墙部模板的底脚点来精确控制台车就位。曲线上考虑内外弧长差引起的左右侧搭接长度的变化，以使弧线圆顺，减小接缝错台。台车走行至立模位置，用侧向千斤顶调整至准确位置，并进行定位复测，直至调整到准确位置为止。台车撑开就位后检查台车各节点连接是否牢固，有无错动移位情况。采用五点定位法检查模板是否翘曲或扭动，位置是否准确，保证衬砌净空，同时也易于克服衬砌环接缝处的错台。为避免在浇筑边墙混凝土时台车上浮，还必须在台车顶部加设木撑或千斤顶。同时检查工作窗状况是否良好。

③ 外模、端模（挡头板）制作和安装　衬砌常采用 φ48mm 钢管弯制弧形拱架固定外模，外模选用木板或竹胶板；端模（挡头板）常采用 5cm 厚松木板制作，采用角钢 U 形卡和短方木固定，以适应端模尺寸的不规则性，并在挡头板上钉木板条以便在混凝土端面预留出安装止水条的凹槽。

端模的安装尚应满足以下要求：

① 台车端部的挡头模板应按衬砌断面制作以保证设计衬砌厚度，并可适当调整以适应其不规则性，其单片宽度不宜小于 300mm，厚度不小于 30mm。

② 挡头模板结构应能保证衬砌环接缝榫接,以保证接头处质量,增强其止水功能。
③ 挡头板应定位准确、安装牢固,其与岩壁间隙应嵌堵紧密。
④ 挡头板顶部应留有观察小窗口,以观察封顶混凝土情况。
⑤ 拱顶位置每板衬砌预留间距为3m的φ50mm注浆孔,每板不少于4个。

11.3 钢筋工程施工

隧道二次衬砌钢筋工程施工工艺流程如图11-5所示。

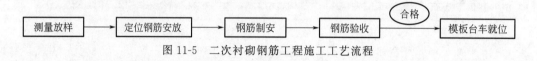

图 11-5 二次衬砌钢筋工程施工工艺流程

11.3.1 衬砌钢筋定位及安装

衬砌钢筋定位及安装应符合以下要求:

① 钢筋制安前,先进行试拼预弯,根据测量数据进行定位筋布置,定位筋纵环向间距为3m×3m;在施工缝处需注意仰拱钢筋的预留长度保证同一截面内钢筋接头面积不大于总面积的50%,相邻的主筋接头必须错开35d(钢筋直径)以上,主筋的净保护层厚度为5cm,且外露的钢筋头必须按照设计要求:纵环向成一条线。

② 先将二衬结构外层环向主筋按设计间距均匀布置于隧道拱墙防水板上,背后按一定间距加设6~8根直条钢筋用以定位,当外层主筋按规定间距就位后与定位钢筋连接固定;外层纵向钢筋布设于主筋上侧,先于隧道中线上布设第一根纵向钢筋,然后按环向设计间距向两侧均匀布置,可于外层主筋上作出间距标记,准确定位分布钢筋,再将内层分布钢筋放置于外层钢筋上。

③ 内层钢筋就位前必须依据测量给定的中线、标高、法线等测量数据,准确安装钢筋定位及支撑筋,后将内层主筋均匀布设于钢筋定位筋上连接固定,再将内层分布钢筋按间距均匀布置并连接固定。

钢筋安装和保护层厚度的允许偏差和检验方法见表11-1。

表 11-1 钢筋安装和保护层厚度的允许偏差和检验方法

序号	名称		允许偏差/mm	检验方法
1	双排钢筋的上排钢筋与下排钢筋间距		±5	尺量两端、中间各1处
2	同一排中受力钢筋水平间距	拱部	±10	尺量两端、中间各1处
		边墙	±20	
3	分布钢筋间距		±20	尺量连续3处
4	箍筋间距		±20	
5	钢筋保护层厚度		+10,0	尺量两端、中间各2处

11.3.2 衬砌钢筋连接

衬砌钢筋连接要求如下:

① 环向主筋拱顶部位采用挤压套筒连接，与仰拱钢筋连接部位采用挤压套筒接头，长短钢筋接头错开。分布筋钢筋连接方式：纵向分布筋采用绑扎施工，搭接长度不小于 $35d$。

② 相邻两搭接钢筋接头错开距离不小于 $35d$ 且不小于 500mm，钢筋布置严禁出现"同断面"现象。

③ 挤压套筒连接也叫钢筋冷挤压连接，属于机械式连接的一种新形式（图 11-6），其基本原理是：将两根待连接钢筋插入特别的连接套筒内通过压接机径向挤压套管，使套管产生塑型变形，从而使套管的内壁嵌入钢筋肋之间的凹槽内，经此实现两根钢筋的连接。钢筋所承受的轴向力主要通过钢筋肋和变形后套筒之间的剪力来传递。

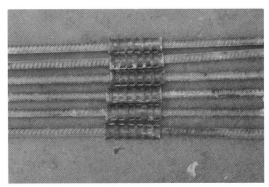

图 11-6 冷挤压套筒连接

采用冷挤压套筒连接时，应符合以下要求：

① 钢筋采用冷挤压套筒连接时，钢筋端部不得有局部弯曲，不得严重锈蚀和附着物。

② 钢筋端部应有检查插入套筒深度的明显标记，钢筋端头离套筒长度中点不宜超过 10mm；同时在连接套筒上做好压接标记（6 处），以保证压痕分布均匀一致。

③ 挤压应从套筒中央开始，依次向两端挤压，压痕直径的波动范围应控制在供应商认定的允许波动范围内，并提供专用量规进行检验。

④ 挤压后的套筒不得有肉眼可见裂纹。

11.3.3 衬砌钢筋施工要求

衬砌钢筋施工应符合以下要求：

钢筋接头应设置在承受应力较小处，并应分散布置。配置在"同一截面"内受力钢筋接头的截面面积，占受力钢筋总截面面积的百分率，应符合设计要求。当设计未提出要求时，必须符合下列规定：

① 连接接头在受弯构件的受拉区不得大于 50%，轴心受拉构件不得大于 25%。

② 在构件的受拉区，绑扎接头不得大于 25%，在构件的受压区不得大于 50%。

③ 钢筋接头应避开钢筋弯曲处，距弯曲点的距离不得小于钢筋直径的 10 倍。

④ 在同一根钢筋上应少设接头。"同一截面"内，同一根钢筋上不得超过一个接头。

注：两连接接头在钢筋直径 35 倍范围且不小于 500mm 以内、两绑扎接头在 1.3 倍搭接长度范围且不小于 500mm 以内均视为"同一截面"。

11.3.4 衬砌钢筋质量检查及验收

衬砌钢筋质量检查及验收内容如下：

① 检查钢筋绑扎是否按设计要求进行绑扎牢固钢筋骨架是否顺直、绑扎垫块数量和绑钢筋的扎丝不得伸入保护层内。

② 钢筋间距、层间距是否满足设计要求，目测和尺量检查。

③ 纵向分布筋外露部分的搭接长度、层间距的控制。两层主筋间靠外露处增设横向支

撑钢筋来防止混凝土施工过程中振动变形、防止层间距不够。

④ 利用二次衬砌的内层纵、环向结构钢筋作为接触网断线保护接地钢筋，在每个台车位（作业段）中部选一根环向结构钢筋作为环向接地钢筋，环、纵向接地钢筋间可靠连接。

⑤ 背贴式止水带和中埋式止水带埋设是否居中、止水条安装及外露部分是否符合要求，对外露受检的部位必须要满足验标要求，矮边墙凿毛、清理干净方可进行二衬模板台车定位工作。

11.4 混凝土工程施工

二次衬砌混凝土工程施工主要技术措施如下。

(1) 混凝土的拌制

① 混凝土所用的原材料（水泥、粗骨料、细骨料、水、外加剂等）必须经检测合格后方可使用。严禁使用未经检测或检测不合格的原材。

② 每次混凝土施工时拌合司机要提前对计量设备进行检查，发现问题及时处理。拌制混凝土的自动计量装置应定期检定，使其保持良好状态。

③ 严格按照试验室出具的配合比进行计量，按重量投料。计量精度必须满足验标要求，即粗、细骨料计量偏差控制在2%以内，水泥、外加剂、水计量偏差控制在1%以内。

④ 粗细骨料含水率应经常测定，雨天施工时应增加测定次数，根据工地实际情况及时调整配合比。

⑤ 混凝土搅拌时间不得少于3min，搅拌时间也不宜过长。

(2) 混凝土的运输

① 混凝土在运输过程中不发生离析、漏浆、严重泌水及坍落度损失过多等现象。当运至浇筑点发生离析现象时，在浇筑前进行二次搅拌，但严禁再次加水。

② 用混凝土搅拌运输车运输混凝土时，应符合下列规定：在运输已拌制好的混凝土时，宜以2~4r/min的转速搅动，严禁高速旋转；卸料前应以常速再次搅拌；在运输中同时拌制混凝土时，从加水后算起，至全部卸出所经过的时间，不宜大于90min；车体内壁应平整光滑，不吸水、不漏水；每天使用完毕后应清洗黏附的混凝土。

(3) 混凝土的浇筑

① 在浇筑混凝土前，确认基底无虚碴、积水及其他杂物（当有钢筋时还要检查钢筋情况），并应采取防、排水措施。

② 浇筑混凝土前以及浇筑过程中，应对模板、支架、钢筋骨架、预埋件等加以检查。当发现问题及时处理。检查的主要内容包括下列各项：模板的高程、位置及截面尺寸；模板、支架、支撑等结构的可靠程度；预埋件的安装位置和高程；钢筋的安装位置；脱模剂涂刷情况。

③ 混凝土浇筑时的自由倾落高度不得大于2m，当大于2m时，应采用接软管等方式浇筑。

④ 浇筑混凝土应分层进行，其分层厚度（指捣实后的厚度）不宜大于振捣器作用部分长度的1.25倍，控制在30cm左右。

(4) 混凝土的振捣

① 用插入式振捣器振捣混凝土时，应符合下列规定：移动间距不宜大于振捣器作用半径的1.5倍；插入下层混凝土内的深度宜为5~10cm，以保证上下层结合良好；振捣器应尽可能垂直地插入混凝土中，如条件困难，可略带倾斜，但与水平面夹角不宜小于45°；振

捣棒捣固时应快插、慢拔，在每一孔位的振捣时间，以混凝土不再显著下沉、水分和气泡不再逸出并开始泛浆为准，一般为 10～30s；振捣时不得碰撞模板、钢筋和预埋管件，距模板的垂直距离，不应小于振捣器有效半径的 1/2；混凝土必须振捣密实，无漏振及过振现象。

② 混凝土运输、浇筑及间歇的全部用时不应超过混凝土的初凝时间。底层混凝土初凝后浇筑上一层混凝土时，应按施工缝处理。当允许间歇时间已超过时，应按浇筑中断处理，同时应留置施工缝。施工缝处应埋入适量的片石、钢筋或型钢，并使其体积露出前层混凝土外一半左右。

③ 在混凝土施工缝处连续浇筑新混凝土时，应符合下列规定：前层混凝土的强度不得小于 1.2MPa；施工缝处的水泥砂浆薄膜、松动石子或松弱混凝土层应凿除，并应用水冲净、湿润，使其表面形成一个新鲜清洁有一定石子外露起伏不平的麻面；新混凝土浇筑前，宜在横向施工缝处先铺一层厚约 15mm 并与混凝土灰砂比相同而水灰比略小的水泥砂浆（竖向施工缝处可刷一层水灰比为 0.3 左右的薄水泥浆），或铺一层厚约 30cm 的混凝土，其粗骨料宜比新浇筑混凝土减少 10%，然后再接续浇筑新层混凝土；施工缝处的新层混凝土应振捣密实；二衬时在拱顶部位每组衬砌预留不少于两个注浆孔，二衬混凝土达到 100% 强度后对初支与二衬间空隙进行回填注浆，保证初支与二衬密贴。

（5）混凝土养护

① 混凝土浇筑后，12h 内即应覆盖和洒水。操作时，不得使混凝土受到污染和损伤。

② 当工地昼夜气温连续 3d 低于 5℃ 或最低气温低于 -3℃ 时，采取冬期施工措施；当工地昼夜平均气温高于 30℃ 时，应采取夏期施工措施。

③ 混凝土养护时间不宜少于 14d，洒水次数应以混凝土表面保持湿润状态为度。

④ 养护用水与拌制用水相同。

（6）拆模

① 混凝土拆模时的强度应符合设计要求。当设计未提出要求时，侧模应在混凝土强度达到 8MPa 以上，且其表面及棱角不因拆模而受损时，方可拆除。

② 拆除模板时，不得影响混凝土的养护工作。

11.5 施作仰拱

11.5.1 仰拱的作用及施工要求

仰拱是为改善上部支护结构受力条件而设置在隧道底部的反向拱形结构，是隧道结构的重要组成部分之一，它是隧道结构的基础。它一方面要将隧道上部的地层压力通过隧道边墙结构或将路面上的荷载有效地传递到地下，而且还有效地抵抗隧道下部地层传来的反力。实际上它是能承受地层永久荷载和路面临时荷载（动荷载）的一种地基梁。仰拱与二次衬砌构成隧道整体，增加结构稳定性。

仰拱的作用主要体现在以下几点：

① 解决基础承载力不够，减少地表下沉，防止底鼓的隆起变形，调整衬砌应力；

② 封闭围岩，阻止围岩过大的变形，提高机构整体的承载力；

③ 增加底部和墙部的支撑抵抗力，防止内挤而产生剪力破坏。

仰拱的施工要求如下：

① 仰拱应根据围岩受力状况、初期支护检测情况及时组织施工，且应保证洞内交通畅

通，不影响前方的掘进施工，严格按照开挖方案进行施工，并结合拱墙施工抓紧进行仰拱初期支护和仰拱模筑混凝土施工，实现支护结构早闭合；

② 仰拱施工时必须使用模板，保证混凝土的浇筑质量；

③ 仰拱垫层、初期支护、模筑混凝土、仰拱回填应分别施工，以保证各单位的施工质量；

④ 仰拱应一次成型，不应左右分次浇筑，接缝应平顺且做好防水处理，超挖部位应采用与衬砌相同强度的混凝土回填；

⑤ 仰拱、填充层及底板混凝土要尽早施工，从而保证拱墙混凝土及二衬施工，保证衬砌台车的正常作业长度，底板混凝土要严格控制标高，确保混凝土路面的厚度和高程；

⑥ 仰拱、底板施工时，按要求施作中心排水沟、横向排水管、纵向排水管等排水设施，从而保证隧道内排水通畅，并注意设置与二衬贯通的变形缝；

⑦ 洞口段仰拱应在开挖进洞150m之内封闭成环，在仰拱开挖周边设置护栏围挡，并安装密目式安全立网，出口处设置警示标志；

⑧ 仰拱施工时，应采取栈桥的方式施工，以保证仰拱施工连续进行并且保证隧道开挖出碴和洞内材料运输不受仰拱开挖的影响，待已浇筑的仰拱混凝土强度满足通车强度要求后，方可移走栈桥，进行下一阶段仰拱施工。

11.5.2 仰拱施工工艺及质量控制

(1) 测量放线

① 在开挖班完成仰拱初支后，由测量班对完成的仰拱断面进行检查，发现侵限的必须进行处理。当断面符合设计要求时，测量班负责对本板仰拱进行放样，放样内容包括以下内容：

a. 仰拱端头里程（由隧底中线、两侧矮边墙三个点确定），保证环向施工缝位于同一里程断面。

b. 矮边墙顶标高。

c. 矮边墙顶和隧底中线处仰拱混凝土厚度（矮边墙顶处按隧道设计断面放大5cm放样，隧底按照隧道设计断面放样），当初支断面超挖较多时，在保证衬砌厚度的前提下可以适当调整放大值，具体数据须由工区测量班与工区技术负责人确定并报项目部测量负责人和工程部同意后执行。

d. 必要时可以在隧底和矮边墙顶之间增加一个点，以保证仰拱弧度。

② 仰拱混凝土施工后，测量班需要放出中心水沟中线、填充面顶标高和半圆沟位置。

③ 若现场条件具备，以上两次放样可以合并在一起。

④ 测量放样数据由测量班通过书面形式下发给现场技术员和施工班。

⑤ 施工班在现场技术员的指导下根据测量数据在初支面上画出纵向盲管线、环向盲管线、上层钢筋线、下层钢筋线、仰拱混凝土顶面线（俗称"五线上墙"，图11-7），待仰拱防水板铺设后，需将上、下层钢筋线和仰拱混凝土顶面线引至防水板上。

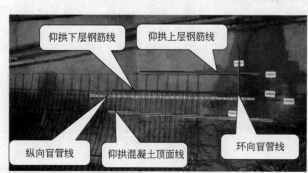

图11-7 "五线上墙"示意图

(2) 架立筋施作

① 仰拱钢筋和防水板施工前需先施作架立筋，架立筋原则上采用与衬砌主筋相同规格的钢筋，包括立筋和水平筋。仰拱架立筋一般做9

排，隧底中线处设一排，两侧边墙纵向盲管底各设一排，剩余架立筋在考虑模板加固和钢筋定位的情况下均匀布置（图 11-8）。每排架立筋立筋间距约 1.5m，水平筋间距为两层主筋排距。

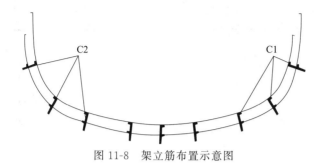

图 11-8　架立筋布置示意图

② 仰拱有拱架时，架立筋立筋需焊在拱架上，若仰拱无拱架，需在初支面上钻孔植入立筋。为保证模板加固牢固，边墙架立筋每处立筋需加强为 2 根立筋。

（3）仰拱钢筋安装　仰拱钢筋安装严格按照设计图纸进行。钢筋保护层厚度应符合设计图纸或规范要求。

钢筋安装时先在开挖面搭设、焊接架立筋，长度要满足保证上下两层的钢筋排距的要求，边墙部位安装控制钢筋纵向间距和排距的卡槽，先绑扎仰拱下层钢筋，再绑扎上层钢筋，最后按设计要求绑扎水平筋，如图 11-9、图 11-10 所示。

图 11-9　仰拱下层钢筋绑扎

图 11-10　仰拱上层钢筋绑扎

钢筋安装和保护层厚度允许偏差及检验方法如表 11-2 所示。

表 11-2　钢筋安装和保护层厚度允许偏差及检验方法

序号	名称		允许偏差/mm	检验方法
1	双排钢筋，上排钢筋与下排钢筋间距		±15	尺量两端、中间各 1 处
2	同一排中受力钢筋水平间距	拱部	±10	
		边墙	±20	
3	分布钢筋间距		±20	尺量连续 3 处
4	箍筋间距		±20	
5	钢筋保护层厚度		+10，-5	尺量两端、中间各 2 处

（4）仰拱模板安装　仰拱模板通常采用定型钢模板（图 11-11），模板总弧长不得小于 3.5m。第一次施工前必须对模板面彻底打磨，清除锈斑，涂油防锈；当台车模板多次使用后也需打磨处理，确保模板表面光滑。

模板安装必须稳固牢靠，接缝严密，不得漏浆。模板与混凝土的接触面必须清理干净并涂刷隔离剂。浇筑混凝土前，模板内的积水和杂物要清理干净。

仰拱模板安装允许偏差如表 11-3 所示。

图 11-11　仰拱定型钢模板

表 11-3　仰拱模板安装允许偏差

序号	项目	允许偏差/mm	检验方法
1	边墙脚	±15	尺量
2	起拱线	±10	尺量
3	模板表面平整度	5	2m靠尺和塞尺
4	相邻浇筑段表面高低差	±10	尺量

（5）仰拱混凝土浇筑　浇筑混凝土前，须对支架、模板和钢筋进行检查，并做好记录，符合设计要求后方可浇筑。浇筑时使用插入式振捣棒，振捣密实，并保证衬砌钢筋的保护层厚度。浇筑需由下至上分层、左右交替、对称灌注，开窗浇筑和振捣，两侧混凝土灌注高差宜控制在 50cm 以内，并合理地控制浇筑速度。

混凝土结构外形尺寸允许偏差和检验方法见表 11-4。

表 11-4　混凝土结构外形尺寸允许偏差和检验方法

序号	项目	允许偏差/mm	检验方法
1	高程	±15	水准测量
2	结构平整度	20	2m靠尺和塞尺

（6）仰拱填充混凝土浇筑　待仰拱混凝土强度达到要求后再进行仰拱填充混凝土施工，填充一般采用 C20 混凝土。若有中央排水沟，填充混凝土浇筑前按照要求设置中心水沟模板。仰拱填充混凝土灌注前清除仰拱表面的杂物和积水。混凝土表面高程必须符合设计要求。

仰拱填充施工时需预留横向排水管，以保证隧道排水体系的完整性。

11.6　施作拱墙

11.6.1　拱墙施工工艺

隧道拱墙一般采用模板台车一体浇筑。在模板台车安装就位后，拱墙施工主要涉及混凝土的浇筑和养护，其施工要点如下。

（1）混凝土施工　混凝土施工前应检查如下项目：

① 台车及挡头模板安装定位是否牢靠。

② 模板接缝是否填塞紧密。
③ 脱模剂是否涂刷均匀。
④ 基仓清理是否干净，施工缝是否经过适当处理。
⑤ 输送泵接头是否密闭，机械运转是否正常。
⑥ 拱部混凝土衬砌浇筑时，应在拱顶预留注浆孔，注浆孔间距应不大于3m，且每模板台车范围内的预留孔应不少于4个。

混凝土灌注过程中应注意以下事项：
① 为避免灌注过程中混凝土离析，要求混凝土的灌注下落高度不得大于2.0m。
② 混凝土灌注到最后刹尖时，拱顶混凝土的灌注顺序应为由上坡向下坡方向。
③ 为确保拱顶混凝土不出现空洞等质量缺陷，封顶混凝土适当降低水灰比，并采用附着式振捣器或者人工振捣的方式将拱顶灌注混凝土随着灌注进度捣固密实。同时，在每组混凝土拱顶处理设预留的注浆管，作为最后的保障措施。

（2）拆模　按施工规范采用最后一盘封顶混凝土试件达到的强度来控制拆模时间。

不承受外荷载的拱墙，混凝土强度应达到5MPa或在拆模时混凝土表面和棱角不被损坏并能承受自重时拆模。

当衬砌施作时间提前，拱墙承受有围岩压力及封顶和封口的混凝土强度应满足设计要求，一般应在混凝土强度达到设计强度70%以上方可拆模。

（3）养护　二次衬砌混凝土养护应配备养护喷管，在拆模前冲洗模板外表面，拆模后用高压水喷淋混凝土表面，以降低水化热（图11-12）。在寒冷地区，应做好衬砌的防寒保温工作。养护时间要求为洞口100m养护期不少于14d，洞身养护不少于7d，对已贯通的隧道衬砌养护期不少于14d。

图11-12　洞内养护

11.6.2　混凝土缺陷处理

拆模后，若发现缺陷，不得擅自修补，经监理工程师批准后方可处理。

二次衬砌混凝土常见缺陷处理措施如下。
① 气泡：采用白水泥和普通水泥按衬砌表面颜色对比试验确定的比例掺拌后，局部填补抹平。
② 环接缝处理：采用弧度尺画线，切割机切缝，缝深约2cm，不整齐处进行局部修凿或经砂轮机打磨后，用高强度等级水泥砂浆修饰，用钢馒刀抹平，使施工缝圆顺整齐。
③ 对于表面颜色不一致的采用砂纸反复擦拭数次。
④ 预留洞室周边还应先行清理干净，然后喷水湿润，采用高强度等级、与衬砌颜色相统一的砂浆抹平压光。

11.6.3　质量检查方法

二次衬砌的质量检查主要采用地质雷达测衬砌厚度及背后空洞，实体回弹、钻芯取样检测混凝土强度，以及采用2m直尺检测平整度（图11-13～图11-15）。

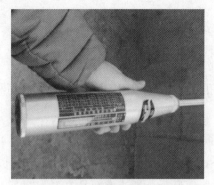
图 11-13　混凝土回弹检测

图 11-14　混凝土钻芯取样检测

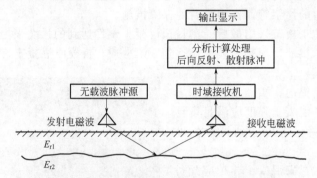
图 11-15　地质雷达检测厚度及背后空洞的示意图

回弹法是混凝土强度无损检测的一种基本方法。它是通过回弹值测试混凝土表层硬度（主要是砂浆部分的强度）来由表及里地间接推定混凝土强度的。它操作简便、重复性强、价格便宜，对衬砌质量不产生破坏，在检测混凝土的匀质性方面优势明显。但是，回弹法也有其不足之处，如低强度混凝土受力时易产生塑性变形，表面弹性不足，对回弹法测强不敏感。对于内外质量不一的混凝土，回弹法测强结果只能代表衬砌表层一定深度范围内的混凝土。不同型号的回弹仪，测试厚度不一，现场测试时，必须根据衬砌厚度灵活选用合适的回弹仪。

地质雷达探测法是衬砌背后空洞检测的最常见方法，其特点是连续、高效、无损，具有分辨率高、图像直观、对场地条件要求低等优点。与传统方法相比，该方法可快速准确地找出隧道衬砌质量隐患，有效地解决传统方法对衬砌的破坏问题，具有显著的社会效益和经济效益，在施工过程中得到普遍应用。

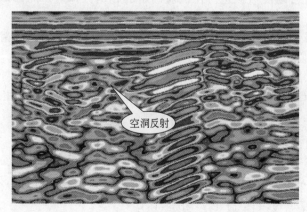
图 11-16　地质雷达探测衬砌背后空洞

地质雷达探测法是利用高频电磁波在岩体传播中遇到地质界面产生反射的特性，探测异常地质体的一种方法。隧道二次衬砌的常见结构为 30~45cm 厚的混凝土体，中心频率为 1000MHz 天线地质雷达 GPR 的可探测深度为 0~50cm。二次衬砌的脱空，在图像上表现为雷达波的多次高频反射，三振相明显，两组信号时程差较大，如图 11-16 所示。

11.6.4 二次衬砌背后脱空防治

(1) 防治的必要性 围岩、初支和衬砌之间依次较紧密接触是地下结构区别于地面结构的主要特征。对于新奥法施工、复合式衬砌的隧道，初支与围岩共同变形、共同承载，在Ⅱ、Ⅲ坚固地层中，二次衬砌约承受30%围岩松散荷载，主要作为安全储备。但在Ⅳ、Ⅴ软弱围岩中，二次衬砌不再是一种单纯的安全储备，而是受力结构的一个主要组成部分，它承受着50%~70%围岩松散荷载及较大的后期围岩变形压力。

由于二衬承载着较大的围岩松散压力，隧道衬砌背后是否存在脱空将直接影响隧道的安全性能。若有脱空存在，则使围岩-初支体系施加于衬砌的荷载不连续，而出现变形增大或裂纹（裂缝）破坏。只是由于结构的设计承载能力余量和初支的过度承载，延迟和减缓了危害发生的时间和程度，鉴于此，隧道二衬背后脱空防治就显得尤其重要。

(2) 脱空成因 隧道二衬背后脱空主要集中在拱顶和侧壁拱腰等部位。从二衬背后脱空部位分析，总结得出大致有以下几个原因：

① 光面爆破效果不好，造成隧道局部存在较深的凹坑，初支喷混凝土平整度达不到规范要求，防水板挂设后形成一个空腔，因防水板松弛度所限，在混凝土浇筑后形成空洞。

② 端头模板封堵不密实，浇筑完成后在等强度过程中从接缝里漏浆、跑浆，使拱部混凝土下落，形成空洞。

③ 施工时对原材料质量控制不严，砂粒过细，施工配合比水灰比偏大、混合料坍落度过大，浇筑后混凝土收缩徐变，形成空洞。或隧道处于较陡纵坡上（20‰），浇筑后混凝土收缩徐变，在上坡端出现脱空。

④ 混凝土在浇筑过程中振捣不密实，内部存在气孔、空洞等，上部混凝土浇筑完成后在自重作用下下沉，在拱部造成空洞。

⑤ 衬砌台车底座支撑不牢固。在现场施工过程中，台车多采用方木支垫行车轨道，由于衬砌台车附近较潮湿，方木容易糟烂，在混凝土浇筑过程中或浇筑后方木被压变形引起台车下沉，形成顶部衬砌空洞。

(3) 脱空处治 以地质雷达无损检测数据为依据，测量人员进行测量放线，确定准确的注浆范围，标注打设注浆管的位置。对拱顶部位二衬背后脱空采用拱顶预留注浆孔进行注浆回填，对拱腰及边墙处二衬背后脱空采用钻孔后注浆回填。

① 拱顶处治。检查拱顶预留注浆管：为避免衬砌脱空及方便处理，在浇筑衬砌混凝土前，每隔5~8m在拱顶最高处紧贴防水板位置预埋通长纵向注浆管。用钢筋往返插入预留的钢管内，若插入顺利不受阻挡，证明注浆管未堵塞，否则堵塞，将堵塞的注浆管做好标识。沿纵向注浆管方向在距堵塞的注浆孔50cm处钻孔，安装ϕ20mm注浆管（图11-17），混凝土孔口缝用胶密封，待胶凝结后方能注浆。

② 边墙处治。打设回填注浆孔：根据检测报告，采取限深措施，沿着脱空位置上、下边缘处打设ϕ20mm注浆孔。脱空位置较大的，注浆孔间距为2m，交错布置。埋设注浆管，长度为20cm（外露）+衬砌厚度。

在钻孔过程中，如有操作人员操作不当导致防水板被打穿，可采用扩孔修补的方法进行处理，即在打穿部位人工扩孔，扩孔范围半径不大于10cm，将防水板修补后采用挂模浇筑微膨胀混凝土封堵。

注浆液拱腰部位采用水泥砂浆，拱顶脱空部位采用细石混凝土回填。在脱空位置下边缘处孔内注浆。注浆过程中，密切观察注浆流量、注浆压力及周围的衬砌情况。当脱空位置上边缘处孔内流出浆液立即用木塞封闭并保持缓慢注浆，注浆终压持压5min后即可结束，然后用速凝水泥进行堵孔，保证浆液不会顺着注浆管外侧流出。

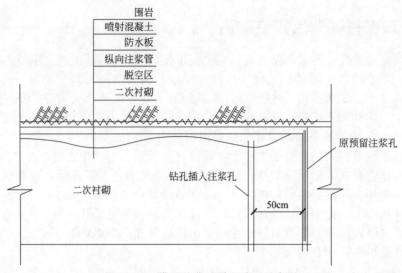

图 11-17　拱顶处背后脱空治理示意图

注浆应在二衬强度达到 100% 后方可进行。注浆时衬砌表面如出现有渗漏水部位，可改用压注水泥-水玻璃或其他化学浆液进行注浆堵水。

（4）注浆效果及复查　注浆完成后，必须对注浆效果进行检查，以确保回填注浆的质量，对于不符合要求的地段必须进行补孔注浆。检查的方法有理论分析法和无损检测法。分析法主要是对钻孔记录进行的统计分析，检查每孔是否达到注浆结束标准。无损检测法是用地质雷达在注浆位置进行检测，检查背后有无空洞。

（5）二次衬砌背后脱空的预防措施

① 加强光面爆破控制，欠挖部位应先加以凿除，提高围岩基面平整度；严格对施工过程进行控制，对喷射混凝土表面凹凸显著部位应分层喷射找平，确保初支基面平整。

② 加强防水板（含土工布）固定控制和铺设质量控制，固定点间距宜为拱部 0.5～0.8m，边墙 0.8～1m，底部 1～1.5m，呈梅花形排列，基面凹凸较大处应增加固定点。铺设松紧应适度并留有余量，实铺长度与初期支护基面弧长的比值为 10∶8，以确保混凝土浇筑后与基面密贴，预防太紧防水板崩裂，太松形成褶皱导致空洞的出现。

③ 拱部堵头板安装时注意接缝密贴，可采用双面胶等措施，保证混凝土浇筑后不漏浆，不跑浆。

④ 把好原材料质量关，控制好混凝土的水灰比或采用适量的膨胀混凝土，减小混凝土干缩徐变。

⑤ 浇筑过程中振捣密实，尽量排除在混凝土浇筑时被挤压到拱部的空气，仔细观察浇筑情况，确保拱部混凝土填筑饱满。

⑥ 要端正对隧道二次衬砌存在的片面认识，重视二次衬砌的作用，严格按隧道施工技术规范施工。加强各工序作业人员的质量意识教育，掌握每一道工序的质量标准；加强技术管理人员的责任心教育，把好每一道工序质量。

思考题

1. 常见二次衬砌类型有哪些？各有何优缺点？
2. 简述二次衬砌钢筋连接要求。
3. 简述仰拱及拱墙的施工工艺。
4. 二次衬砌背后脱空的预防措施有哪些？

学习情境12 隧道施工通风

【情境描述】

隧道施工通风是决定特长隧道能否修建的重要因素，通常决定着隧道施工的独头长度和辅助坑道的设置，影响隧道施工的安全、质量和进度，也关系着隧道施工人员的身心健康，对隧道施工环境的改善具有决定性作用。

隧道施工通风的方式及设备有多种，作业人员需根据实际工程条件合理选择。隧道施工通风涉及风量和风压计算，以为设备选择提供依据。

通过本情境的学习，使学生了解隧道施工通风的必要性，掌握隧道通风的主要方式及通风设备的种类，能进行风量和风压计算，以便合理选择通风设备。

【教学目标】

1. 能力目标
① 能合理选择隧道通风方式。
② 能合理选择隧道通风设备。
③ 能计算风量和风压。
④ 能进行隧道施工通风应急处理。

2. 知识目标
① 掌握隧道施工环境卫生标准。
② 掌握隧道通风方式及选择方法。
③ 掌握隧道通风设备类型及选择方法。
④ 风量和风压的计算方法。

【案例引入】

某隧道施工通风方案设计。

12.1 隧道通风必要性认识

12.1.1 隧道施工通风的作用

隧道施工通风是决定特长隧道能否修建的重要因素，通常决定着隧道施工的独头长度和辅助坑道的设置，影响隧道施工的安全、质量和进度，也关系着隧道施工人员的身心健康，对隧道施工环境的改善具有决定性作用。

隧道施工环境主要有光、气、尘、水、声和温度等（图12-1）。隧道通风对改善隧道施工环境的作用主要体现在以下几点：
① 给隧道作业人员提供足够的新鲜空气；
② 稀释并排除各种有害气体和粉尘；
③ 调节隧道内空气的温度和湿度；
④ 创造良好的作业环境，为保证安全、质量和进度奠定基础。

图 12-1　隧道施工环境

12.1.2　隧道施工作业有害物质

① 粉尘。隧道施工作业粉尘主要是指悬浮在空气中的、粒径小于 $72\mu m$ 的固体微粒。按照粒径的不同，洞内粉尘又可划分为飘尘（$<10\mu m$）、降尘（$>10\mu m$）、总悬浮微粒（$<100\mu m$，TSP）三种。

隧道施工期间的粉尘来源主要包括爆破、喷浆、出碴、岩石破碎和内燃设备的尾气等。

隧道内粉尘的存在会诱发多种疾病。其危害与粉尘成分和粒径大小有关。含有毒成分的粉尘会使人中毒。小于 $5\mu m$ 微粒，容易引起肺病。沉积肺部污染物溶解进入血液会导致血液中毒，未溶解污染物会破坏细胞结构。

② 一氧化碳。一氧化碳为无色、无味、无刺激性的有毒气体。其来源主要是放炮作业、内燃设备尾气、洞内火灾、瓦斯爆炸和有机物氧化等。一氧化碳对人体的影响见表 12-1。

表 12-1　一氧化碳对人体的影响

CO 浓度/($\times 10^{-6}$)	主要症状
200	2～3 小时后,轻微头痛、乏力
400	1～2 小时内前额痛;3 小时后威胁生命
800	45 分钟内,眼花、恶心、痉挛;2 小时内失去知觉;2～3 小时内死亡
1600	20 分钟内头痛、眼花、恶心;1 小时内死亡
3200	5～10 分钟内头痛、眼花、恶心;25～30 分钟内死亡
6400	1～2 分钟内头痛、眼花、恶心;10～15 分钟死亡
12800	1～3 分钟内死亡

③ H_2S。H_2S 是一种有刺激性、易燃、有毒、溶于水、高浓度遇火容易爆炸的有毒有害气体。其来源主要是从地层和泉水汇总涌出、含硫煤的分解等。H_2S 对人体的影响见表 12-2。

表 12-2　H_2S 对人体的影响

H_2S 浓度		主要症状
mg/m³	10^{-6}	
0.455	0.3	不管是谁,均可闻到臭味

续表

H_2S 浓度		主要症状
mg/m^3	10^{-6}	
106~228	70~150	长时间眼鼻喉灼热般疼痛
911	600	30min 内有生命危险
1518	1000	昏倒、呼吸麻痹、窒息死亡

④ SO_2。SO_2 是一种具有强烈辛辣刺激性气味、非可燃、不助燃的有毒有害气体。主要来自含硫高的炸药和内燃设备的尾气。SO_2 会生成亚硫酸盐，依附飘尘进入肺部，损害人体健康。SO_2 对人体的影响见表 12-3。

表 12-3　SO_2 对人体的影响

SO_2 浓度		主要症状
mg/m^3	10^{-6}	
8.6	3	易闻到臭味
17~34	6~12	对鼻喉有刺激
57	20	刺激眼睛
1143	400	有生命危险

⑤ 瓦斯。瓦斯主要来自煤层和岩层中，其主要成分有 CH_4 以及少量乙烷、丙烷、丁烷等。它是一种具有刺激性、易燃、有毒的有害气体，容易燃烧或爆炸。瓦斯不能助燃也不能维持呼吸，一定浓度下，人容易缺氧窒息。浓度越大，危害越高，严重时会导致人窒息死亡。

12.1.3　隧道施工环境卫生标准

《铁路隧道施工规范》和《公路隧道施工规范》中，对隧道施工作业环境卫生标准的要求如下：

① 空气中 O_2 含量，体积浓度≥20%；
② 粉尘容许浓度，每立方米空气中含有 10% 以上的游离 SiO_2 的粉尘≤2mg；
③ 有害气体最高容许浓度：CO≤30mg/m^3，CO_2≤0.5%，氮氧化物≤5mg/m^3；
④ 瓦斯隧道装药爆破时，爆破地点 20m 内，瓦斯浓度必须<1.0%；
⑤ 总回风道风流中瓦斯浓度应<0.75%；
⑥ 开挖地面瓦斯浓度>1.5%时，所有人员必须撤至安全地点；
⑦ 隧道内温度 T≤28℃；
⑧ 隧道内噪声≤90dB。

12.2　隧道通风主要方式及选择

隧道施工通风主要有机械通风和自然通风两种方式。一般来说，隧道独头掘进 150m 内采用自然通风方式，其他情况下均需考虑机械通风。

机械通风常见风管通风和巷道通风两种形式。现分别进行介绍。

12.2.1 风管通风

风管通风有压入式、抽出式和混合式(或并用式)三种。

压入式通风方式(图12-2)应用范围广泛。目前国内隧道施工中依靠独头压入式通风在3km独头掘进距离上依然可以保证隧道内的空气质量。

抽出式通风有负压抽出式(图12-3)和正压抽出式两种常见方式(图12-4)。两者区别主要是风机位置的不同。抽出式通风依靠风机将洞内的污浊空气抽走，洞内形成负压，洞内外空气在压差的情况下产生流动。因为漏风的存在，没有压入式通风效率高，排污效果没有压入式通风好，易造成洞内气压低，空气质量差。

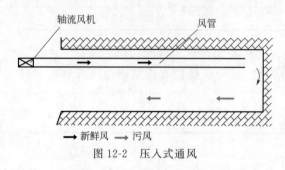

图12-2 压入式通风

混合式通风(图12-5~图12-8)是指在风机作用下，新鲜空气从洞外进入隧道，流向送风机的入口并进入送风管路，送到掌子面。污风从掌子面由隧道流向排风管入口，进入排风管路，排出洞外。

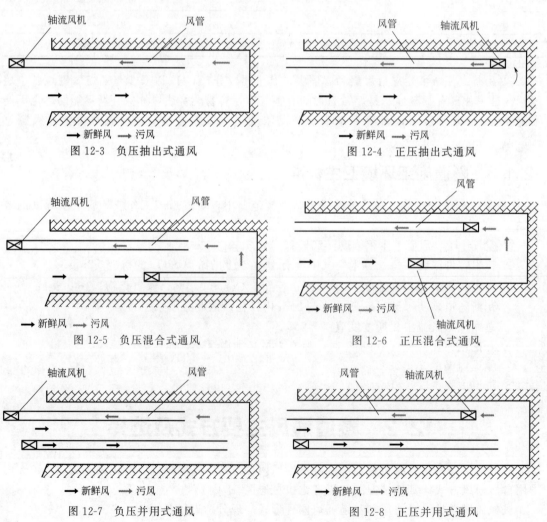

图12-3 负压抽出式通风　　图12-4 正压抽出式通风

图12-5 负压混合式通风　　图12-6 正压混合式通风

图12-7 负压并用式通风　　图12-8 正压并用式通风

混合式通风优点是对风速要求不太高，相对而言比较节能，通风效果较佳。缺点是需配备两套风机和风管，这将会干扰洞内施工运输、混凝土衬砌等其他作业的开展，风管管路的续接及维护工作量也将大大增加，同时易产生噪声危害。

并用式通风方式是指一部分新风通过送风管送到掌子面，一部分从洞外经隧道进入洞内，污风一部分从掌子面流向排风管入口，另一部分由隧道进入的新风沿途稀释变成污风后流向排风管入口，两股污风进入排风管路，排出洞外。

12.2.2 巷道通风

巷道通风采用射流巷道式通风（图12-9）或主扇巷道式通风（图12-10）两种形式。

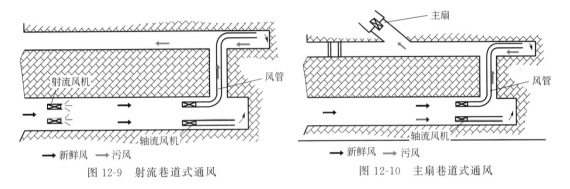

图 12-9　射流巷道式通风　　　　图 12-10　主扇巷道式通风

射流巷道式通风是指在射流风机作用下，新风从一个隧道进入，污风从另一个隧道排出，新风由送风管送到掌子面。

主扇巷道式通风是指主扇作用下，新风从一个隧道进入，污风从另一个隧道排出，新风由送风管送到掌子面。

12.2.3 通风方式的选择

通风方式应针对污染源的特性，尽量避免成洞地段的二次污染，且应有利于快速施工。因而在选择时应注意以下几个问题：

① 自然通风因其影响因素较多，通风效果不稳定且不易控制，故除短隧道外，应尽量避免采用。

② 压入式通风能将新鲜空气直接输送至工作面，有利于工作面施工，但受污染空气将流经整个隧洞。若采用大功率、大管径时，其使用范围较广。

③ 吸出式通风的风流方向与压入式相反，但其排烟速度慢，且易在工作面容易形成炮烟停滞区，故一般很少单独使用。

④ 混合式通风集压入式和吸出式的优点于一身，但管理、风机等设施增多，在管径较小时，可采用，若有大管径、大功率风机时，其经济性不如压入式。

⑤ 利用平行导坑作巷道通风，是解决长大隧道通风的方案之一，其通风效果主要取决于通风管理的好坏。若无平行导坑，如断面较大，可采用风墙式通风。

⑥ 选择通风方式时，一定要选用合适的设备，即通风机和风管，同时要解决好风管的连接，尽量减少漏风率。

⑦ 搞好施工中的通风管理，对设备定期检查、及时维修，加强环境监测，使通风效果更加经济合理。

12.3 隧道通风设备

隧道通风设备主要有风机和风管。风机的作用是提供足够的风量满足隧道施工需求量要求，提供足够的风压克服通风系统阻力。风管的作用是保证良好的密封性，保证工作面有足够的风量，降低摩擦阻力和风压损失。

12.3.1 风机类型及选择

按气体流动方向风机可以分为离心式、轴流式、斜流式和横流式四种。隧道施工通风多选用轴流式风机（图12-11）。轴流式风机工作时，动力机驱动叶轮在圆筒形机壳内旋转，气体从集流器进入，通过叶轮获得能量，提高压力和速度，然后沿轴向排出。

轴流风机其风压低、风量大、串联方便。按照转速、级数或用途可以将轴流风机分为以下几类：

① 按转速划分：单速风机、变速风机。

② 按级数划分：单级风机、二级风机或多级风机（叶片和电动机数）。

图12-11 轴流式风机

③ 按用途划分：

a. 主通风机——用于全隧道，隧道内提供全部风量的通风机；

b. 局部通风——用于局部作业面施工通风；

c. 射流风机——利用高速喷射的风流诱导隧道或巷道内空气定向流动的风机。

以上风机中，射流风机是一种特殊设计的轴流风机，风机出口的气流平均速度30m/s左右。由于其具有较大的出口动量，因此被广泛应用于营运公路或铁路隧道的通风中。在施工通风中主要用于和轴力风机配合使用，实现通风系统的增压调节。

风机选择应考虑以下因素：

a. 应满足最大送风距离和供风需要；

b. 应选择低噪声、高效并且节能的风机；

c. 瓦斯隧道应选择防爆型风机。

12.3.2 风管类型及选择

通风管按材质的不同可以分为刚性风管和柔性风管两种。

刚性风管材质为薄钢板、玻璃钢等。柔性风管主要由涂塑和侵塑布制成。又可分为普通柔性和伸缩性风管。

刚性风管能承受正、负压，柔性风管一般只能承受正压。伸缩式风管虽能承受负压，但风阻较大，多用于正压通风的拐弯处。

风管的选择主要考虑以下几个因素：

a. 风管直径应能满足最大送风距离时，风机风量满足作业面的需风量；

b. 在隧道断面许可条件下，尽可能选择直径较大的风管，降低通风的阻力，节约能耗；

c. 漏风率和摩擦系数要小；

d. 易于搬运、安装和维护，结实耐用；

e. 瓦斯隧道应具有阻燃和抗静电性能。

12.3.3 风机及风管布置

设置通风及时，其安装基础要充分承受机体自重和运行时产生的振动，或者水平架设到台架上。吸入口注意不要吸入液体和固体，而且要安装喇叭口，以提高吸入、排出的效率。通风机应装有保险装置，当发生故障时应能自动停机，通风机应有适当的备用数量。

主风机安装应符合通风设计的要求，洞内辅助风机应安装在新鲜风流中；压入式通风主机应架设在距洞口大于 30m、一定高度的支架上；洞内风机应设在一定高度支架上。通风管的安装应平顺、接头严密。每 100m 平均漏风率不应大于 2%。弯管半径不得小于通风管直径的 3 倍。放置在隧道内的风管，应设在不妨碍出碴运输作业、衬砌作业的空间处，同时要牢固地安装，以免受到振动、冲击而发生移动、掉落。在衬砌模板台车附近，不要使风管极具弯曲，以减少风压损失。通风管破损时，必须及时修理或更换。但采用软风管时，靠近风机部分应改用加强型风管。风管一般均用家具等安装在支撑构件上，若不适用支撑，只有喷混凝土和锚杆时，可在锚杆上装特殊夹具挂承力索，而后通过吊钩安装风管。风管的连接应密实，以减少漏风，一般管用密封带或垫圈，软管则用紧固件连接。风管可挂设在隧道拱顶中央、隧道中部或靠近边墙墙角等处，一般在拱顶中央处通风效果较好。

12.4 隧道施工通风计算

施工通风计算的目的是供给隧道内所需的新鲜空气，选择合适的通风机，以便布置合理的通风管道，从而满足施工作业环境的要求。通风计算的内容包括风量计算与风压计算。

12.4.1 风量计算

隧道施工的通风计算，因施工方法、隧道断面、爆破器材、炸药种类、施工设备等不同而变化。目前所用的通风计算公式大都是从矿井通风及铁路运营通风的计算公式类比，或者直接引用，一般按以下几个方面计算取其最大的数值，再考虑漏风因素进行调整，并加备用系数后，作为选择风机的依据。

（1）风量（Q，m^3/min）计算基本公式

① 按洞内同时工作的最多人数计算。

$$Q = qmk \tag{12-1}$$

式中　q——每人每分钟呼吸所需新鲜空气量，取 $3.0 m^3/min$，瓦斯隧道取 $4.0 m^3/min$；
　　　m——洞内同时工作的最多人数；
　　　k——风量备用系数。

② 按同时爆破的最多炸药量计算。

$$Q = \frac{2.25}{t}\sqrt[3]{\frac{Abs^2 L^2 K}{p^2}} \tag{12-2}$$

式中　t——通风时间，min；
　　　A——爆破耗药量，kg；
　　　b——1kg 炸药有害气体生成量，L；
　　　s——巷道断面面积，m^2；
　　　L——巷道新航渡或临界长度；
　　　K——考虑淋水使炮眼浓度降低的系数；

p——巷道计算长度范围内漏风系数。

③ 按洞内允许最小风速计算。

$$Q = 60vA \tag{12-3}$$

式中 v——工作面最小风速，m/s；

A——巷道断面面积，m^2。

④ 按内燃机作业废气稀释的需要计算。若采用有轨运输，施工设备均按电动设备配置，此项舍去；若采用无轨运输，洞内内燃设备配置较多，废气排放量较大，供风量应足够将内燃设备所排放的废气全面稀释和排出，使有害气体降至允许浓度以下，可按下式计算：

$$Q = K \sum_{i}^{n} T_i N_i \tag{12-4}$$

式中 K——坑道内使用柴油设备的单位功率所需风量指标，《铁路隧道施工规范》规定，1kW 单位通风量宜不小于 $3.0 m^3/min$，采用 $3.0 m^3/(min·kW)$ 的指标；

N_i——各台柴油机械设备的功率，kW；

T_i——利用率系数，主要施工机械设备取 1.0。

⑤ 按瓦斯绝对涌出量计算（仅针对瓦斯隧道）。

$$Q = \frac{Q_{CH_4} K}{B_充 - B_0} \tag{12-5}$$

式中 Q_{CH_4}——工作面瓦斯涌出量，m^3/min；

K——瓦斯涌出的不均衡系数，取 1.6；

$B_充$——工作面允许的瓦斯浓度，取 0.5%；

B_0——送入工作面风流中的瓦斯浓度。

以上计算结果取最大值作为控制设计通风量。

(2) 漏风计算 通风机的供风量除满足计算的需风量以外，还应考虑漏失的风量。一般考虑漏风系数来计算，即

$$Q_供 = pQ \tag{12-6}$$

式中 Q——前述计算结果的最大值，m^3/min；

p——漏风系数，管道通风时，根据风管材料不同分别按表 12-4～表 12-6 查得，巷道式通风采用表 12-4 中的数值。

表 12-4 胶皮风管漏风系数

风管延长/m	50	100	150	200	250	300	400	500
漏风系数 p	1.04	1.08	1.11	1.14	1.16	1.19	1.25	1.3

表 12-5 金属风管漏风系数

风管延长/m	单个接头漏风系数	风管每节 3m,直径/m				风管每节 4m,直径/m			
		0.5	0.6	0.7	0.8	0.5	0.6	0.7	0.8
100	0.001	1.02	1.01	1.01	1.01	1.02	1.01	1.01	1.008
100	0.003	1.09	1.06	1.04	1.03	1.06	1.04	1.03	1.02
200	0.001	1.08	1.06	1.05	1.05	1.06	1.04	1.02	1.02
200	0.003	1.27	1.21	1.16	1.16	1.19	1.15	1.11	1.06

续表

风管延长/m	单个接头漏风系数	风管每节3m,直径/m				风管每节4m,直径/m			
		0.5	0.6	0.7	0.8	0.5	0.6	0.7	0.8
300	0.001	1.16	1.12	1.09	1.06	1.1	1.08	1.06	1.04
	0.003	1.51	1.38	1.29	1.18	1.37	1.28	1.22	1.12
400	0.001	1.25	1.19	1.15	1.1	1.16	1.12	1.1	1.06
	0.003	1.82	1.60	1.46	1.32	1.61	1.45	1.34	1.23
500	0.001	1.36	1.27	1.21	1.14	1.25	1.18	1.14	1.08
	0.003	2.25	1.90	1.62	1.45	1.88	1.65	1.51	1.32
600	0.001	1.49	1.36	1.28	1.19	1.27	1.25	1.18	1.12
	0.003	2.76	2.25	1.93	1.57	2.22	1.87	1.66	1.45
700	0.001	1.63	1.47	1.36	1.27	1.48	1.32	1.28	1.16
	0.003	3.44	2.75	2.2	1.79	2.6	2.17	1.85	1.56
800	0.001	—	1.58	1.45	1.33	—	1.41	1.3	1.22
	0.003	—	3.35	2.63	2.05	—	2.57	2.13	1.74
900	0.001	—	1.72	1.54	1.36	—	1.57	1.39	1.25
	0.003	—	3.65	2.89	2.25	—	2.74	2.28	1.87
1000	0.001	—	—	1.65	1.05	—	—	1.46	1.28
	0.003	—	—	3.42	2.52	—	—	2.62	2.07

注:表中同格内上行值为风管接头用橡皮或油封衬垫密封,螺栓完全拧紧;下行值为风管接头用马粪纸或麻绳密封,螺栓完全拧紧。

表12-6 聚丙烯塑料风管漏风系数

管径/m	风管延长/m									
	100	200	300	400	500	600	700	800	900	1000
0.5	1.019	1.045	1.091	1.145	1.157	1.23	1.28	—	—	—
0.6	1.014	1.036	1.071	1.112	1.13	1.18	1.201	1.33	—	—
0.7	1.01	1.028	1.053	1.08	1.108	1.145	1.188	1.237	1.288	1.345
0.8	1.008	1.022	1.04	1.067	1.09	1.126	1.153	1.195	1.229	1.251

对于长距离大风量供风,目前一般采用PVC塑料软管,管路直径大于1m,由于采用长管节(20~50m),从而大大降低了接头漏风,漏风主要以管壁为主。如选用优质管路,在良好的管理条件下,每100m漏风率一般不超过2%~3%,其漏风系数可由送风距离及每100m漏风率计算而得。

若处于高山地区,由于大气压强降低,供风量尚需进行风量修正。

$$Q_\text{高} = \frac{100 Q_\text{正}}{p_\text{高}} \tag{12-7}$$

式中 $Q_\text{高}$——高山地区修正后的供风量,m^3/min;

$p_\text{高}$——高山地区大气压,kPa;

$Q_\text{正}$——正常条件下的供风量,见前述$Q_\text{供}$。

海拔高度与大气压强的关系见表12-7。

表 12-7　海拔高度与大气压强（$p_{高}$）关系

海拔高度/m	1500	2000	2500	3000	3500	4000	4500	5000
大气压强/kPa	82.9	77.9	73.2	68.8	64.6	60.8	57	53.6

12.4.2　风压计算

在通风过程中，要克服沿途所受阻力，保证将所需风量送到洞内，并达到规定的风速，则必须要有一定的风压。因此，风压计算的目的就是要确定通风机本身应具备多大的压力才能满足通风需要。

气流所受到的阻力有摩擦阻力、局部阻力（包括断面变化处阻力、分流阻力、拐弯阻力）及正面阻力，其计算可表示为

$$h_{机} \geqslant h_{总阻}$$
$$h_{总阻} = \sum h_{摩} + \sum h_{局} + \sum h_{正}$$

式中　$h_{机}$——通风机的风压；

$h_{总阻}$——风流送达的总阻力；

$h_{摩}$——气流经过各种断面的管（巷）道时产生的摩擦阻力；

$h_{局}$——气流经过断面变化、拐弯、分叉等处分别产生的阻力；

$h_{正}$——巷道通风时受运输车辆阻塞而产生的阻力。

12.5　隧道通风管理

12.5.1　通风管理项目

通风效果的好坏，与通风设备安装质量、维护管理的好坏，都有十分重要的关系。地下坑道空间狭窄，风管受到炮崩、车刮，导致漏风增加。巷道式通风则往往因风门安装不严或启闭无人管理而形成风流短路。这些都影响施工的安全与进度。因此，对通风应加强管理，制订切实的通风管理制度，固定专人看管、巡回检查和保养维修。

通风管理主要包括通风技术管理、通风管路管理、通风机管理和通风监测管理等。

① 通风技术管理。通风技术管理包括通风方案的实施，方案的局部调整，过渡方案的设计，通风系统测试与评价、自动监测系统的维护以及洞内作业环境评价等。这些都由专业技术人员来完成。

② 通风管路管理。通风管路管理包括风管的安装与拆卸、维护和更换以及修补等工作。

③ 通风机管理。通风机管理包括风机的安装与移动、运行、维修等。

④ 通风监测管理。通风监测管理包括自动监测系统和人工监测系统的管理。

12.5.2　通风应急处理

在隧道施工通风方面可能出现风机烧坏、风管爆裂或滑坡、风管拉链断开、管路掉落和监测系统故障等紧急情况。

① 风机故障应急处理。当发生风机烧坏时，首先通知作业面工人，并根据洞内环境监

测结果决定是否停工，同时尽快查明原因，启动备用风机，并对烧坏的风机进行维修。

② 风管爆裂或被划破时的应急处理。在通风状态下，发生风管爆裂或被划破现象时，应首先通知作业面工人，并根据洞内环境监测结果决定是否停工，同时通知风机操作员把风机变为低速运转或停止运转，用细铁丝对爆裂风管进行快速缝合，尽快恢复正常通风；待允许停风时，可将爆裂或被划破的风管更换为新风管。在停风状态下，发生风管被划破现象时，可直接将被划破的风管更换为新风管。

③ 风管拉链断开时的应急处理。在通风状态下，发生风管拉链断开现象时，应首先通知作业面工人，并根据洞内环境监测结果决定是否停工，同时通知风机操作员关掉风机，用细铁丝对断开的两节风管进行快速缝合连接，连接好后，尽快恢复正常通风。待停风允许时，再将拉链损坏的风管更换为新风管。在停风状态下，发生风管拉链断开现象时，可直接将拉链损坏的风管更换为新风管。

④ 管路掉落时的应急处理。当发生管路掉落现象时，应首先通知作业面工人，并根据洞内环境监测结果决定是否停工，同时通知风机操作员把风机变为低速运转或停止运转，车辆暂停通行，并尽快将掉落管路牵线吊起，固定牢固。完成后，恢复正常。

思考题

1. 隧道施工作业的有害物质有哪些？
2. 隧道施工规范中对隧道施工作业环境卫生标准的要求如何？
3. 隧道施工通风的主要方式有哪些？如何进行选择？
4. 隧道通风设备有哪些？如何进行选择？
5. 隧道基本需风量计算应考虑几种情况？
6. 简述隧道施工通风应急处理措施。

学习情境13 隧道施工监控量测

【情境描述】

在隧道施工过程中，对围岩、地表、支护结构的变形和稳定状态，以及周边环境动态进行的经常性观察和量测工作，称为监控量测。隧道监控量测的目的是了解和掌握围岩稳定状态及支护结构体系可靠程度，确保隧道施工安全和结构的长期稳定性，为隧道施工中变更围岩级别、调整初期支护和二次衬砌的参数、指导施工顺序、修正及优化设计提供依据，是实现信息化设计与施工不可缺少的一道工序。

通过本情境的学习，使学生了解隧道施工监控量测的目的及意义，熟悉隧道监控量测的项目及方法，掌握数据处理和应用过程。

【教学目标】

1. 能力目标

① 能列出隧道施工监控量测项目，针对各项目实施监控量测。

② 能对监测数据进行处理，并将结果反馈施工。

2. 知识目标

① 掌握隧道施工监控量测项目。

② 掌握隧道施工监控量测方法。

③ 掌握数据处理过程。

【案例引入】

某山岭隧道监控量测实施方案。

13.1 监控量测目的及意义

13.1.1 监控量测概念

监控量测（图13-1和图13-2）是指在隧道施工过程中，对围岩、地表、支护结构的变形和稳定状态，以及周边环境动态进行的经常性观察和量测工作。以了解和掌握围岩稳定状态及支护结构体系可靠程度，确保隧道施工安全和结构的长期稳定性，为隧道施工中变更围岩级别、调整初期支护和二次衬砌的参数、指导施工顺序、修正及优化设计提供依据，是实现信息化设计与施工不可缺少的一道工序。

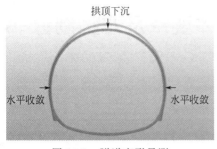

图 13-1　隧道变形量测

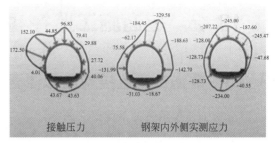

图 13-2　隧道围岩压力量测

13.1.2　监控量测的必要性

隧道监控量测的必要性主要体现在以下几个方面：

① 由于隧道处于千变万化的岩体之中，其所受外力是不明确的，施工过程中应采用量测手段掌握受力情况。

② 隧道在开挖、支护、成形、运营的过程中，自始至终都存在受力状态变化这一特性，监控量测可以了解变化情况。

③ 隧道监控量测是隧道施工安全的哨兵，是确保隧道安全施工的前提条件。

④ 监控量测是判断隧道支护结构稳定性、指导软弱围岩隧道安全施工最重要的信息化手段。很多隧道有害变形与坍方是因为没有进行量测或没有使用量测成果才产生的，教训深刻（图 13-3）。

图 13-3　隧道施工灾害

隧道监控量测主要包括拱顶下沉和水平收敛，浅埋段应进行地表沉降量测。特别地段进行底部上鼓、填充面下沉量测。

13.1.3　隧道监控量测的目的

隧道监控量测的目的如下：

① 确保安全。根据量测信息，预见事故和险情，防患于未然。

② 指导施工。分析处理量测数据，预测和确认隧道围岩最终稳定时间及变形量，指导施工顺序、开挖预留变形量和施作二次衬砌时间。

③ 修正设计。根据隧道开挖后所获得的量测信息，进行综合分析，修正支护参数和检验施工与设计措施的可靠性。

④ 环境监控。对工程施工可能产生的环境影响进行全面的监控，判断隧道施工对周围环境的影响程度。

13.2 隧道施工监控量测总体要求及方案制订

13.2.1 隧道施工监控量测总体要求

隧道施工监控量测的总体要求如下：

① 严格按照《铁路隧道监控量测技术规程》（Q/CR 9218—2015）等相关要求开展工作，并将监控量测纳入关键工序进行管理，监控量测结果应及时反馈，指导设计与施工，隧道开挖后的围岩变形量测应按规定实施，量测数据应绘制成图。

② 每座隧道应根据工程地质情况，编制具体监控量测方案及实施细则，并配置专门人员和仪器负责此项工作。

③ 针对隧道不同地质情况，选用监控量测项目和监控手段，配置相应精度的仪器。

④ 测点应紧靠工作面快速埋设，尽早测量。一般在距开挖工作面 2m 范围内设置。拱顶下沉、收敛量测起始读数宜在开挖支护后 2h 内完成，其他量测应在每次开挖后 12h 内取得起始读数，在喷射混凝土后、下次爆破前测取初读数。隧道开挖后最初时间的变形及应力变化较快，尽快取得初读数对后期的最终位移及应力预测很重要。

⑤ 位移监控测量宜采用无尺量测，当采用收敛计量测时，每次测点位置应固定，挂钩应采用三角形挂钩。

《关于进一步明确软弱围岩及不良地质铁路隧道设计施工有关技术规定的通知》（铁建设〔2010〕120 号）有关监控量测的规定如下：

① 隧道监控量测应按现行《铁路隧道监控量测技术规程》（Q/CR 9218—2015）的规定建立等级管理、信息反馈和报告制度。

② 隧道监控量测应作为关键工序纳入现场施工组织。监控量测必须设置专职人员并经培训后上岗，对周边建筑物可能产生严重影响的城市铁路隧道，应实施第三方监测。

③ 隧道拱顶下沉和净空变化的量测断面间距：Ⅳ级围岩不得大于 10m；Ⅴ级围岩不得大于 5m。

④ 隧道浅埋、下穿建筑物地段，地表必须设置监测网点并实施监测。

⑤ 当拱顶下沉或水平收敛速率达 5mm/d 或位移累计达 100mm 时，要暂停掘进，分析产生原因，采取处理措施（预警机制）。

⑥ 采用有尺量测时，测点挂钩要做成闭合的三角形，保证牢固不变形、点接触。

13.2.2 隧道施工监控量测方案制订

量测方案应根据隧道地质地形条件、支护类型和参数、施工方法和其他有关条件制订。其具体内容包括：

① 监控量测项目、方法及监控量测断面选定：断面内测点的数量、位置、量测频率、量测仪器和元件的选定及其精度、埋设时间等。

② 传感器埋设设计：埋设方法、步骤、各部分尺寸、工艺选定及工程进度衔接等。

③ 固定测试元件的结构设计。

④ 量测数据记录表格式，表达量测结果的格式，量测数据精度确认的方法。

⑤ 量测断面布置图和文字说明。

⑥ 量测数据处理方法，利用量测反馈信息修正设计和施工方法。

⑦ 量测数据大致范围，作为判断异常依据。
⑧ 用初期量测值预测最终值，综合判断隧道最终稳定的标准。
⑨ 施工管理方法，出现异常情况的对策。

13.3 隧道施工监控量测项目及方法

13.3.1 隧道施工监控量测项目

隧道施工监控量测项目包括必测项目和选测项目，应根据隧道工程地质条件、围岩类别、围岩应力分布情况、隧道跨度、埋深、工程性质、支护类型等因素确定。

必测项目（表13-1）是施工的经常性量测项目，这类量测项目通常测试方法简单、费用少、可靠性高，对监视围岩稳定、指导设计和施工具有重要的作用。

表 13-1 监控量测必测项目

序号	项目	常用测量仪器	备注
1	洞内、外观察	现场观测、数码相机、罗盘仪	
2	拱顶下沉	水准仪、钢挂尺或全站仪	
3	净空变化	收敛计、全站仪	
4	地表沉降	水准仪、铟钢尺或全站仪	隧道浅埋段

选测项目（表13-2）是对一些有特殊意义和具有代表性的区段进行监测，以求更深入地掌握围岩的稳定状态与锚喷支护效果，以便更好地指导未开挖区的设计与施工，这类量测项目较多、费用较大，一般由设计文件规定在局部地段进行。

表 13-2 监控量测选测项目

序号	量测项目	仪器设备
1	围岩压力	压力盒
2	钢架内力	钢筋计、应变计
3	喷混凝土内力	混凝土应变计
4	二次衬砌内力	混凝土应变计、钢筋计
5	初期支护与二次衬砌间接触压力	压力盒
6	锚杆轴力	钢筋计
7	围岩内部位移	多点位移计
8	隧底隆起	水准仪、铟钢尺或全站仪
9	爆破振动	振动传感器、记录仪
10	孔隙水压力	水压计
11	水量	三角堰、流量计
12	纵向位移	多点位移计、全站仪

根据不同的围岩条件，隧道监控量测项目的实施可按表13-3确定。

表 13-3 监控量测项目实施表

围岩种类	必测项目				选测项目						
	洞内外观察	净空收敛	拱顶下沉	锚杆抗拔力	地表下沉	围岩内位移	锚杆轴力	钢支撑应力	接触压力	混凝土应变	洞内弹性波
硬岩	△	□	□	□	○	○	○	○	○	○	○
软岩	△	△	△	□	△	△	○	○	○	○	○
土砂	△	△	△	△	△	□	□	□	□	○	○

注：△—必须实施；□—可以实施；○—必要时实施。

13.3.2 隧道施工监控量测内容和方法

13.3.2.1 洞内外目测观察

洞内外目测观察的目的如下：
a. 预测开挖面前方的地质条件。（超前地质预报）
b. 为判断围岩的稳定性提供地质依据。
c. 根据喷层表面状态及锚杆的工作状态，分析支护结构的可靠程度。

目测观察的工作内容主要包含以下几点：
a. 开挖工作面观察应在每次开挖后进行。主要观察掌子面岩性，结构面产状，节理裂隙发育程度，断层的性质、产状，掌子面自稳情况，涌水量大小，涌水位置等。观察中发现围岩条件恶化时，应立即采取相应处理措施；及时绘制开挖工作面地质素描图（或数码拍照），填写开挖工作面地质状况记录表和施工阶段围岩级别判定卡，并与勘察资料进行对比。
b. 已施工地段观察每天至少应进行一次，记录喷射混凝土是否发生裂隙和剥离现象、锚杆的受力变形情况、钢架是否压曲变形和二次衬砌的工作状态等。
c. 洞外观察重点应在洞口段和洞身浅埋段，记录地表开裂、变形、边坡及仰坡稳定状态、地表水渗漏情况等，同时还应对地面建（构）筑物进行观察。

13.3.2.2 收敛变形量测

收敛变形量测主要包含周边位移量测和拱顶下沉量测两个量测项目。

（1）周边位移量测
① 周边位移量测目的。收敛量测是隧道施工监控量测的重要项目。周边位移是隧道围岩应力状态变化最直观的反映，通过周边位移量测可以达到判断隧道空间的稳定性、根据变位速度判断围岩稳定程度和二次衬砌施作的合理时机以及指导现场的施工等目的。
② 周边位移量测方法及要求。收敛量测的主要内容包括仪器选择、断面间距、量测频率、测线布置、量测点埋设时间等。
a. 量测断面布置。不同围岩级别的隧道量测断面布置应符合表 13-4 的要求。

表 13-4 不同围岩级别的隧道量测断面布置

围岩类别	断面间距/m
Ⅴ～Ⅵ	5
Ⅳ	10
Ⅲ	30～50

注：Ⅱ级围岩视具体情况确定间距。

b. 量测频率。量测频率可根据位移速度和量测断面距开挖面的距离按表 13-5 和表 13-6 确定。

表 13-5　按位移速度确定量测频率

位移速度/(mm/d)	量测频率
≥5	2 次/d
1～5	1 次/d
0.5～1	1 次/2～3d
0.2～0.5	1 次/3d
<0.2	1 次/7d

表 13-6　按距开挖面的距离确定量测频率

量测断面距开挖面距离/m	量测频率
(0～1)B	2 次/d
(1～2)B	1 次/d
(2～5)B	1 次/(2～3)d
>5B	1 次/7d

注：B 为隧道开挖宽度。

由位移速度决定的监控量测频率和由距开挖面的距离决定的监控量测频率之中，原则上采用较高的频率值。出现异常情况或不良地质时，应增大监控量测频率。

③ 量测仪器。目前隧道施工中常用的收敛计为机械式的收敛计和数显式收敛计。

测试原理：测试中读得初始数值 X_0；间隔时间 t 后，用同样的方法可读得 t 时刻的值 X_t，则 t 时刻的周边收敛值 U_t 即为两次读数差。即

$$U_t = L_0 - L_t + X_{t_1} - X_{t_0}$$

式中　L_0——初读数时所用尺孔刻度值；

L_t——t 时刻时所用尺孔刻度值；

X_{t_1}——t 时刻时经温度修正后的读数值，$X_{t_1} = X_t + \varepsilon_t$；

X_{t_0}——初读数时经温度修正后的读数值，$X_{t_0} = X_0 + \varepsilon_{t_0}$；

X_t——t 时刻量测时读数值；

X_0——初始时刻读数值；

ε_t——温度修正值，$\varepsilon_t = \alpha(T_0 - T)L$；

ε_{t_0}——温度修正值，$\varepsilon_{t_0} = \alpha(20 - T_0)L$；

α——钢尺线膨胀系数；

T_0——鉴定钢尺的标准温度，$T_0 = 20℃$；

T——每次量测时的平均气温；

L——钢尺长度。

(2) 拱顶下沉量测

① 拱顶下沉量测目的。确认围岩的稳定性，判断支护效果，指导施工工序，预防拱顶崩塌，保证施工质量和安全。

② 拱顶下沉量测仪器。隧道拱顶下沉常采用精密水准仪或全站仪进行量测。

③ 拱顶下沉量测原理及方法。第一次读数后视点读数为 A_1，前视读数为 B_1；第二次后视点读数为 A_2，前视读数为 B_2。拱顶变位计算方法如下：

a. 差值计算法：钢尺和标尺均正立（即读数上小下大）。

后视读数差 $A=A_2-A_1$；
前视读数差 $B=B_2-B_1$；
拱顶变位值 $C=B-A$。
当 $C>0$ 时表明拱顶上移；当 $C<0$ 时表明拱顶下沉。

b. 水准计算法：通过计算前后两次拱顶测点的高程差来求拱顶的变位值。钢尺读数上小下大，标尺读数下小上大，标尺基准点标高假定为 K_0。

第一次拱顶标高 $K_{d_1}=K_0+A_1+B_1$；

第二次拱顶标高 $K_{d_2}=K_0+A_2+B_2$；

拱顶变位值 $C=K_{d_2}-K_{d_1}=A_2-A_1+B_2-B_1$。

当 $C>0$ 时表明拱顶上移；当 $C<0$ 时表明拱顶下沉。

（3）收敛变形量测测点布置 收敛变形量测测点布置应符合表13-7的要求。

表13-7 收敛变形量测测点布置

开挖方法	地段	
	一般地段	特殊地段
全断面法	一条水平测线	—
台阶法	每台阶一条水平测线	每台阶一条水平测线，两条斜测线
分部开挖法	每分部一条水平测线	CD或CRD法上部、双侧壁导坑法左右侧部，每分部一条水平测线，两条斜测线、其余分部一条水平测线

不同开挖方法下测点布置方法如图13-4～图13-8所示。

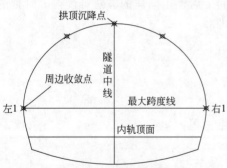

图13-4 全断面开挖隧道拱顶沉降及周边收敛测点布置

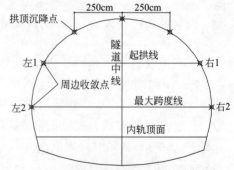

图13-5 上下台阶及三台阶法开挖拱顶沉降及周边收敛测点布置

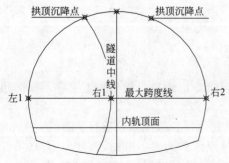

图13-6 CD、CRD法开挖隧道拱顶沉降及周边收敛测点布置

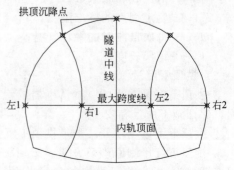

图13-7 双侧壁导坑法开挖隧道拱顶沉降及周边收敛测点布置

13.3.2.3 地表沉降量测

地表沉降量测的目的有以下两点：
a. 浅埋段预测地表坡面的稳定。
b. 根据地表建筑物类别，控制最大下沉量。

地表沉降测点横向间距为 2～5m。每个断面设 7～11 个点，量测范围应在隧道开挖影响范围以内。在隧道中线附近测点应适当加密，隧道中线两侧量测范围不应小于 H_0+B（H_0 为隧道埋深，B 为隧道开挖宽度），地表有控制性建（构）筑物时，量测范围应适当加宽。

测点采用 $\phi 22mm$ 螺纹钢，深入坡体 60～80cm，外露 5cm，表面磨平后在表面打眼做标记。

地表下沉量测应在开挖工作面前方，隧道埋深及隧道开挖高度之和处开始，直到二次衬砌结构封闭、下沉基本停止时为止。

地表下沉量测频率应与洞内拱顶下沉和净空变化的量测频率相同。

地表下沉项目是否进行量测可根据隧道埋深以及重要性按表 13-8 确定。

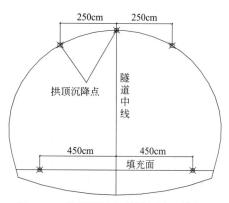

图 13-8 拱部下沉、底部上鼓、填充面下沉测点布置

表 13-8 地表沉降量测与隧道埋深及重要性关系

埋深	重要性	量测与否
$3B<H$	小	不必要
$2B<H<3B$	一般	最好量测
$B<H<2B$	重要	必须量测
$H<B$	非常重要	必须列为主要量测项目

洞顶地表下沉测点布置如图 13-9 所示。

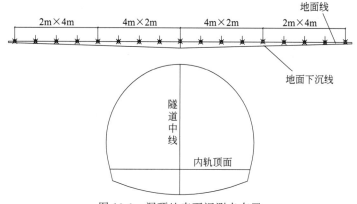

图 13-9 洞顶地表下沉测点布置

13.3.2.4 围岩内部位移量测

隧道围岩内部位移量测的主要目的如下：
① 了解隧道围岩的径向位移分布和松弛范围。
② 判断开挖后围岩的松动区、强度下降区以及弹性区的范围。

③ 根据实测结果优化锚杆参数，指导施工。

围岩内部位移量测常采用多点位移计。

13.3.2.5 锚杆轴力量测

锚杆轴力量测的目的如下：

① 了解锚杆实际工作状态及轴向力的大小。

② 结合位移量测，判断围岩发展趋势，分析围岩内强度下降区的界限。

③ 修正锚杆设计参数，评价锚杆支护效果。

锚杆的轴向力测定，按其量测原理可分为电测式和机械式两类。其中电测式又可分为电阻应变式和钢弦式。

电阻应变式和机械式是通过量测锚杆不同深度处的应变（或变形），然后按有关计算方法转求应力。

钢弦式则是通过测定不同深度处传感器受力后钢弦振动频率变化，转求应力。

13.3.2.6 围岩压力及两层支护间压力量测

隧道开挖后，围岩要向净空方向变形，而支护结构要阻止这种变形，这样就会产生围岩作用与支护结构上的围岩压力。围岩压力量测，通常情况下是指围岩与支护或喷层与二次衬砌混凝土间的接触压力的测试。

围岩压力及两层支护间压力量测的目的是了解围岩压力的量值及分布状态、判断围岩和支护的稳定性、分析二次衬砌的稳定性和安全度。

接触压力量测仪器根据测试原理和测力计结构不同分为液压式测力计和电测式测力计，目前隧道中多用电测式。

弦测法原理：在传感器中有一根张紧的钢弦，当传感器受外力作用时，弦的内应力发生变化，随着弦的内应力改变，自振频率也相应地发生变化，弦的张力越大，自振频率越高，反之，自振频率越低。

13.3.2.7 钢支撑应力量测

一般在Ⅵ、Ⅴ级围岩中常采用型钢支撑；Ⅳ级围岩中常采用格栅支撑。通过对钢支撑的应力量测，可知钢支撑的实际工作状态，从钢支撑的性能曲线上可以确定在此压力作用下钢支撑所具有的安全系数，视具体情况确定是否需要采用加固措施。

钢支撑应力量测目的主要如下：

① 了解钢支撑应力的大小，为钢支撑选型与设计提供依据。

② 根据钢支撑的受力状态，判断隧道空间和支护结构的稳定性。

③ 了解钢支撑的实际工作状态，保证隧道施工安全。

目前使用较普遍的型钢支撑应力量测多采用钢弦式表面应变计（图 13-10），格栅支撑应力量测多采用钢弦式钢筋应力计（图 13-11）。

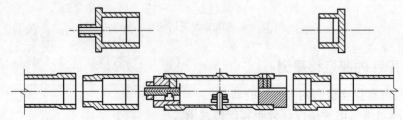

图 13-10 钢弦式表面应变计结构

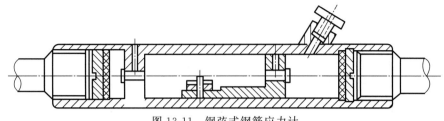

图 13-11 钢弦式钢筋应力计

13.4 隧道施工量测数据处理及应用

13.4.1 隧道施工监控量测数据处理

由于现场量测所得的原始数据不可避免具有一定的离散性，其中包含着量测误差甚至测试错误。

(1) 数学处理的目的

a. 将同一量测断面的各种量测数据进行分析对比、相互印证，以确认量测结果的可靠性；

b. 探求围岩变形或支护系统的受力随时间变化规律、空间分布规律，判定围岩和支护系统稳定状态。

(2) 量测数据处理的内容（可用 Excel 软件编制程序进行）：

a. 绘制位移、应力、应变随时间变化的曲线——时态曲线；

b. 绘制位移速率、应力速率、应变速率随时间变化的曲线；

c. 绘制接触压力、支护结构应力在隧道横断面上的分布图。

量测数据整理、分析与反馈应符合下列要求：

a. 每次量测后应及时进行数据整理，并绘制量测数据时态曲线。

b. 选择回归曲线，对初期的时态曲线应进行回归分析，预测可能出现的最大值和变化速度。

c. 对支护及围岩状态、工法、工序进行评价。

d. 数据异常时，应根据具体情况及时采取增加临时支撑、加厚喷层、加密或加长锚杆、增加钢架等加固措施，并按有关规定程序报告。

当发现隧道稳定性出现问题时，应对隧道施工方法进行调整，一般包括以下几个方面：

a. 采取稳定开挖工作面的措施；

b. 断面的早期闭合；

c. 开挖进尺的改变；

d. 开挖分部尺寸的改变；

e. 开挖方法的变更；

f. 支护结构的变更；

g. 增加辅助工法（超前支护、临时支撑、注浆加固等）。

由于量测误差所造成的离散性，按实测数据所绘制的位移等物理量随时间或空间变化的散点图上下波动，很不规则，难以用来分析。因此，需要采用数学处理的方法，将实测数据采用经验公式进行分析。

回归分析是目前量测数据处理的主要方法，通过对量测数据回归分析可以预测最终值和各阶段的变化速率。回归分析使用的函数如下：

对数函数：$\mu = A + B/\ln(1+t)$；

指数函数：$\mu = A e^{-B/t}$；

双曲函数：$\mu = t/(A + Bt)$。

13.4.2 隧道施工监控量测数据的应用

从维护围岩稳定性和支护系统的可靠性出发，现场测试人员关心围岩变形量的大小，是否侵入隧道设计断面的界限，是否对施工人员的安全构成威胁，以便及时调整设计参数和进行施工决策。

(1) 初期支护阶段围岩稳定性的判断和施工管理

① 根据最大位移值进行施工管理。(U—位移实测值；U_0—极限相对位移值。)

a. 当量测位移 U 小于 $U_0/3$ 时，表明围岩稳定，可以正常施工。

b. 当量测位移 U 大于 $U_0/3$ 并小于 $2U_0/3$ 时，表明围岩变形偏大，应密切注意围岩动向，可采取一定的加强措施，如加密、加长锚杆等措施。

c. 当量测位移 U 大于 $2U_0/3$ 时，表明围岩变形很大，应先停止掘进，并采取特殊的加固措施，如超前支护、注浆加固等。

d. 实测最大位移值或预测最大位移值不大于 $2U_0/3$ 时，可认为初期支护达到基本稳定。

② 根据位移速率进行施工管理。

a. 净空变化速度持续大于 5.0mm/d 时，表明围岩处于急剧变形状态，应加强初期支护系统。

b. 当位移速度在 0.2~1mm/d 之间时，表明围岩处于缓慢变形阶段。

c. 当位移速度小于 0.2mm/d，拱顶下沉速度小于 0.15mm/d 时，表明围岩已达到基本稳定。

在浅埋地段以及膨胀性和挤压性围岩等情况下，应采用其他指标判别。

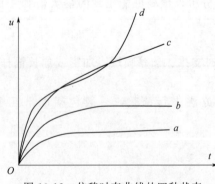

图 13-12 位移时态曲线的四种状态

③ 根据位移时态曲线进行施工管理。每次量测后应及时整理数据，绘制时态曲线（图 13-12）。

a. 当位移速率很快变小，时态曲线很快平缓，表明围岩稳定性好，可适当减弱支护。

b. 当位移速率逐渐变小，即 $d^2u/dt^2 < 0$，时态曲线趋于平缓，表明围岩变形趋于稳定，可正常施工。

c. 当位移速率不变，即 $d^2u/dt^2 = 0$，时态曲线直线上升，表明围岩变形急剧增长，无稳定趋势，应及时加强支护，必要时暂停掘进。

d. 当位移速率逐步增大，即 $d^2u/dt^2 > 0$，时态曲线出现反弯点，表明围岩已处于不稳定状态，应停止掘进，采取加固措施。

(2) 隧道施工监控量测控制基准　监控量测控制基准包括隧道内位移、地表沉降、爆破振动等，应根据地质条件、隧道施工安全性、隧道结构的长期稳定性，以及周围建（构）筑物特点和重要性等因素制定。

隧道初期支护极限相对位移可参照表 13-9、表 13-10 选用。

表 13-9　跨度 $B \leqslant 7m$ 隧道初期支护极限相对位移

围岩级别	隧道埋深 h/m		
	$h \leqslant 50$	$50 < h \leqslant 300$	$300 < h \leqslant 500$
拱脚水平相对净空变化/%			
Ⅱ	—	—	0.20～0.60
Ⅲ	0.10～0.50	0.40～0.70	0.60～1.50
Ⅳ	0.20～0.70	0.50～2.60	2.40～3.50
Ⅴ	0.30～1.00	0.80～3.50	3.00～5.00
拱顶相对下沉/%			
Ⅱ	—	0.01～0.05	0.04～0.08
Ⅲ	0.01～0.04	0.03～0.11	0.10～0.25
Ⅳ	0.03～0.07	0.06～0.15	0.10～0.60
Ⅴ	0.06～0.12	0.10～0.60	0.50～1.20

注：1. 本表适用于复合式衬砌的初期支护，硬质围岩隧道取表中较小值，软质围岩隧道取表中较大值。表列数值可在施工中通过实测资料积累作适当修正。

2. 拱脚水平相对净空变化指两拱脚测点间净空水平变化值与其距离之比，拱顶相对下沉指拱顶下沉变化值与原拱顶至隧底高度之比。

3. 墙腰水平相对净空变化极限值可按拱脚水平相对净空变化极限值乘以 1.2～1.3 后采用。

表 13-10　跨度 $7m < B \leqslant 12m$ 隧道初期支护极限相对位移

围岩级别	隧道埋深 h/m		
	$h \leqslant 50$	$50 < h \leqslant 300$	$300 < h \leqslant 500$
拱脚水平相对净空变化/%			
Ⅱ	—	0.01～0.03	0.01～0.08
Ⅲ	0.03～0.10	0.08～0.40	0.30～0.60
Ⅳ	0.10～0.30	0.20～0.80	0.70～1.20
Ⅴ	0.20～0.50	0.40～2.00	1.80～3.00
拱顶相对下沉/%			
Ⅱ	—	0.03～0.06	0.05～0.12
Ⅲ	0.03～0.06	0.04～0.15	0.12～0.30
Ⅳ	0.06～0.10	0.08～0.40	0.30～0.80
Ⅴ	0.08～0.16	0.14～1.10	0.80～1.40

位移控制基准应根据测点距开挖面的距离，由初期支护极限相对位移按表 13-11 确定。

表 13-11　位移控制基准值

类别	距开挖面 $1B(U_{1B})$	距开挖面 $2B(U_{2B})$	距开挖面较远
允许值	65%U_0	90%U_0	100%U_0

注：B 为隧道开挖宽度，U_0 为极限相对位移值。

对于跨度大于 12m 的铁路隧道，目前还没有统一的位移判断标准。

根据位移控制基准，可按表 13-12 分为 3 个管理等级。

表 13-12　管理等级评定表

管理等级	距开挖面 $1B$	距开挖面 $2B$
Ⅲ	$U<U_{1B}/3$	$U<U_{2B}/3$
Ⅱ	$U_{1B}/3 \leqslant U \leqslant 2U_{1B}/3$	$U_{2B}/3 \leqslant U \leqslant 2U_{2B}/3$
Ⅰ	$U>2U_{1B}/3$	$U>2U_{2B}/3$

思考题

1. 隧道监控量测的必测项目和选测项目有哪些？
2. 简述目测观察的工作内容。
3. 简述隧道洞周收敛变形的量测方法。

学习情境14　隧道辅助坑道施工

【情境描述】

当隧道较长时，为了增加施工工作面，加快施工进度，改善施工条件（出碴、进料运输、通风、排水等），往往需要选择设置一些适宜的、辅助性的坑道，如横洞、斜井、竖井或平行导坑等。辅助坑道的设置，虽然对施工有利，但同时提高了工程建设成本，因此，应经过经济技术比较和论证后再决定是否需要设置辅助坑道。

通过本情境的学习，使学生了解隧道辅助坑道的类型，能依据实际工程条件选择合理的辅助坑道形式，能组织辅助坑道的施工。

【教学目标】

1. 能力目标

① 能选择合理的辅助坑道形式。

② 能组织辅助坑道的施工作业。

2. 知识目标

① 掌握隧道坑道的类型及特点。

② 掌握隧道各类辅助坑道的施工方法。

【案例引入】

某隧道通风竖井施工专项方案。

14.1　隧道辅助坑道设置的意义及要求

辅助坑道的设置，可能使隧道工程造价提高，辅助坑道选择适当与否，将会影响其作用的发挥。因此，应根据隧道长度、施工期限、施工组织、地形、地质、水文、设备，并结合通风、排水及是否用作为永久通风通道、出碴及进料运输的需要等因素综合考虑，并通过经济技术比较和论证确定选择辅助坑道。

辅助坑道的断面尺寸应根据运输要求、地形和地质条件、支护类型、设备情况、通风和排水要求，行人安全及管、线、路的布置等因素确定。一般断面尺寸不宜过大，为了减少工程总造价等。若无特殊要求时，辅助坑道的支护一般只要求能够保证施工期的稳定和安全即可。辅助坑道的洞口、岔洞处及与正洞连接处应加强支护以保证安全。

辅助坑道的施工与正洞相同。对于洞口工程的整治处理应十分重视，稍有不慎，将有可能发生事故。坑道口是坑道的咽喉，要求在施工前应做好坑道口的截、排水工程，防护冲刷的设施以及做好洞（井）口的锁口圈后才能进行掘进等，其目的在于防止洞（井）口的坍塌、落石，保证施工安全。

辅助坑道是否设永久支护应由设计单位决定，但在施工中根据地质情况需设支护时，开挖与支护应配合进行，以保证顺利施工。采用锚喷支护不仅安全、可靠、快速，而且可减少开挖工程数量。

在辅助坑道的岔洞及与正洞连接处，因开挖断面及形状变化较大，结构受力条件复杂，故支护应特别加强并应紧跟开挖，以保证安全。

当辅助坑道有水时，对作业的效率和施工安全都有影响，尤其是斜井或竖井施工更是如此。为提高工效，保证安全，应做好防排水工作，如及时做好排水沟（地质松软地段，水沟应铺砌）、设置集水坑，配备足够数量的抽水设备等。

14.2 隧道辅助坑道类型及特点

14.2.1 横洞

当隧道长度大于500m时，如受工期控制，经过研究比较后，可以优先选用横洞。横洞一般用于傍山、沿河等侧向覆盖层较薄的隧道。此外，当洞口处严重塌方或有大量土石方，或洞口位于悬崖陡壁下难以施工时，也可开辟横洞以进正洞施工。

横洞位置宜选在地质和地形条件较好的地方。横洞的长度不超过隧道长度的1/10～1/7。横洞在与隧道连接处的底面标高应与隧道开挖底部标高相同。为便于排水及出碴运输，横洞洞身应有向洞外不小于0.3%的下坡，如图14-1(a)所示。横洞中心线与隧道中心线平面交角一般为90°，困难时不小于40°，如图14-1(b)所示。横洞与正洞的连接形式有单联和双联（表14-1），且用圆曲线过渡。

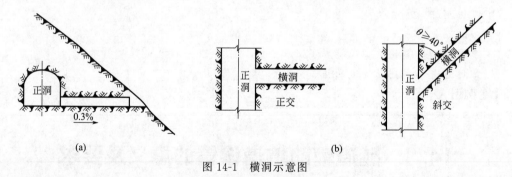

图 14-1 横洞示意图

表 14-1 横洞与正洞的连接形式

连接形式		图示	说明
单联式	正交		横洞与隧道的平面交角为40°～90°
	斜交		R不小于7倍机动车车辆轴距

续表

连接形式		图示	说明
双联式	正交		R 不小于 7 倍机动车车辆轴距
	斜交		L 为 15~25m

一般较短的横洞，且负担隧道施工长度不大时用单车道断面；较长的且要负担相当长的隧道施工的横洞，可以用双车道断面或部分双车道断面，其横断面的设计方法与梯形或弧形导坑相同。

14.2.2 平行导坑

当隧道长度在 4000m 以上，又不便采用其他辅助坑道或有大量的地下水、瓦斯时，宜选用平行导坑。平行导坑应设在正线隧道的一侧，平行于隧道中线，并按一定间距设斜向横通道，作为与正线隧道相连的通道，如图 14-2 所示。

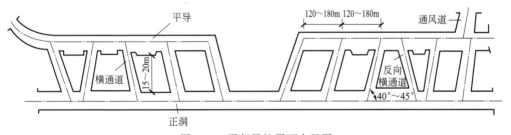

图 14-2 平行导坑平面布置图

平行导坑的作用如下：
a. 为正线隧道施工起超前地质勘探的作用；
b. 有利于施工通风排水；
c. 作为施工安全通道；
d. 作为施工管路的敷设坑道；
e. 可作为第二线隧道的导坑，以提高第二线隧道的施工效率。

平行导坑的布置应符合以下要求：
a. 平行导坑设在隧道的一侧；
b. 平行导坑的中线一般均与隧道中线平行，但在两端可根据隧道中线是否为曲线、洞口土石方数量及弃碴场地等因素综合考虑，以折线或切线方向布置；
c. 平行导坑与隧道间的净距应根据地质条件、施工方法或第二线设计而定，一般为 15~20m；

d. 平行导坑是否全部贯通应根据具体情况而定；

e. 平行导坑的纵向坡度应与隧道纵坡一致，其底部标高应低于相应里程的正洞隧底标高 0.2～0.6m，以利排水和重车运输；

f. 平行导坑的横断面一般均做成单车道断面，以节省造价，并尽量采用喷锚支护。

横通道的布置应符合以下要求：

a. 横通道的方向一般与正洞斜交，角度约为 40°，不宜过小或过大，横通道的间距可结合隧道避车洞位置一并考虑，一般为 120～180m，在接近洞口 500～700m 地段，横通道的间距可适当加大；

b. 可每隔 600～800m 或更长距离设置反向横通道；

c. 横通道一般为单车道断面；

d. 横通道宜避免通过断层、围岩破碎等地质不良地段；

e. 横通道的纵坡均应由正洞向平行导坑方向为下坡，纵坡坡度以 1‰～15‰为宜，但不得小于 0.3‰。

14.2.3 斜井

斜井是在隧道侧面上方开挖的与之相连接的倾斜坑道。当隧道较长而埋深不大，地质条件较好，或隧道穿过地段的地表有低洼地形可利用时，可优先选用斜井。斜井由井口、井身、井底车场组成。

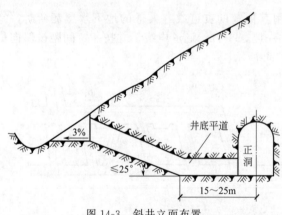

图 14-3 斜井立面布置

① 斜井立面布置。斜井的立面布置如图 14-3 所示。斜井倾角一般不宜大于 25°，在井身内不应设变坡段。在井底与隧道相连接的地段，采用平坡，平坡长为 15～25m，平坡与斜井斜坡以竖曲线相连，其长度根据连接形式、调车作业、车组尺寸等条件选定。井底标高与隧道的底部开挖标高相同。井口外的场地应能满足调车作业、材料堆放及设置有关机械设备的要求，并应有向井口外不小于 3‰的泄水坡度。

② 斜井横截面尺寸。斜井的横断面尺寸应根据设备尺寸、车辆尺寸、管线路安装、人行道及安全间隙而定，一般采用弧形或直边墙上加弧形的形状。

14.2.4 竖井

竖井是在隧道上方开挖的与隧道相连的竖向坑道。当隧道较长、在覆盖层较薄的地段，或不宜设置斜井、具备提升设备、施工中很需要增加工作面时，可采用设置竖井增加工作面、增加出碴与进料运输线路。

竖井深度一般不宜超过 150m，否则，其工程造价过高，施工更复杂，并且施工与运输效率较低。当有两个以上的竖井时，其间距不宜小于 300m。

竖井应选在埋深较浅处或沟谷的两侧，并要避免受洪水的影响，同时竖井宜选在隧道一侧 15～20m 处，如图 14-4(a) 所示。当竖井设在隧道一侧时对正洞的施工没有影响，施工安全，但通风效果不好。如图 14-4(b) 所示，当竖井选在正洞顶上时，虽然运输方便，通风效果好，造价低，但施工时对正洞有影响，不安全，故较少采用。

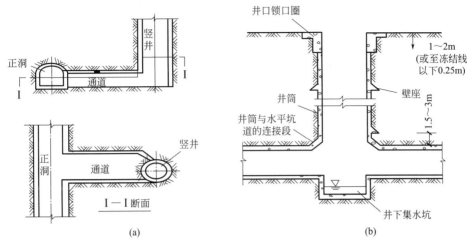

图 14-4　竖井布置

竖井的横断面可采用圆形或矩形。圆形井筒受力条件好，能承受较大的围岩侧压力，可留作隧道的永久通风道，但开挖、支承及衬砌比较困难，圆形竖井直径为 45～60m。矩形井筒施工较方便，但受力条件差。简易竖井一般多采用矩形断面，横断面参考尺寸为 2.5m×3.5m。

14.3　隧道辅助坑道施工

14.3.1　横洞施工

横洞开挖与一般隧道相同。横洞支护一般采用锚喷支护即可。需要注意的是，在横洞与正洞相交处应加强支护。横洞一般不做二次衬砌，但若将横洞作为运营通风口时，需施作二次衬砌。

正洞与横洞相交地段处于复杂的三维受力状态，为保证正洞安全挑顶施工的完成，正洞初期支护必须坐落于一个牢固的落脚平台，同时应加强该段正洞初期支护的锁脚锚杆施工，防止拱架下沉。

① 交叉口处锁口设置。由于正洞开挖断面较大，为确保扩顶段正洞施工安全，在横洞与正洞交接处设置型钢锁口，锁口一般由 2 榀 I22a 全环型钢钢架组成，钢架间一般采用 ϕ22mm 钢筋连接，喷 C30 混凝土覆盖钢架，并要求及早施作横洞二次衬砌。

导坑进入正洞施工一定距离后（2～3m）反向挑顶施作异型锁口和矩形拱架，架立正洞斜梁型钢，并用锚杆锁死，然后喷混凝土覆盖。

② 设置悬挑梁，为正洞拱架提供落脚平台。反向挑顶开挖，在正洞与横洞拱顶交界里程处，沿正洞方向设置拱顶纵向横梁，横梁两端下设置 I20b 型钢立柱，紧贴横洞异型钢架，横梁采用 I22a 型钢，牢固焊接于横洞锁口钢架拱顶，横梁与横洞锁口钢架间空隙设置 I20b 型钢竖向立柱，立柱与正洞拱架位置相对应，牢固焊接并喷射 C30 混凝土回填密实。

③ 加密设置交叉口段正洞初期支护锁脚锚管，每榀钢架单侧不少于 4 根锁脚锚管，注水泥砂浆，锁脚锚管与钢架牢固焊接，防止拱架下沉。

④ 横洞以圆曲线转体进入正洞施工时，严格控制开挖进尺，确保围岩稳定，若围岩开挖后与设计不符，请及时通知相关单位，进行围岩支护变更。

⑤ 交叉口段正洞径向锚杆施工到位,与正洞型钢焊接牢固,构成一个完整支护体系。
⑥ 交叉口段施工应加强监控量测,及时掌握围岩变化情况,指导施工。

14.3.2 平行导坑施工

平行导坑的设计及施工要点如下:

① 平行导坑平面布置时,一般设于有地下水流向的一侧,但宜与隧道正洞尽量平行,以利于使平行导坑工程量减少及利用其排水,可使正洞施工较干燥,但同时应结合地质条件及弃碴场地等条件综合考虑确定。平行导坑基本应与隧道正洞纵坡一致,或出洞0.3%的下坡。

② 平行导坑的断面形式,当采用木构件或金属构件支撑时,一般多为矩形或梯形。如采用锚喷支护时,为能充分发挥围岩自承作用,宜采用拱形断面。

③ 平行导坑洞口500m左右可不设横向通道。再往里掘进,每隔120~180m设一个横通道,以便于出碴进料运输。亦可在适当位置设反向横通道,以便于调车。横通道与隧道中线交角,一般以40°~45°为宜,若夹角过小则夹角为锐角处的围岩容易坍落,并增加横通道长度;若夹角过大则运输线路的运行条件较差、运输车运输较为困难。横通道的坡度则可由正洞与平行导坑的高差而定,一般此坡度不会大。

④ 平行导坑是否衬砌,视地质条件而定。一般可以不修筑永久衬砌。当考虑作为永久通风道或泄水洞时则应修筑永久衬砌。

⑤ 为增辟正洞工作面,以及利用平行导坑超前预测正洞的地质情况和通风及排水的作用,平行导坑应超前于正洞,超前的距离愈长愈好,通常需超前正洞导坑两个横通道的距离,但也不宜过长,以减少平行导坑施工通风等的困难。超前距离一般不小于120m。

⑥ 当洞内施工运输量大时,可以每隔5~6个横通道设置一个反向横通道,便于增加运输回路,利于运输车辆调度。连接平行导坑和正洞的横通交叉口处的开挖,应在平行导坑和正洞开挖至其位置时,应将该处一次挖好,以有利于通风、出碴,不影响平行导坑和正洞的掘进速度。

⑦ 平行导坑一般采用有轨运输,应及时铺好道岔、接通轨道。正洞的各项作业应分区分段进行,以减少互相干扰。分区分段的长度应根据横通道及运输组织管理来划分。大断面开挖的隧道,采用大型机具施工,干扰小,通风排水运输施工条件好,因此一般可不用平行导坑。

14.3.3 斜井施工

斜井设计及施工要求如下:

① 斜井斜度较大,出碴运输需要较强的牵引动力设备,如用卷扬机牵引提升机、皮带运输机、无轨运输或有轨运输等。

② 斜井井口不得设在可能被洪水淹没处,井口位置应高出洪水频率为1/100对应水位处且高度至少为0.5m;当设于山沟低洼处时,必须有防洪措施。井口场地最小宽度一般不应小于20m,以利于井口场地布置及出碴卸料。井身避免穿越含水量大及不良地质区段。斜井井口场地通常设有向洞外的不小于0.3%的下坡,以防车辆溜向洞内造成不安全事故,且有利于排水。

③ 斜井的倾角的大小,是根据提升方式、提升量、井长及进口地形而定的。不同提升方式的斜井倾角规定为:箕斗提升时,不大于35°;斗车提升时,不大于25°;胶带运输机提升时,不大于15°。斜井井身纵断面不宜变坡,井口和井底变坡点应设竖曲线,竖曲线半

径一般采用 12～20m。

④ 提升机械一般用卷扬机牵引斗车。当斜井坡度很小时亦可采用皮带输送或无轨运输；斜井内的轨道数视出碴量而定。单线行车道的坑道底宽一般为 2.6m，三轨双线行车道时，底宽为 3.4m，双线行车道时，底宽为 4.1m（以上均包括单侧设宽 70cm 的人行道）。坑道的高度通常≥2.6m。其中，以单线或三轨双线较为常用，并在斜井中部设有 20～30m 的四轨双线作为错车道，这样可减少开挖断面及节约运输器材和费用。通过经济技术比较确定斜井作为永久通风道时，断面大小应满足通风要求。

⑤ 井口段应修衬砌，其他部分视地质条件及是否作为永久通风道等条件决定是否修筑永久衬砌。施工期间应做好井口防水工程，严防水淹设。卷扬机牵引斗车需防止钢丝绳破损拉断或脱钩等事故。为此应严格控制牵引速度，在井口应设置安全闸。在斗车出洞后及时安好安全闸以防止溜车，为防止斗车在坡道上因脱钩或钢丝断裂而下滑，可在斗车上或在坡道上设置溜沟或设置安全索，阻止斗车继续下滑以确保安全。可在斜井坡道终点或在坡度中间适当位置设安全缆绳。应由专人负责看守，在斗车经过后，即在坑道的两侧间揽以钢丝绳，万一斗车脱钩，也不致冲入井底车场而发生严重事故。此外，在井底调车场及井身每隔 30～50m，宜设避险洞以保证作业人员的安全。

为保证施工安全，还应注意在井底车场需加设支撑或修筑衬砌。为提高运输效率，可在井底调车场加设储碴仓，并尽量不在斜井口处进行摘挂作业。井内钢轨应固定，以防轨道滑移掉车。现代斜井的出碴运输方式已由轨道运输发展为皮带运输机的连续出碴运输，它在运量大及运输安全方面都有很大的优越性。

⑥ 斜井施工开挖。斜井开挖应符合下列要求：

a. 炮眼方向应与斜井倾斜角一致，底眼应较井底标高略低，避免出现台阶；

b. 每一循环进尺应用坡度尺控制井身坡度；

c. 每隔 20～30m 应用测量仪器复核中线桩、水平标高，以保证斜井井身位置正确；

d. 斜井井口地段、不良地质或渗水的井身以及井底作业室、调车场，施工时应加强支撑，并应及时衬砌以保证安全。

14.3.4 竖井施工

竖井施工方法，最为常用的是自上而下单行作业法施工，并采用分段作业，完成一段后再进行下段作业。而自下往上的开挖方法必须以正洞已超前竖井位置为前提才能使用。两种施工方法比较，前者较后者安全，但需要提升出碴，因而施工速度较慢，造价较高。后者施工方法的优点是可利用自由落体出碴，无需提升石碴，施工进度较快，造价较低。但后者向上钻炮眼、装药、爆破等均有一定的难度，施工安全措施亦应加强。

竖井构造包括井口圈、井壁、壁座、井筒与隧道间的连接段、井下集水坑等部分。井口段常处于松软土壤中，从地面往下 1～2m（严寒地区至冻结线以下 0.25m）应设置钢筋混凝土锁口圈。

当围岩较破碎时需修永久衬砌，开挖面与衬砌之间的距离不宜超过 30m，衬砌厚度由设计计算确定，并不小于 20cm。壁座是为防止井壁下滑而设置的，视地质情况及衬砌结构确定壁座间距，一般为 30～40m。施工中井口与井底间应设置联系用的通信信号设备。

根据工程地质和水文条件，竖井可采用人工开挖或下沉沉井的方法进行施工。

竖井施工开挖应符合下列技术要求：

① 为了能用多台钻机打眼和降低爆破抛掷高度，减少对井筒设备的损坏，开挖宜采用直眼掏槽。为使开挖底面平坦，炮眼深度要求一致。有地下水时，应采用立式梯台超前掏槽法开挖。立式梯台开挖是将开挖面分成两部分交替向下掘进，每次爆破成上下两台，有利排

水。钻好的炮眼，为防止流沙流入应将眼口临时堵塞。此外，爆破时因需将水泵等提起，就会暂时积水，为防止漏电应对连线绝缘加以保护。

② 每次爆破后应检查断面，不得欠挖。每掘进5～10m，应核对中线及时纠正偏斜。若采用自下往上开挖的方法，一般是先在地表面竖井中央钻一个直径为13cm的中心孔直至井底，又称主孔。该主孔可与地质钻孔相结合，精度要求较高，主孔用来穿挂悬吊由下往上开挖所用罐的钢丝绳。主孔壁要求光滑且坚固（在钻孔过程中可采用灌注水泥、水玻璃加固其围岩，并用水泥砂浆扫孔封闭）。另距主孔1.0m范围内再钻一个直径为10cm的副孔，作为通风和设置通信电缆及喷射混凝土输料管。

在地表处应平整场地，安装提升卷扬机。卷扬机和通过主孔的钢丝绳升降吊罐自下往上开挖导向。

③ 竖井开挖装碴宜采用抓岩机，其操作高度宜保持距开挖面3～6m范围内。抓岩顺序为：有水时先抓出水窝，及时排水，以便使石碴露出水面，然后抓出桶窝，放置吊桶，以降低吊桶高度，缩小抓起落高度，达到减少装碴时间、加快吊桶出碴速度的目的。

④ 竖井采用锚喷支护时，每次支护高度视围岩稳定程度而定。但随着竖井井深的增加，供水管内承压亦将加大，为使供水管内水压与风压相适应，保证喷射混凝土的质量，应在供水管上设置降压阀以调节管路水压。在竖井井口段、马头门及地质较差的井身地段，当采用混凝土衬砌时，应按需要设置壁座或打设锚杆，以增强井筒的稳定。

⑤ 竖井内应设安全梯和提升罐道，提升罐应有防坠设备。竖井提升设施的使用能力、安全装置的种类和组装、使用、保养过程中应做到的事项，应按有关规定及结合实际施工工作中的提升方式和各种设备，制定出实施性的操作、维修细则，才能达到安全施工的目的。

思考题

1. 简述隧道辅助坑道类型及各自特点。
2. 简述横洞施工方法。
3. 简述平行导坑、斜井以及竖井的设计及施工要求。

参考文献

[1] 中华人民共和国国家铁路局.TB 10003—2016 铁路隧道设计规范[S].北京：中国铁道出版社，2016.
[2] 中华人民共和国国家铁路局.TB 10753—2018 高速铁路隧道工程施工质量验收标准[S].北京：中国铁道出版社，2018.
[3] 铁道部第二勘测设计院.铁路工程设计技术手册——隧道[M].北京：中国铁道出版社，2005.
[4] 关宝树.隧道工程施工要点集[M].2 版.北京：人民交通出版社，2011.
[5] 中华人民共和国交通运输部.JTG 3370.1—2018 公路隧道设计规范第一册 土建工程[S].北京：人民交通出版社，2018.
[6] 中华人民共和国交通运输部.JTG/T 3660—2020 公路隧道施工技术规范[S].北京：人民交通出版社，2020.
[7] 中华人民共和国住房和城乡建设部.GB 50086—2015 岩土锚杆与喷射混凝土支护工程技术规范[S].北京：中国计划出版社，2015.
[8] 中国铁路总公司.Q/CR 9218—2015 铁路隧道监控量测技术规程[S].北京：中国铁道出版社，2015.
[9] 中华人民共和国住房和城乡建设部.GB/T 50218—2014 工程岩体分级标准[S].北京：中国计划出版社，2014.
[10] 王梦恕.中国隧道及地下工程修建技术[M].北京：人民交通出版社，2010.
[11] 齐景岳.隧道爆破现代技术[M].北京：中国铁道出版社，1995.
[12] 傅鹤林.隧道安全施工技术手册[M].北京：人民交通出版社，2010.
[13] 中华人民共和国交通运输部.JTG F60—2009 公路隧道施工技术规范[S].北京：人民交通出版社，2009.
[14] 叶英.隧道施工超前地质预报[M].北京：人民交通出版社，2011.
[15] 吴从师，阳军生.隧道施工监控量测与超前地质预报[M].北京：人民交通出版社，2012.
[16] 张志毅，王中黔.交通土建工程爆破工程师手册[M].北京：人民交通出版社，2002.
[17] 覃仁辉.隧道工程[M].重庆：重庆大学出版社，2001.
[18] 中华人民共和国住房和城乡建设部.GB 50446—2017 盾构法隧道施工及验收规范[S].北京：中国建筑工业出版社，2017.
[19] 朱永全，宋玉香.隧道工程[M].2 版.北京：中国铁道出版社，2007.
[20] 陈馈.盾构施工技术[M].北京：人民交通出版社，2009.
[21] 黄成光.公路隧道施工[M].北京：人民交通出版社，2002.
[22] 中铁隧道集团有限公司.TZ 331—2009 铁路隧道防排水施工技术指南[Z].北京：中国铁道出版社，2010.
[23] 刘建航，侯学渊.盾构法隧道[M].北京：中国铁道出版社，1991.
[24] 刘钊，佘才高.地铁工程设计与施工[M].北京：人民交通出版社，2004.
[25] 陈韶章.沉管隧道设计与施工[M].北京：科学出版社，2002.
[26] 张庆贺，朱合华，庄荣.地铁与轻轨[M].北京：人民交通出版社，2003.
[27] 高少强，隋修志.隧道工程[M].北京：中国铁道出版社，2003.
[28] 张冰.地铁盾构施工[M].北京：人民交通出版社，2011.
[29] 李德武.隧道[M].北京：中国铁道出版社，2004.
[30] 关宝树.隧道工程维修管理要点集[M].北京：人民交通出版社，2004.
[31] 赵勇.高速铁路隧道[M].北京：中国铁道出版社，2006.
[32] 李向国.高速铁路技术[M].北京：中国铁道出版社，2005.
[33] 王元湘.盖挖法在浅埋地铁车站施工中的应用[J].现在隧道技术，1995（5）：2-11.
[34] 曹彦国.隧道[M].北京：中国铁道出版社，2003.
[35] 李祖伟，袁勇.特长公路隧道建设工程技术——重庆万开高速公路铁峰山隧道工程[M].北京：人民交通出版社，2007.
[36] 邓江.猫山公路隧道工程技术[M].北京：人民交通出版社，2002.
[37] 方利成.隧道工程病害防治图集[M].北京：中国电力出版社，2001.
[38] 张惠兰.京广铁路南岭隧道病害整治[J].隧道建设，2006（3）：82-85.
[39] 何广沂，徐凤奎.节能环保工程爆破[M].北京：中国铁道出版社，2007.
[40] 高红宾.隧道掘进新技术——水压爆破施工[J].公路交通技术，2009（3）：125-126.
[41] 冯卫星，况勇.隧道塌方案例分析[M].成都：西南交通大学出版社，2002.
[42] 杨新安，黄宏伟.隧道病害与防治[M].上海：同济大学出版社，2003.